互联网时代的中国共产党研究·丛书

网络党建能力论

信息时代执政党的网络社会治理能力

薛小荣◎著

【修订版】

时事出版社
北京

互联网是我们党长期执政面临的最大变量，过不了互联网这一关，就过不了长期执政这一关。

——习近平在党的新闻舆论工作座谈会上的讲话（2016年2月19日）

导　论

克服信息时代“本领恐慌”，积极提升网络社会治理能力

从工业时代向信息时代的转变是一个深刻的社会变革过程。以互联网为代表的信息网络技术的迅猛发展，已经日益显现出其对中国社会政治生活领域的深刻影响。信息时代所蕴含的巨大变革力量，有着冲决一切旧的工业时代印记的内在冲动，对活跃于社会政治生活领域的特殊组织——政党，及其植根于传统工业社会的社会治理方式，提出了新的挑战。习近平总书记在《关于〈中共中央关于全面深化改革若干重大问题的决定〉的说明》中指出，随着传播快、影响大、覆盖广、社会动员能力强的微客、微信等社交网络和即时通信工具用户的快速增长，如何加强网络法制建设和舆论引导，确保网络信息传播秩序和国家安全、社会稳定，已经成为摆在我们面前的现实突出问题。在2016年4月19日召开的网络安全和信息化工作座谈会上，习近平总书记进一步指出，互联网越来越成为人们学习、工作、生活的新空间，越来越成为获取公共服务的新平台。这一新空间和新平台对党和政府的国家治理体系和能力提出了新要求。他说：“我们提出推进国家治理体系和治理能力现代化，信息是国家治理的重要依据，要发挥其在这个进程中的重要作用。要以信息化推进国家治理体系和治理能力现代化，统筹发展电子政务，构建一体化在线服务平台，分级分类推进新型智慧城市建设，打通信息壁垒，构建全国信息资源共享体系，更好用信息化手段感知社会态势、畅通沟通渠道、辅助科学决策。”[①] 可以说，紧迫的现实问题强烈要求中国共产党必须时刻保持战略清醒，在探索加强与新群体、新组织的联系时，要着眼新的社会发展需求，培育新的社会治理能力。网络社会治理能力作为中国共产党社会治理能力体系中新的生长点，不仅成为党克服改革进入攻坚期和深水区社会治理“本领恐慌”的需要，更成为党推进国家治理体系和治理能力现代化的重要力量组成。

---

① 习近平：《在网络安全和信息化工作座谈会上的讲话》，人民出版社2016年版，第6页。

一、信息时代党的社会治理方式的现实挑战

党的社会治理方式是中国共产党的执政理念、组织结构、工作习惯等多种因素交互影响的具体体现，是党在处理党内关系和党外关系两种不同类型的工作对象时表现出来的态度、作风和情感的总和。它既是中国共产党在领导革命、建设和改革的过程中形成的，具有深厚的历史积淀，同时又是在中国社会形态（尤其是在信息化技术引起的）发生深刻变迁过程中不断进行自我调适的实践形式，具有鲜活的时代意义。党的社会治理方式是以实现党的纲领宗旨为目标指向，是由党的政治理念价值决定的。从这一意义上讲，政党的社会治理方式具有相对稳定性。但是，政治理念价值虽然是政党社会治理方式的决定性因素，但并非唯一因素。作为实现政治理念价值的社会治理方式，在具体实践中往往会受到社会变迁、技术变革、心理变化和价值选择等多种因素的影响而不断地调整适应。因此，政党的社会治理方式又具有相对的动态性。可以说，政党的社会治理方式既具有稳定性又具有动态性，体现了政党的历史性与时代性、理论性与经验性的完整统一。信息时代的到来及其内在变革性，打破了建构于工业化时代基础之上的党的传统社会治理方式的稳定性，加剧了党的社会治理方式的动态调适程度，对党的传统社会治理方式提出了现实挑战。具体来说，这一挑战主要体现在三个方面：

首先，党的社会治理方式面临信息化社会环境的挑战。信息时代的基石是信息化的社会环境。党的社会治理方式是对物质和精神的社会环境的不断适应的产物。不同类型的社会环境会产生和塑造不同的党的社会治理方式。信息化社会与工业化社会对党的社会治理方式有着不同的要求。

在工业化社会环境中，以集中化、权威性、系统性为主要特征的自上而下的运行要求，是保证社会得以正常运行的基本组织范式，也是工业化社会时代精神的集中体现。这一社会环境对政党社会治理方式（尤其是无产阶级政党）的最直接影响就集中体现为政党内部组织运行的集中性和外部社会联系的中心性两个鲜明特征。这种特征又与工业时代以报纸、电台、电视等为代表的社会技术所塑造的明确的社会结构的内在特性相适应。“在电子媒介出现之前，有充分的理由可以忽略物质地点和社会场景的区别。地点决定了大多数的社会信息系统。一个给定的地点—场景在时间和空间上与其他地点—场景相隔离。距离是封闭和隔离社会的手段。从一个场景到另一个场景需要花费时间。因为只能通过固定的门才能进入房

间和建筑物，所以人们过去以一种可明确观察和可预测的方式被接纳或排除于某个场景。但是现在电子媒介介入了原先由物质地点所确定的场景。”[①] 无论是德国的社会民主党，还是俄国的布尔什维克党，都表现出了党内组织权力的高度集中性，党的领袖（列宁、倍倍尔、李卜克内西等等）享有崇高的威望；都表现出了党在整个社会运动中的政治、组织的核心领导地位，党拥有巨大的社会影响。可以说，这一时期社会主义运动的蓬勃兴起是与无产阶级政党的集中性、权威式的组织方式和工作方式分不开的。“联共包揽一切，并声称它是人民的权威代言人。其政策不是通过在公共的政治场所进行辩论来检验，而是通过官员之间的私下讨论，以及在全体党员或更大范围内的阐述和解释。其合法性不是基于选举的成功而是基于革命原则和先例。”[②] 然而，进入 20 世纪六七十年代以后，随着一系列通信技术的发明和广泛运用，西方发达社会开始从工业化社会向信息化社会转变，一个开放的社会日益形成。“由于代码的不同，电子媒介打破了印刷媒介所塑造出来的专门的、互不相通的信息系统，现在各不相同的人群共享着更多的信息。”[③] 其中，最显著的影响就是整个社会的政治生态环境变得越来越开放，促使适应于工业化社会高度集中统一的组织结构日益向多样化、去中心化的离散形态发展。政党作为传统政治生态的主要政治力量，在社会结构分散化的趋势下，也愈来愈难以维系其政治“独角戏”，这种高度集中的组织权力和工作方式也被迫进行改革和转型。德国社民党在 2007 年公布的《汉堡纲领》就是对这一信息时代要求的主动适应。纲领指出：“德国社会民主党是寻求组织对话的，我们不是从上到下，而是从社会中心出发，讨论社会民主党的未来。还从未有一个德国政党的纲领是如此广泛的民众参与中产生的。”[④]

中国共产党作为诞生于半殖民地半封建社会的小农经济基础之上的无产阶级政党，其政党的社会治理方式既具有无产阶级政党的普遍性，同时

---

① ［美］约书亚·梅罗维茨著，肖志军译：《消失的地域：电子媒介对社会行为的影响》，清华大学出版社 2002 年版，第 99 页。

② ［美］杰弗里·庞顿、彼得·吉尔著，张定淮等译：《政治学导论》，社会科学文献出版社 2003 年版，第 130 页。

③ ［美］约书亚·梅罗维茨著，肖志军译：《消失的地域：电子媒介对社会行为的影响》，清华大学出版社 2002 年版，第 66 页。

④ 张文红译：《德国社会民主党基本纲领（汉堡纲领）》，《当代世界社会主义问题》，2007 年第 4 期。

又具有鲜明的中国特色。特别是从革命型政党向执政党这一政党身份的深刻变化，以及党领导和推动社会主义改造、建设和改革的伟大实践，更是使中国共产党的社会治理方式具有了强烈而鲜明的中国特点，即集中性、封闭性与运动性。所谓集中性，是指党的社会治理方式的自上而下的垄断性；所谓封闭性，是指党的社会治理方式的内部运行的秘密性；所谓运动性，是指党的社会治理方式的外部动员的社会性。应该承认，党的社会治理方式的上述特点有效地保证了党成为中国社会团结进步的核心和纽带，有效地保证了党成为中国革命、建设和改革的领导者和推动者。但是，随着中国改革的进一步深化发展，社会主义市场经济体制的日渐成熟稳定，以及以互联网为代表的信息网络技术的迅猛发展，中国社会正处在从传统工业化社会向信息化社会转变的关键历史时期，信息化社会迥异于工业化社会的内涵必然会对党的现有社会治理方式提出新的变革要求，即党如何改革、完善和提高社会治理方式，以主动适应已经呈现出碎片化、个体化和高度流动性的社会新环境？这是信息化社会对党的社会治理方式提出的第一个严峻挑战。

其次，党的社会治理方式面临信息化社会群体的挑战。信息时代的活动主体是信息化的人。梅罗维茨认为："群体身份是基于'共享但特殊'的信息系统。不同社会信息系统的数量越多，不同'群体'的数量也就越多；不同信息系统的数量越少，不同群体身份的数量也就越少。因此，由于电子媒介所引起的许多原来不同形式场景的融合，将对群体身份产生同化影响。"[①] 无论是作为群体的社会大众还是作为个体的人，其信息化的内涵主要体现在以下两个方面：

一是信息化的思维方式。所谓信息化的思维方式，主要是指人们认识问题时的非线式、共域性、系统化的思维过程，表现出横向平面的思维偏好。也就是说，由于信息的开放与流通，对个体和社会问题的关注与思考，往往受到更多外界相关因素的影响，或者说得益于更多外部信息的支撑，从而在认识上表现为多种而非单个的观念集合。与工业化社会线式的、二元化的思维方式相比，信息化思维方式表现出强烈的外部相关性和观念动机的复杂性。由此，个人或大众的信息化思维方式对党的社会治理方式提出了现实挑战，即严格奉行自上而下的单一线性思维的各级党组

① ［美］约书亚·梅罗维茨著，肖志军译：《消失的地域：电子媒介对社会行为的影响》，清华大学出版社2002年版，第110—111页。

织，究竟应该如何采取及时有效的方法，来应对充满了丰富可变思维的信息化大众？又应该如何规制党组织内部的关于及时性沟通时的话语授权，并以此来平衡上下级的组织关系？

二是信息化的行为方式。信息化社会对大众或个体的另一影响就是信息化的行为方式。所谓信息化的行为方式，主要是指由于社会结构的日益开放和社会参与机会的日渐增多，大众或个体能够按照自己的意愿做出抉择的选择行为。在传统的机械工业时代，由于劳动分工高度的集约化、组织化，大众个体依附于各种类型的组织体系之中，个体角色就像工厂流水线上的批量产品一样，泯然于众而鲜有特性。“任何大规模组织都不可避免地带来技能上的分化，这就使人们所称的专家领导成为必要。结果，做出决定的权力逐步被认为是只有领导者才有技能，这一权力随之被从大众手中抽走而集中于领导者的手里。这样，曾经只是集体意志执行者的领袖很快将自己从大众的控制中解脱出来，成为独立的行动主体。组织是寡头统治的温床。在任何组织中，无论它是一个政党、工会组织，还是其他任何类型的协会，其贵族化倾向是显而易见的。组织的结构在赋予自身稳定性的同时，却使组织化的大众发生了深刻变化，完全改变了领导者与被领导者之间的关系地位。组织使得政党或专业工会分化为少数领导者和占人口大多数的被领导者。”① 个体在社会发展中的作用受到很大限制，没有相应的组织帮助，个体的力量往往是有限的。与这一经济基础相适应的思想反映就是大众个体政治理念尚无脱离组织的冲动。但是，随着信息网络技术的迅速发展和信息时代的到来，在促进经济政治全球化的同时，渺小的个体力量通过发达的信息网络实现了瞬时联结，个体的力量通过网络实现了几何倍数的增长，影响社会的能力不断得到加强。正如梅罗维茨所言：“当信息系统是孤立的时候，权威得到了加强；当信息系统融合后，权威就变弱了。……因此，传播媒介越是倾向于将社会中不同人的知识分开，该媒介就会支持越多的权威等级；传播媒介越是倾向于融合信息世界，媒介就会越鼓励平等的交往形式。”② 在这一由于信息网络技术促成的深刻社会变动下，政党所提供的组织力量开始受到削弱，大众自身的政治选择需

① ［德］罗伯特·米歇尔斯著，任军锋等译：《寡头统治铁律——现代民主制度中的政党社会学》，天津人民出版社 2003 年版，第 28 页。

② ［美］约书亚·梅罗维茨著，肖志军译：《消失的地域：电子媒介对社会行为的影响》，清华大学出版社 2002 年版，第 55 页。

求得到大大提升。对中国共产党来说，这一深刻变化对党的社会治理方式带来的挑战就是：如何解决社会大众的理性化、差异化与传统组织动员的情绪化、均质化之间的矛盾。作为党的传统社会治理方式，大规模的群众动员模式显示了其在中国革命、建设和改革之时的巨大威力和社会有效性。但是，应该指出的是，大规模群众动员的社会有效性是建立在社会结构的均质化、大众利益的一致性和社会环境的道德性的基础之上的。而在不断深化的改革的推动下，当下中国正经历着深刻而复杂的社会转型：既存的社会结构由于不断重组而呈现出碎片化的格局、大众根本利益的一致性无法遮蔽个体利益的日益彰显、革命化的社会道德情境被经济利益的追逐不断消解。当产生形成党的传统社会治理方式的社会基础已经开始痛苦变革之时，党的社会治理方式又岂能因循守旧、执著于昔日的荣光呢？

最后，党的社会治理方式面临信息化社会技术的挑战。信息化社会技术是支撑和维系信息化社会的技术基础。不同的社会是由不同的社会技术维持运转的。

从社会控制的角度来看，工业化社会是建立在以报纸、电台、电视等为主要代表的机械化社会技术之上的。机械化社会技术在信息传播上属于单向传输，即从一个中心信息源出发，向多个接收末端传递相关信息。这种信息单向传递方式，是与机械工业时代自上而下的组织结构相适应的。由此决定了工业化社会中政党的社会治理方式，即政党可以通过对报纸、电台和电视等媒介信息载体的把持或共谋，扩大党作为社会政治中心的覆盖面。“印刷媒介的复杂、循序渐进的特征促进了广泛而相关的描述和分析的发展，但也会造成能接触某个信息系统的人和不能接触的人之间的严格区分。印刷代码的线性结构使得不同的专家采用不同的探究‘路线’。电视则打破了不同领域间的障碍，但是它更喜欢片断的信息，而不是长篇大论，有内在联系的讨论与分析。”[①] 不过，机械化社会技术最大的缺点就是：无论是主动抑或被动的接收者，无法有效传递反馈信息，以便通过信息的交流沟通来提升信息的使用效能。因为“层级沟通机制可能在一定抽象意义上是‘理性’的，但根据人类沟通的理论，层级沟通不符合信息成

---

① ［美］约书亚·梅罗维茨著，肖志军译：《消失的地域：电子媒介对社会行为的影响》，清华大学出版社 2002 年版，第 66 页。

功交换的基本规则”。[1]

而以互联网为代表的信息化社会技术则在根本上克服了机械化社会技术的这一缺陷，使得信息的自由流通成为可能。以互联网为核心的信息网络技术的迅猛发展，推进了信息网络社会的形成与确立，并日渐对社会产生深刻影响。与机械化大工业社会相比，信息网络社会最大的特点就是“信息”的自由流通。这是一个“比黄金、货币和土地更灵活的无形的财富和权力”的新基础。这个新基础“以思想、技术和通讯占优势为标志，一句话，以‘信息’为标志”。[2] 可以说，信息的自由流通构成了信息网络社会的核心要素，成为信息网络社会的根本基石，促使信息网络社会政治生态环境变得越来越开放。信息网络社会的这一发展趋势，对于现实的政党政治提出了一系列新的挑战。首当其冲的就是政党与政治信息之间的关系发生了革命性变革，即政党从垄断政治信息开始被迫转向适应政治信息的分散流转。造成政党信息垄断权分离的原因很多，比如政治环境的日益透明、民主诉求的不断高涨、法律法规的逐渐完善等等。从信息技术发展的角度来看，在传统的政治生态环境中，由于政治信息的收集整理所需的成本投入远远超出常人所能承担的能力，所以此类工作通常是依靠社会组织力量来完成的。政党作为社会组织力量的重要表现形式之一，政治信息的加工整理一般是由政党来负责完成。可以说，“政党作为政治机构的确定性特征就在于，它是将国家机构与公民社会联系起来的机制，是二者之间的联结纽带”。[3] 这就不可避免地造成了政党对政治信息的垄断，以及为此所采取的自上而下的组织结构。但是随着电子通讯技术、特别是以互联网为核心的信息网络技术的广泛运用，社会信息的流动不仅突破了传统的时空限制，而且速度不断加快，从而大大降低了信息采集、编码、传递的成本，使得社会民众对信息的获取变得更加快捷方便，政党再也无法独享信息垄断所带来的政治权力。正如现实生活中网络反腐之所以会对制度性反腐造成有力冲击，其原因就在于：信息化社会技术与生俱来的共享性带来了公众对社会信息的共有性，并由此提升了公众的社会参与能力。因此，信息化社会技术带给党的社会治理方式的挑战就是：当党和群众共处

① ［美］多丽斯·A. 格拉伯等著，张熹珂译：《沟通的力量——公共组织信息管理》，复旦大学出版社2007年版，第93页。

② ［美］E. 拉兹洛：《决定命运的选择》，三联书店1997年版，第6页。

③ 林勋健主编：《西方政党是如何执政的》，中共中央党校出版社2001年版，第2页。

同一信息网络平台之时，党如何改善社会治理方式以实现对群众的有效引领呢？

二、信息时代党的社会治理方式的基本原则

从工业化社会向信息化社会的转变，就当代中国国情而言无疑是一个具有较长时段的过渡时期。在工业化社会逐渐成熟确立，而信息化社会却已渐露峥嵘的时候，这一过渡时期必将是新旧并存、思想激荡、规范重组的复杂时期。党的社会治理方式也将面临着严峻挑战，在反对与坚持、对立与融合的矛盾心态中完成从不适应到逐渐适应的嬗变之路。“信息系统的融合并不意味着会导致即刻的社会一体化或社会和谐。实际上，信息整合的最初结果是加剧社会的紧张。信息整合本身使人们更加意识到物质的、社会的，以及法律上的分隔。原先被排除的人群不再接受‘他们的地方’的说辞；他们试图取得平等，而许多有特权的人群则试图维护旧的排除方式。因此，当电视完成了对美国家庭的‘入侵’后，种族之间的紧张感及其他形式的整合达到顶峰时，就不会那么令人吃惊了。”① 因此，必须着眼于信息化社会的未来发展趋势，党的社会治理方式应该坚持以下两个基本原则。

一是开放灵活的原则。党的社会治理方式要坚持开放灵活的原则，主要是由信息化社会的开放性决定的。社会结构的日益开放和公众参与能力的不断提升，要求党的社会治理方式在工作内容、工作流程等方面进一步增加公开透明的程度。

党的传统工作方式遵循的是组织保密原则。这主要是由中国共产党面临的生死存亡的革命斗争环境决定的。陈云指出：“大后方的党是在国民党反动统治的压迫之下，如果不是秘密隐蔽的组织，就不能存在。由于中国革命的长期性，这种秘密隐蔽的时间不是短促的，而是长期的。因为革命如果没有全国范围的胜利，所有在阶级敌人统治区域的共产党组织都必须是秘密的。”② 第一次国共合作失败给中国共产党带来的惨痛教训就是：要加强组织工作的秘密纪律和组织形式的保密原则。1927 年 11 月的中共中央政治局扩大会议严格规定了秘密工作纪律，强调“各级党部的常务委

① ［美］约书亚·梅罗维茨著，肖志军译：《消失的地域：电子媒介对社会行为的影响》，清华大学出版社 2002 年版，第 112—113 页。

② 《陈云文选》第 1 卷，人民出版社 1984 年版，第 234 页。

员会不得超过五人至七人，五人以上及两点钟以上的集会，非极端的必需不得举行，凡是稍稍破坏党的秘密组织纪律的，立刻应当停止他的工作，或者简直（应为直接，笔者注）开除党籍”。[①] 1928 年 5 月 18 日，中央发出《中央通告第四十七号——关于在白色恐怖下党组织的整顿、发展和秘密工作》，要求“在秘密环境中务使党的组织适合于这一环境，使敌人不易破获党的机关与组织，或者破获一部分而不致连带到其他的部分”。[②] 对于隐蔽在国民党统治区的党组织，则要求因地制宜，保密第一。陈云指出：“今后党的组织形式，切忌呆板一律，必须‘杂乱无章’，以免被敌一网打尽。因此，平行组织，个别联系，党员转移地址不转党的关系等等办法，各级党委都应采用。必须个别联系的党员，一律不编入支部。每个支部决不能超过三五人。支部和各级党委一般的不开会议，只作个别联系。对党员的教育，一般的知识依靠自修；自我检讨、纪律教育则由党内进行。”[③] 随着中国革命战争的不断胜利，中国共产党为了加强党对群众的领导，逐步进行了公开建党的尝试。1948 年 5 月 3 日，中共牡丹江省委组织工作会议做出决定，要求公开建党，目的是为了加强党和群众的联系，使群众能够监督党，更好地发挥党的领导作用。强调“所谓公开，是组织公开，并不是把党内带秘密性的东西都公开了”。[④] 中华人民共和国成立后，中国共产党成为执政党，对公开建党的含义和意义做了明确表述，指出：公开建党是指党在劳动人民中间应公开地进行关于党纲和党章的宣传教育，普遍提高他们的觉悟，而不是公开党的组织工作。[⑤] 党的传统工作方式就是由这一革命战争时期锻造培育出来的组织工作决定的。

应该承认，党的这一社会治理方式与建国后建立起的高度集中统一的政治经济结构相适应，在动员党员和人民群众响应国家号召、发起群众性运动中发挥了积极的作用。但是，随着改革开放的深入发展，原有的计划经济被打破，市场经济体制逐渐确立，这一社会治理方式与社会发展开始出现不相适应的问题。而近些年来由于信息网络技术的广泛使用以及由此

---

① 《中共中央文件集》第 3 册，中共中央党校出版社 1989 年版，第 476 页。

② 《中共中央文件集》第 4 册，中共中央党校出版社 1989 年版，第 203 页。

③ 《陈云文选》第 1 卷，人民出版社 1984 年版，第 230—231 页。

④ 中共牡丹江市委党史研究室编：《北疆旭日——牡丹江市接管与社会改造》，黑龙江朝鲜民族出版社 2000 年版，第 67—71 页。

⑤ 《中国共产党组织史资料》第 9 卷，中共党史出版社 2000 年版，第 28—29 页。

引起的信息传播的开放性与迅捷性，又进一步加剧了这一不适应。“信息运动瞬息万里的速度兴起以后，任何组织中最周密的计划都可能遭到不测。组织图表中常见的委派权威随之崩溃，金字塔结构及管理结构随之消融。”① 在这种信息传输的单一组织模式逐渐失效的情况下，一些事关党员干部和人民群众利益的重大事件，往往在没有正常的组织渠道传达的情况下，通过网络、手机等信息平台迅速传播开来，而现有的社会治理方式又囿于组织程序无法进行及时澄清，以至于引起了部分党员群众的思想混乱，严重干扰了正常的社会政治生活。因此，着眼于信息化社会的开放性特征，党的社会治理方式应该合理设定组织内部的保密信息，同时适时扩大和增加党组织工作方式的开放程度，在去神秘化的过程中增进与群众的密切联系。

二是高效直接的原则。党的社会治理方式要坚持高效直接的原则，这是由信息化社会的信息流动性决定的。这种流动突破了以往所有信息流动的组织层级限制，呈现出无中心、均衡化、瞬时性的传播新模式和组织新形式。这就是以网络为代表的信息化社会控制技术的新特征。它既有利于现有政府利用新技术提高对社会控制的能力，也有助于原先在社会层级制度中无法通过制度性渠道表达的意见获取更广泛的支持。正如麦奎尔指出的那样：“从破坏社会控制支配体系的能力来看，几乎所有的公共传播媒介都具有与生俱来的潜力。它们能够为关于现有秩序的新的声音和方法提供途径；被控制和不满的人群可以应用它们来发出抗议并组织起来。”② 信息化社会的这一新趋向给党的社会治理方式带来的直接挑战表现在两个方面：

一方面，党的传统社会治理方式由于过分注重贯彻执行上级组织的命令、指示，因此下级组织的主动性、灵活性略显不足。信息化社会的信息瞬时流动性与组织动员效能的倍增，往往使得部分社会重大事件在非制度化渠道的组织范围之外突然爆发。面对这类重大事件，基层组织往往由于既没有得到明确授权而无法进行有效监测，同时又因为信息化社会技术的超地域性特征而使得事件的发生从一隅走向全局，从而更加剧了基层组织

---

① ［加拿大］马歇尔·麦克卢汉著，何道宽译：《理解媒介：论人的延伸》，译林出版社2011年版，第279页。

② ［荷兰］丹尼斯·麦奎尔丹尼斯·麦奎尔著，崔保国、李琨译：《麦奎尔大众传播理论》，清华大学出版社2010年版，第34页。

的处置难度和主动意愿。1999年4月发生的“法轮功”事件，就是一个典型案例。江泽民同志明确指出了信息网络技术给党的工作方式可能造成的消极影响。他在给中共中央政治局常务委员会委员及其他有关领导的信中明确指出：“今天的事情，值得我们深思。人不知、鬼不晓，突然在党和国家权力中心的大门口周围聚集了一万多人，围了整整一天。其组织纪律之严密，信息之迅速，实属罕见。可是，我们的有关部门事先竟毫无察觉，而从互联网上就能迅速找到‘法轮功’在各地的组织联络系统，这还不发人深省吗？信息技术的迅速发展，给我们提出了新的课题。我们各个机关配置的电脑不在少数，是否有人注意到这些重要的社会动向呢？如果注意了，为何又没有任何反映呢？这些问题都需要认真加以研究。”① 此事之后，中国共产党高度重视互联网这一新的舆论阵地，要求“各级领导干部要密切关注和研究信息网络发展的新动向，抓紧学习网络知识，善于利用网络开展工作，努力掌握网上斗争的主动权”。② 但是，如何形成与这一新形势相适应的有效社会治理方式，仍然处在艰辛的探索之中。

另一方面，戈夫曼认为，只有信息的保密控制，才能维持自上而下的集权组织。“任一剧班都有一个总体目标，那就是维持它的表演所建立的情境定义。……对许多表演而言，一个基本问题就是信息控制的问题；绝不能让观众获得任何有关正在被定义的情境的破坏性信息。换句话说，剧班必须能够保守其秘密，而且必须保守住。”③ 当信息化社会技术跨越组织层级而带来革命性变化时，也要求传统封闭的社会治理方式必须因时应变，实现党群关系新的有效联系。信息网络技术提供的网络同时在线功能，消除了人与人之间的空间距离，虽远隔千山万水，但却通过网络而实现了面对面的“零接触”。传统党群关系是党在现实生活中通过各级组织与群众的日常接触而实现的。而信息网络技术则为党联系群众提供了一条更加方便的渠道，使党的各级领导能够摆脱组织层级的束缚，实现与群众的直接对话。“新电子媒介为利益团体的发展以及意见的形成提供了新兴的‘论坛’。这将允许政界人士和活跃公民之间展开对话，省去了政党机

---

① 《江泽民文选》第2卷，人民出版社2006年版，第319页。

② 《江泽民文选》第3卷，人民出版社2006年版，第94页。

③ ［美］欧文·戈夫曼著，冯钢译：《日常生活中的自我呈现》，北京大学出版社2008年版，第121页。

器不可避免的干涉。”① 胡锦涛在人民网强国论坛的实名注册、温家宝与网民的直接对话，以及习近平总书记关于转变党的工作作风，加强党群联系的指示和“接地气”的朴实话语，直接拉近了党和国家领导人与普通群众之间的距离，获得了群众的一致好评。党的领袖与群众的直接对话，在增强党吸引、团结群众的同时，又对党的各级组织科层制的工作方式提出了更高要求。

三、积极提升信息时代党的网络社会治理能力

作为现代政党的组织结构及其工作方式，从来都是与相应社会环境的技术（尤其体现在通讯技术）水平相适应的。印刷术的发明第一次使政治真正成为社会大众的公共生活，政党开始摆脱中世纪封建时期的密谋色彩浓厚的朋党特征，逐步走向大众政治；报纸、电台和广播在社会生活中的实际运用，进一步加速了政党与大众生活的融合，通过报纸、电台和广播的广泛动员，政党能够实现政治动员从一隅走向全域的深刻转变，从而获取了强大的政治能量；电视的出现，则使政党的领袖（或政治候选人）与民众直接产生联系成为可能，从而对依靠政党中间组织和基层组织进行大规模群众动员的职能提出了严峻挑战，迫使传统集中统一的政党结构开始发生转向。而以互联网为核心的信息网络技术，不仅加剧了政党的结构转向，而且更为重要的意义在于：“这场信息革命的关键特征不是有钱人与有权人之间的通讯速度，欧洲与北美之间的电报即时通讯已经有了 130 多年的历史。关键性的变化是信息传送成本的急剧下降。事实上，实际传送成本已经变得微不足道，因此，世界范围内的信息传送量几乎是无限的。”② 因此，在主体多样化、利益需求多元化的信息时代，信息的自由流转与表达的畅通便捷，要求政党必须适应新的社会变化，通过更新政党理念、调整政党组织，改进工作方式，来培育和提升政党的社会治理能力。

一是党务管理能力。政党的党务管理能力直接反映了政党的组织水平，并决定着政党的战斗力。中国共产党作为执政党，其党务管理能力更是关系到执政党执政水平的高低。信息网络技术的发展，可以有效提升党

---

① ［荷兰］丹尼斯·麦奎尔著，崔保国、李琨译：《麦奎尔大众传播理论》，清华大学出版社 2010 年版，第 123 页。

② ［美］约瑟夫·奈著，王吉美译：《权力大未来》，中信出版社 2012 年版，第 160 页。

的党务管理能力，即信息网络技术带来的信息存储的数字化，可以使党员党组织的信息编码实现真正的精确管理；信息网络技术带来的信息流动的瞬时化，可以使党员党组织的信息管理实现真正的动态管理信息网络技术带来的信息选择的时差化，可以使党员党组织的信息传播实现真正的统一管理。

二是声誉维护能力。政党声誉在内涵上讲是一个综合性概念。它既包括体现政党价值取向的政治理念问题，又包括表现政党政治能力的政策实践问题，还包括反映政党组织成员的作风形象问题。所谓政党声誉维护能力，是指对舆论关注的政党主体的理念、政策和形象的统一管理、维护的能力。其核心内容是政党的形象管理。传统政党声誉维护能力有赖于确定的物理空间，但是随着市场经济的深入发展和信息网络技术的蓬勃兴起，政党声誉维护能力的传统基础却逐渐松动。其总体困境表现就是清晰确定的身份结构开始变得模糊不清，社会流动性愈益增强，打破了凝滞不动的传统社会结构，使中国共产党赖以进行声誉管理的原有基础变得薄弱。以互联网为代表的信息网络技术的迅猛发展加速了这一趋势，并由此造成了确定的物理空间开始逐渐成为“消失的地域”。如何在变动不居的新环境中有效维护党的声誉，就成为中国共产党网络社会治理能力的重点关注所在。

三是媒介交流能力。即执政党在网络虚拟空间与网络民众（或网络社群）进行交流、对话的能力。这一能力要求从根本上来说是由信息网络技术深刻的社会变革性所引发的主客体关系的变化所决定的。信息网络技术的开放性使得信息的获取由于交换成本的降低而变得更为便捷低廉，逐步突破了现实物理环境中政党—民众的封闭式组织结构，形成了组织与个体共享信息的新局面，从而大大降低了组织权威。同时，网络技术的节点生存特点，使得组织成员在获取信息的同时，又都能够成为新的信息源点和组织源点，由此导致在网络虚拟空间里主客体关系发生剧烈变化，一种迥异于现实物理结构新媒介环境开始形成。这种网络媒介环境由于身份认证的缺失、交流主题的分散而模糊了对话的信息场阈，从而突破了现实环境下身体在场的硬性要求，形成了虚拟环境中身心分离的新规范，使执政党在现实物理环境中惯用的“我说你听”“我讲你记”的媒介手段开始失效。因此，加强网络社会的治理，必须适应媒介环境的这一深刻变化，培育新的媒介交流能力。

四是意见表达能力。即执政党为了解决在网络虚拟空间领域的“失声”现象，力图通过网络党组织的各种活动，使党的声音能够在网络空间传播扩散，扩大党在网络空间的影响力。意见表达能力在本质上是一种话语权，即谁的意见表达能力强，就表示谁所掌握的话语权占据主动地位。因此，作为话语权的能力体现，意见表达能力是指某些组织、群体或个人在公共空间领域能够进行有效的观点宣示，并以此吸引、获取其他群体或个人的关注与赞同，从而在事实上引导舆论导向的一种能力。

五是舆情引导能力。即执政党能够对网络舆情发展态势进行有效引导的能力。具体来说，就是：要掌握网上舆论战场的主动权，解决好“本领恐慌”问题，真正成为运用现代传媒新手段新方法的行家里手；要深入开展网上舆论斗争，严密防范和抵制网上攻击渗透行为，深入分析网上斗争的特点和规律，组织力量对错误思想观点进行批驳；要依法加强网络社会管理，加强网络新技术新应用的管理，推进网络法制建设，规范网上信息传播秩序，打击网络谣言和违法犯罪，确保互联网可管可控，使我们的网络空间清朗起来。

六是组织凝聚能力。即执政党围绕“内凝党心、外聚民心”的组织目标，通过建立开放灵活的网络党组织，使之成为执政党维系党内成员联系的新场阈、强化外部社会关系的新渠道。从维系政党内部成员联系的新场阈方面来讲，传统的党内成员联系态势更多地体现为一种自上而下的单向度联系。上下级组织之间、同级本组织之间以及组织内部成员的关系，依据民主集中制的组织原则展开活动。应该说，这一组织原则在现实政治生活中有其物质技术和相应的组织结构支撑而能够得到彻底贯彻。但是，随着我国社会分层化趋势越来越明显，流动性越来越强化，政党赖以为继的组织结构由于党员个体利益（包括意愿、职业和家庭等）的追求而不断面临着解构的挑战，原有的党员组织属地原则已经不适应这种快速变化的社会需求。而网络的节点生存和扁平化发展特征，可以为克服这种由党员个体状态的分散化、碎片化所带来的组织危机提供相应的技术支持。从强化政党外部社会关系的新渠道方面来讲，在加强政党传统的联系渠道的同时，更需要各级党组织充分掌握和利用网络这一具有革命性的现代技术，实现与群众的密切联系。一方面，可以通过网络媒介，在宣传党的路线方针政策的同时，广泛听取社会各方的相关意见，实现对社会民情的连续跟踪，以此准确掌握社会发展动态，引导人民群众对党的路线方针政策的坚定支持。另一方面，通过网络党组织这一组织形式的新发展，以吸引和接纳更多网民，进一步密切网络空间中的党群关系。

七是群众工作能力。以互联网为核心的信息技术革命已经催生了一个新的时代：互联网时代。这个新的时代不仅在物质经济发展上表现出以“互联网+”为主要特征的经济发展新趋向，更是在社会精神生活上日益表现出以开放、平等、自由为主要内涵的互联网式的思维取向、行动准则和社会认同。这一系列深刻变化对传统的党群关系以及党的群众工作能力提出了新挑战、新要求，即：如何认识互联网社会赋予群众角色的新内涵？如何看待互联网社会党与群众的主客体关系？如何洞察互联网社会与党的群众工作价值观的高度耦合？如何实现党的群众工作方式的革命性变革与能力水平的提升？从工业时代到互联网时代的迭代演变，实质上表明了信息权力的重构与革命变革。因此，适应互联网时代群众需求并能够引领群众的工作能力成为中国共产党网络社会治理能力体系的重要能力之一。

八是干部管理能力。党的十九大报告明确提出，全面增强执政本领，要善于运用互联网技术和信息化手段开展工作。其中，运用网络信息技术加强干部队伍建设，尤其是增强干部管理能力，既是“互联网+党建”的主要内容，也是党建工作改革创新的必然要求，更是全面从严治党形势下培养、选拔、任用和管理干部的重要方式。

总之，从物理空间到虚拟空间的转换，对执政党的社会治理能力提出了新的挑战和要求。正如互联网政治学家安德鲁·查德威克所言：“由于社会背景和制度架构的独特性，中国正在形成复杂的、本土化互联网政治。这种中国特色的互联网政治，广义而言，是对既往基于父爱主义和全能政府的政治治理的拨正及调整——尽管这种变化从政治制度设计来看有不情愿和被动的意味；狭义而言，是对形形色色的境外网站、境内网站、互联网及新媒体信息流动、网民意见及网络社群的管理政策的理念更迭与多方博弈。其中，特别是越境数据流——点对点的跨越国家政治疆界的数字化电子数据传输，在过去、现在，都引出了一系列法律法规、国情政治和其他意识形态问题。”[①] 因此，如何协调好现实与虚拟两个场阈的关系，需要我们在加强现实社会治理能力的基础之上，更加深入地研究和把握网络社会治理能力生成提高的特点规律，掌握网络舆论的主动权，解决好“本领恐慌”问题，丰富完善国家治理体系，进一步推进治理能力的现代化。

---

① ［英］安德鲁·查德威克著，任孟山译：《互联网政治学：国家、公民与新传播技术》，华夏出版社2010年版，第8页。

第一章

党务管理能力

党务管理是政党进行组织内部管理的一项基本活动，涵盖政党日常工作的各个方面。其主要内容包括党员的发展、教育、管理，基层党组织的学习、评议、奖惩、选举、监督，以及党内规章制度的制定、颁布、执行、反馈等。[①] 简而言之，党务管理能力是指政党内部组织建设的管理能力。不同组织类型的政党，其党务管理能力的强弱也是不同的。[②] 可以说，政党的党务管理能力直接反映了政党的组织水平，并决定着政党的组织力和战斗力。中国共产党作为执政党，其党务管理能力直接关系到党的纯洁健康和团结稳定，是执政党治国理政能力的重要组成，是执政党网络社会治理能力的组织基石。因此，必须顺应信息时代的发展趋势，充分运用信息网络技术，积极推进党务管理的信息化，可以有效提升党员和党组织信息的精确管理、动态管理和统一管理。

第一节　把握党务管理能力的内涵

政党的党务管理能力是政党内部建设的组织理念、组织原则和组织结构的集中反映。它既是政党组织文化塑造的必然结果，体现了政党在治党建党方面的价值追求，同时又是社会技术建构的组织活动方式，不可避免地要满足和适应社会技术不同发展阶段的要求。从工业时代向信息时代的转变，不仅促进了政党发展赖以为基的社会公众的价值和利益追求的多元化，而且信息网络技术的普遍性运用更使政党组织能够跨越地理的时空限制，实现对组织成员的全接触、全管理。这一深刻变化对政党的工作方

---

① 车辚：《适应环境变化，改善党务管理》，《楚雄师范学院学报》，2009 年第 10 期。

② 比如在关于党员的吸收管理方面，不同类型的政党采取的管理方式就不一样。中国共产党采取党员申请制，欧美等国的政党采取党员登记制，新加坡人民行动党则采取党员邀请制。由此造成在党员管理方面的差异，中国共产党的党员管理比较严格，欧美政党的党员管理则比较松散，尤其以美国的民主党和共和党两党为甚，两党基本上可以说是“竞选党”。

式、信息素养和系统平台等构成党务管理能力的要素提出了新挑战、新要求。中国共产党必须主动顺应这一变革趋势，正视党员党组织发展现状中存在的问题，根据推进党的建设新的伟大工程的战略部署，深刻把握信息时代党务管理能力的内涵方式，着力提高执政党的党务管理能力。

一、工作方式

党务管理作为一种政党建设的主要活动，其能力形态的展示集中体现为党务管理的工作方式。中国共产党党务管理的工作方式，是在长期的革命、建设和改革的历史进程中逐渐形成发展起来的。为动员全党力量，完成党在不同时期提出的历史任务，建立起了以民主集中制为特征的无产阶级政党组织，从而有效满足了党在各个历史阶段的政治需求。这种能够有效动员全党力量的工作方式，其具体途径体现为鲜明的政治动员和严密的组织保证，其价值核心则在于党员党组织的整体服从。同时，这一工作方式又受到机械工业时代以报纸—电视为主要内容的社会技术的制约，在工作理念和活动方式上突出表现为强烈的单向垂直的线性思维和自上而下的层级管理两大特征。应该说，党务管理实践活动中的这一工作方式，既满足了中国共产党聚全党全社会之力谋求国家富强、经济发展和社会进步的历史任务，又契合了以报纸—电视为代表的社会技术发展的内在要求，为中国共产党成为中国革命、建设和改革的组织者、领导者奠定了坚实的政党组织基础，在预期效果的达成上表现出了极强的高效性。因此，既有绩效表明党务管理实践中工作方式的形成和塑造在具有深刻的历史内涵的同时，还往往保有强大的习惯性心理和行为。而正是后者在社会经历深刻转型的历史时期，既发挥了保持组织稳定的功能，但同时又面临着严峻的挑战。这些挑战集中起来就是社会政治经济结构的变迁不可避免地使党员的个体角色产生了分化，为其赋予了多重角色内涵，更加凸显了党员的社会角色。

改革开放和社会主义市场经济的深入发展，在打破传统的高度集中的计划经济体制的同时，又逐步建构起一个适应于市场经济的新的社会结构。在这一巨大的历史变革时期，传统的社会角色认同和社会心理也在发生着深刻嬗变。对普通党员而言，这一变革的影响尤为明显。在计划经济时代，社会个体的角色定位和认同更多地具有鲜明的政治性特征。个体的命运是与组织单位的整体发展密切相关、不可分割的。对广大普通的共产党员来说，其党员的政治角色认同往往具有压倒一切其他角色的强大力量。各级党组织为普通党员的角色认同、政治塑造和心理依附提供了坚强的组织基础。但是，当市场经济逐步取代计划经济并确立起来之后，伴随着社会结构的重新分化组合和利益格局的不断调整，在促使普通党员为了个体和家庭幸福而拼搏努力的经济理性成长的同时，却也使党员自身的角色认同和党员与党组织之间的关系产生了新的变化。一方面，无论是个人理想抱负的拼搏努力，还是迫于生活压力的劳累奔波，抑或是对社会现实的愤懑情绪，都在使普通党员的社会角色（或经济角色）成为个体的主要社会认同，而其政治角色则受到削弱。另一方面，从普通党员与党组织的关系来看，当市场经济确立起来后，各级党组织无法满足普通党员各种需求的时候，党组织对身处于体制之外的普通党员的吸引力也就受到了其他组织（或社群）的挑战，比如志愿者组织、网络社群等等。因此，探索在市场经济条件下党组织如何根据党员角色的社会变迁，为其提供有效需求，就成为一个迫切而艰巨的课题。这就要求必须改变现有的党务管理工作方式，以发展党内民主为切入点，吸引和满足广大普通党员的政治需求和社会关怀，使各级党组织成为凝聚广大普通党员的坚强纽带。

二、信息素养

信息素养是指党务管理人员适应社会技术发展需要所具备的相应信息意识、信息知识，以及能够熟悉运用信息管理技术能力等方面的综合情况。信息素养是信息时代执政党加强党务管理能力的重要因素。各级党组织和党员干部信息素养的高低，直接关系到党务管理能力的强弱。

中央党校相关课题组关于领导干部信息素养现状的调查表明[①]：在信息意识方面，绝大多数领导干部都已充分认识到信息及信息技术的重要性，并且开始积极尝试利用互联网等新媒体来获取、交流信息。调查结果显示，67.5%的领导干部认为信息素养对其执政能力和执政水平“影响很大”，31.3%的领导干部认为“有一定影响”；经常上网的领导干部比例高达71.8%，从不上网的领导干部已不到1%。在信息知识和信息能力方面，调查表明，尽管问卷中提到的都是信息领域中一些最基本的概念和常识，80%左右的领导干部都仅仅是“一般了解”，“非常了解”的只占10%至15%。这说明大多数领导干部信息知识相当薄弱，对信息领域基本概念和基本常识的理解，还都停留在初级水平。不过，领导干部在信息技能方面

① 姚志红：《领导干部信息素养现状分析》，《党建研究》，2013年第10期。

的进步非常显著，特别是在信息检索、信息交流等方面尤为明显。调查显示，领导干部选择“通过查阅相关书籍、报刊、上级文件等纸质资料来获取信息”和选择“通过互联网等新媒体来获取信息”的比例已经非常接近。这表明领导干部的信息意识、信息敏感度和信息运用能力比以前进步明显。不过，在培育信息思维、养成信息行为方式方面仍然有很大的提升空间。

笔者对基层党务管理实践的相关调查也表明了基层党务管理干部的信息素养较以前也有了很大提高。在“支部书记党建网站使用情况”的调查问卷中，[①] 基层党支部书记对党建网站在现阶段的基层党务活动实践中的主要功用分别表现为：“了解党建的最新信息和指示”的占24.4%、“了解上级党组织的活动动态”的占22.2%、“获取开展党务活动的相关资料”的占21.7%、“了解其他基层党支部活动情况”的占17.6%、“寻求上级党组织的指导和帮助”的占14.1%。见下图：

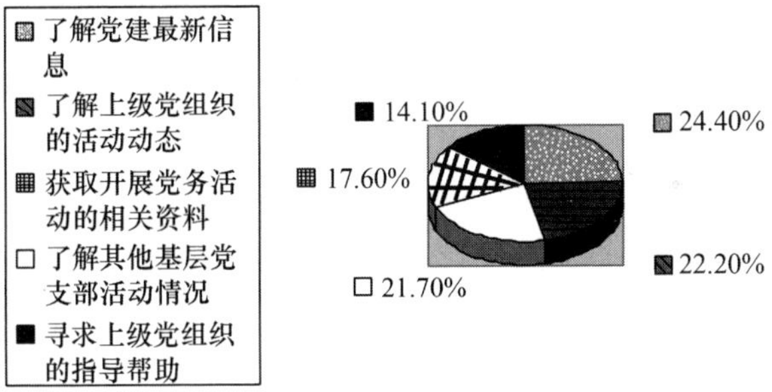

这一调查统计表明：党建网站在目前的基层党务活动实践中，对党建信息的需求成为基层党支部书记开展党务活动时的主要功能诉求。这一点也能够通过基层党支部书记在下述问题选择中得到证明。基层党支部书记主要是在“党员的学习活动”（34%）、“方针政策的传达”（33.3%）和“远程教育”（32.7%）等活动时借助党建网站平台开展党务活动。这三项活动，主要是依托党建网站的丰富资源而得以顺利实现的。

上述两项针对领导干部和基层党务人员的信息素养的调查表明：在以互联网为代表的信息技术迅猛发展的新形势下，各级党务管理干部主动顺

---

① 调查情况详见薛小荣：《网络党建论：互联网时代政党的组织变革与社会适应》，时事出版社2013年版，第四章“网络党建的活动平台”，第147页。

应信息时代党的建设要求，着力培育与信息时代政党组织发展相适应的信息素养，极大促进了党务管理能力的提升，为党加强网络社会治理能力打下了坚实基础。

三、系统平台

信息化的系统平台是提升党务管理能力的重要支撑。中国共产党积极进行信息网络社会中党的建设的尝试，最早可以追溯1999年发生的“法轮功”事件①和中国驻南斯拉夫大使馆遭到以美国为首的北约空军的导弹袭击事件。这两起事件从经验层面证实了互联网的两面性，即谁能利用好互联网，谁就能掌握舆论！正是在对这两起重大事件的反思中，中共中央办公厅于1999年10月6日转发了《中央宣传部、中央对外宣传办公室关于加强国际互联网络新闻宣传工作的意见》。这是中共中央第一次从争夺21世纪思想舆论阵地制高点的高度，明确了今后网络新闻宣传工作发展的方向，成为指导网络新闻宣传的纲领性文件。随着我国社会信息化程度的加深，中国共产党在继续强调利用互联网进行思想引导的同时，更加关注用信息网络技术来提升党的建设的信息化水平，以此作为推进党的建设科学化的重要举措。胡锦涛同志在十七届四中全会上明确指出：“现在信息网络化程度越来越高，对党的建设提出挑战，也带来机遇。全会提出要办好党建网站、建立全国党员信息库、推进基层党组织工作信息化、加强农村党员干部现代远程教育网络一体化建设、健全反腐倡廉网络举报和受理机制、网络信息收集和处置机制等等，目的就是要运用信息网络技术来加强和改进党的建设，提高党建工作效率。”胡锦涛在这次会议上的讲话不仅成为直接推动此后党的建设信息化的号角，而且也明确了党的建设信息化的重要内容。可以说，从20世纪末期跨入21世纪，中国社会在全球化、信息化的浪潮冲击下开始从工业社会向信息社会转型，既为中国共产党提供了发展的重大机遇，又为中国共产党提出了发展的严峻挑战。充分利用以互联网为核心的信息网络技术来开展网络党建，这是中国共产党在时代新要求下做出的积极、主动、灵活的战略部署。

在中共中央发出党建信息化的号召之后，各级党组织积极响应。在丰

---

① 事实上，国外学者也敏锐地注意到互联网在此一事件中所扮演的角色。见［美］曼纽尔·卡斯特著，夏铸九等译：《网络社会的崛起》，社会科学文献出版社2001年版，第8页。

富实践的过程中，各级各地党组织探索出了多种多样的网络党建表现形式，为党务管理活动提供了信息系统平台。具体来说，主要包括系统、平台、网站等三个方面的体系建设。

系统建设：信息系统主要是指党员党组织信息系统。这一信息系统是推进党务管理信息化的主体工程。没有灵活、动态，以数字化为表现形式的党员党组织系统，党务管理就无法系统平衡地发展。具体来说，党员党组织信息系统主要是指通过党员党组织的信息录入、采集、管理等信息化手段，逐步建立立体化、交互式、多层级和广覆盖的信息管理系统，实现对党员党组织的数字化、网络化、动态化和个体化服务与管理，提高党员党组织管理的信息化水平。[①] 在实践中，党员党组织信息系统主要是通过三个专项子系统的完成而建立起来的。一是党内组织信息管理系统。通过对系统内“党组织基本情况”“党员个人基本情况”“党组织换届情况”“预备党员转正情况”“基层党组织负责人手机号码”等规定项目的信息录入，以实现各级党组织的信息数字化。二是党员电子身份认证系统。主要用来完成党员个体的网络身份认证。中共河南省委组织部、中共河南省信阳市委组织部在《信息化发展对党员队伍建设的影响》的专题课题研究中就提出建议，认为可以通过制作配发具有读写功能的 IC 芯片的党员网络身份证，实现党员的电子身份认证，以利于党员组织关系的自动接转和实时的动态网络管理。[②] 三是党务动态管理网络系统。通过这一系统，可以实现党员组织关系实时“网上转移”功能、党内实时统计功能（如完成相关统计报表）、党务工作实时提示功能（如提示按期换届、预备党员转正等）、党内实时动员功能（如通过邮件捆绑短信，确保党内重大精神迅速传达到各级党组织）等，[③] 为有效解决流动党员的管理问题提出了新思路、新对策。

平台建设：信息平台是开展党务管理的重要载体和主要渠道。具体来说，各级党组织在实践过程中逐步形成了以下六个平台建设的共识。一是

---

① 中共河南省委组织部、中共河南省信阳市委组织部课题组：《信息化发展对党员队伍建设的影响》，《党建研究》，2012 年第 3 期。

② 中共河南省委组织部、中共河南省信阳市委组织部课题组：《信息化发展对党员队伍建设的影响》，《党建研究》，2012 年第 3 期。

③ 这是上海市委在推进网络党建过程中的主要经验。见中共上海市委组织部 2009 年 12 月下发的《关于进一步贯彻落实中央和市委全会精神推进上海基层党建信息化工程建设的通知》。

信息发布平台。主要是及时公布党内重大信息，使各级党组织、党员能迅速接收和了解党内情况。同时，及时发布反映各级党组织、党员在党的建设方面的有益探索，增进党员、党组织之间的交流。二是理论宣传平台。互联网的飞速发展和广泛影响，要求中国共产党必须牢固树立思想政治教育的阵地意识。要以互联网为平台，大力加强党的创新理论成果的宣传教育，使互联网成为党的思想舆论阵地，引领党员群众和网络民众的思想导向。三是在线学习平台。通过打造在线学习平台，建立远程教育体系，开展网上党校活动，使党内外群众能够方便、迅捷地接受党的组织培训。四是党群交流平台。互联网的发展，打破了党的组织结构中固有的层级传递体制，使党的各级领导与党员群众的直接对话、交流成为可能。通过构建党群交流平台，比如“网络论坛”“网络邮箱”“网络微博”等形式，可以使党员群众的意见和想法得到反映。五是党务活动平台。利用网络开展党务活动，是当前各级党组织在推进网络党建实践中的一个重要举措。其中，以“网上党支部”最为典型。所谓“网上党支部”，就是借助网络技术这个平台，为实现党组织建设的意图和目标而创建的基层党组织，它是党的建设在虚拟世界中的一种拓展和延伸，也是党的组织设置的一种创新性实践。[①] 六是舆论监督平台。信息网络技术的发展，有助于党员群众知情权、参与权、选择权和监督权的有效落实。通过建立反腐倡廉监督网络体系，比如12380举报平台、12371手机短信平台、全国组工网等监督平台，可以进一步发挥党内监督、社会监督的综合力量，促进各级党组织和党员队伍的纯洁性。

网站建设：党建网站作为党务管理的主要活动平台，是开展党务管理的主要依托，也是各级党组织推进党务管理信息化的主要切入点。首家利用互联网宣传党的建设的官办网站，是中共北京市委组织部创办于2000年7月1日的“北京党建”，[②] 这是全国第一个组织工作专业网站。此后，由各级党组织创办的党建网站纷纷建立，有力地促进了党务管理的信息化、科学化。

① 徐根义、李守成：《大力推进基层党支部建设网络信息化进程——临朐县网上党支部建设的实践思考》，《黑龙江省社会主义学院学报》，2010年第4期。

② http：//www. bjdj. gov. cn.

第二节　增强党务管理能力的意义

作为一种社会技术，信息网络技术对政党建设最为深刻的影响主要表现在价值层面，即要求我们必须适应信息社会的发展趋势，正视重视党员主体价值的实现，提升政党组织的持续发展能力。在迅速变动的社会中，政党的持续发展有赖于全体党员主体价值的充分实现。“一个社会对于信息的掌握程度可以衡量其社会的发展程度。”[①] 信息网络技术的飞速发展，在提升政党组织活动效能的同时，也为党员个体在信息获取、民主实践等方面提供了更大的可能。这一深刻变化要求政党必须正视、重视党内普通成员的主体性，切实采取措施为党员主体价值的实现提供制度保障，以保证党的健康发展。可以说，一个内部团结、充满活力、昂扬向上的党员队伍，是执政党保持团结、稳定和发展的关键要素。因此，培育和增强与此相适应的党务管理能力就成为信息时代党的建设的主要举措，具有极为重要的现实政治意义。

一、提升党务活动的管理效能

党务管理的重心是对党员的管理。党务管理的过程就是培育和塑造符合政党政治要求的合格党员的过程。信息时代的党务管理，不仅在于党务管理方式的信息化，更在于党务管理内涵的信息化。这种内涵的信息化是指党员在政党组织结构中凸显个体价值。

“人”作为政党组织的主体构成，其价值内涵并非一成不变。信息网络技术的广泛运用及其所展现的社会意义都已经表明，一个有别于机械大工业时代的新时代已经出现，并越来越展现出其强有力的变革力量。现有的政党模式多脱胎于机械大工业时代，其政党的组织理念、组织架构、组织成员等都具有明显的机械大工业时代的特点，即“分割肢解的、集中制的、肤浅的”。[②] 具体来说，在组织理念上，强调的是统一指挥；在组织架构上，表现出的是中央—地方的垂直线性机制；在组织成员上，强调的是

① ［美］宾柏著，刘钢等译：《信息与美国民主：技术在政治权力演化中的作用》，科学出版社 2011 年版，第 33 页。

② ［加拿大］马歇尔·麦克卢汉著，何道宽译：《理解媒介：论人的延伸》，译林出版社 2011 年版，第 18 页。

个体的纪律与服从。而在信息网络时代，政党的组织理念、组织架构、组织成员等方面都在发生着潜移默化的改变，表现出“整体化的、非集中制的、有深度的”① 特点。从组织理念上来看，信息网络技术的分权特点使组织越来越呈现出多元自治而非统一一律的特点；从组织架构上来看，信息网络技术的多中心特点使组织越来越表现出扁平化的非线性结构趋向；从组织成员来看，信息网络时代的“人”的特点在人与组织的关系中越来越彰显出“人”的理性自我特征，强调的是个体自我价值实现，而非一味地要求组织成员个体的牺牲与奉献。也就是说，在人与政党的关系中，究竟是人作为政党组织的主体价值存在还是政党本身成为组织主体价值存在？在政党本身成为主体价值存在的人—政党关系中，政党强调的是个体集合——集体——的整体利益，这一组织伦理要求组织成员必须放弃个体的一切特征与需求，即个体的“去个人化”，个体的“人”泯然于组织的千万大军之中，成为一架庞大机器上的螺丝钉、一座宏伟大厦里的地砖。“在规模庞大的大众组织中，通过成员普遍参与的办法解决所有的组织内纷争，无论在技术上还是机制上都变得不太可能。这样，代表制便应运而生。起初，代表是大众的‘公仆’，他的一切行动都受到大众意志的支配。然而，随着代表们所从事的事务日趋繁复，对个人的某些才能（如演讲才能和丰富的知识积累）提出了更高的要求。这样，劳工运动早期推行的那些保障成员参与政党事务和工会管理的措施日见失效，并最终被抛弃。现代政治组织中的领导者与被领导者之间开始走向分化，那些具有更高经济和社会地位并受过良好教育的人获得了更多进入领导阶层的机会。这样，一个相对稳定、受过特殊训练的由薪给职业领导组成的精英群体就此产生。组织的决策逐渐被认为是只有领导者才具备的才能，这一权力被从大众手中抽走，集中于领导者之手。曾经只是集体意志执行者的领袖很快从大众的控制中解脱出来，他们从当初大众的‘公仆’变成大众的主人。而且，领导者的权力往往与组织的规模成正比，即组织的正式建制愈扩展和分化，成员规模愈大，财力愈充足，组织领袖的个人权威愈不可动摇，组织内普通成员对组织的直接控制能力就变得愈软弱。这样，一套刻板而且严格的等级体系随之产生。这一等级体系也成为作为战斗堡垒的政党机器

---

① ［加拿大］马歇尔·麦克卢汉著，何道宽译：《理解媒介：论人的延伸》，译林出版社2011年版，第18页。

顺利运行的必备条件。"[①] 而在"人"作为政党组织的主体价值存在的人—政党关系中，政党本身的价值内涵开始回归。在近代政党政治兴起以后，政党的根本意义在于它是代表一部分社会利益的群体集合，通过鲜明的政治理念，通过政治权力的争夺来实现社会群体的利益诉求。可以说，在人—政党的关系中，政党是人实现自身价值与社会价值的工具与平台。这才是政党价值的根本体现。

但是，建构于机械大工业时代的政党组织囿于观念、技术等制约因素，政党越来越成为一个相对独立的"利益存在"和"宏大目标"，组织内部成员的个体价值与目标消逝得无影无踪，犬儒主义[②]的精神状态开始弥漫于整个组织的方方面面。以苏联共产党为例，"人们不满这个体制，并以各种形式表现他们的退缩：犬儒主义，工作场所的偷鸡摸狗、浑水摸鱼，自杀及广泛的酗酒等。由于斯大林式的恐怖主义早已被废弃，取而代之的是政治上有选择性且有限制的压迫，意识形态的教化顶多只是一种官僚的仪式，而不是真正的审查。所以，一旦勃列日涅夫的长期统治建立起一种常态和烦闷的生活形式之后，人们就学会如何对付这种体制，过自己的生活，尽量利用它，敬国家而远之"。[③] 信息网络技术的兴起及其普及运用，其最深远的社会意义就在于它促使组织内部关系的变革。而变革的核心就是人与组织的关系中如何在个体利益与整体利益、个体价值与整体价值之间寻求一个恰当的平衡。如果说机械大工业时代由于信息流动和组织控制成本的过高而使个体屈从于组织纪律要求，那么，信息网络时代带来的信息流动与组织控制成本的降低，以及个体理性的成熟，则无疑成为推动政党进行组织变革的时代之力。

可以说，信息时代的党务管理，其成效如何，关键取决于能否激发广

---

① ［德］罗伯特·米歇尔斯著，任军锋等译：《寡头统治铁律——现代民主制度中的政党社会学》，天津人民出版社2003年版，中文版序言，第4—5页。

② "犬儒主义"被用来指代这么一种个体：他拒绝个体化，甚至宁愿悖逆其自身旨趣而行，而非自我认识以便适合主流意识形态旨趣而行动。……这种意识在本质上希望无限扩张，主动以身试法，根本上就不安于现状，而且对现存世界所提供的一切形式感到不满。这就是一种特殊的精神气质，按照马克思·韦伯的著名定义，它怀着只有在这么一种不可能的条件下才有抵达可能性的希望，并以此为信仰去奋力追寻"不可能性"。参见［英］提摩太·贝维斯著，胡继华译：《犬儒主义与后现代性》，上海世纪出版集团2008年版，中文版序，第4页。

③ ［美］曼纽尔·卡斯特著，夏铸九、黄慧琦译：《千年终结》，社会科学文献出版社2006年版，第2—3页。

大党员参与党务活动的政治热情和政治动力。只有让广大党员真正体会到政党的组织关怀，才能达成上下一心、步调一致的管理效能。这才是信息时代党务管理能力根本目标所在！

二、增强党员的民主参政能力

党内民主是党的生命，是执政党发挥党员智慧、保持党内活力的基本方式，也是中国共产党扩大社会民主的关键步骤。信息网络技术的发展，在提升党员个体信息获取能力的同时，也为党员个体民主参政能力的培育提供了坚实的物质技术保障和政治价值追求。“信息的专门使用权被认为是通向权力的通道。对于传播媒介的控制通常是取得政治权力的首要一步。位于现代组织机构中心的信息机构传播信息的方式远不是随意的。同时，目前的电子系统传播信息的数量、形式和速度已经在人际关系和群体关系中产生了一种性质上全新的要素。电信在今天成为最强劲的力量，不仅影响意识形态而且影响社会物质基础。”① 相比于现实的党内民主的活动实践，信息网络技术具备的信息发布的迅捷性、公开性和交互性等特点，无疑是对现实党内民主实践过程中的有益补充。“新电子媒介被普遍认为是一种逃避压抑性的、‘自上而下’的大众民主政治的潜在方式；在这种自上而下的大众民主政治中，组织紧密的政党独立拟定政策，使背后的支持力量最大化，却很少有经过协商或者草根阶层的参与。新媒介提供了供应高度差异性政治信息与观念的方式，在理论上可以让所有意见无限制地接受，而且领导者和追随者之间有许多的反馈和协商。”②

具体来说，主要体现在以下两个方面：一是党员的参政议政能力的提升。信息网络促进了包括政治信息在内的信息流通。“对人们交往的性质起决定作用的并不是物质场地本身，而是信息流动的模式。实际上，场景定义的讨论可以由直接物质现实问题完全转向只关注信息渠道。……在场景研究中，为了包括有中介的交往，我们需要抛弃社会场景仅仅是在固定的时间和地点发生的面对面的交往的观念。我们需要研究更广泛、更有包

---

① ［美］赫伯特·席勒著，刘晓红译：《大众传播与美利坚帝国》，上海译文出版社2006年版，第29页。

② ［荷兰］丹尼斯·麦奎尔著，崔保国、李琨译：《麦奎尔大众传播理论》，清华大学出版社2010年版，第123页。

容性的‘信息获取模式’观念。”[①]而信息网络技术的方便使用和信息的快捷流通则使党员直接参与党内重大决策成为可能。“在一种媒介中对信息进行编码或解码所需的技能和学识，在很大程度上决定了在这个社会中谁能使用该媒介发送信息以及谁能获取媒介所携带的信息上。即使在一种给定的传播形式中，如书写，不同的符号系统可能会产生截然不同的社会效果。复杂的书写符号有助于文化阶层控制文化信息和礼仪。”[②] 通过信息网络技术的熟练运用，对于党员群众所关心的党内重大事件的讨论，党组织可以通过内部网的传播平台，向党内成员广泛征求意见，从而确保党员知情权和议政权得到最大限度的贯彻落实，并在党内广泛讨论的基础之上凝聚共识，形成科学决策。比如，目前各级党组织通过党建网站等形式向党员群众征求党内事务的看法意见，不仅使各级党组织以低廉的信息成本获取了丰富的信息，而且通过这一技术平台，使党员群众的知情权和建议权得到了有效落实，为党的科学决策提供了有利支持。二是党员的民主监督能力的提升。党内监督是确保中国共产党纯洁性的重要保障。事实证明，只有把监督的权力掌握在全体党员手中，才能真正确保党的纯洁健康。信息网络技术的发展，提供了党员履行直接监督权力的有效平台，比如12380举报平台。同时，更为重要的意义在于，信息网络技术带来的信息的公开性、流动性与互动性，不仅使本级组织内部的监督成为可能，而且为党内其他成员发挥非本级组织监督提供了重要手段。

以上海基层党建网为例。上海基层党建网通过开设“设限平台”，加强了党委组织部门与基层党组织、普通党员的沟通能力。通过实名注册，党员可以在设限平台选择“党员”“书记”“市党代表”等不同入口登录设限平台。截至2011年11月底，已经有53万党员实名注册，设限平台发布了数十件党内文件、简报等非涉密的材料；开展了数次专题讨论活动，特别是在“我为上海‘十二五’发展献计献策”专题讨论中，得到了党员的广泛响应，共上传近4000多条帖子，提出的建议意见分7次在网上连载，并经网站管理人员梳理后转报市委有关部门。在设限平台中，党员还可以给市委常委等领导留言，提出意见建议，目前，已分数批转报市委领

---

① ［美］约书亚·梅罗维茨著，肖志军译：《消失的地域：电子媒介对社会行为的影响》，清华大学出版社2002年版，第30页。

② ［美］约书亚·梅罗维茨著，肖志军译：《消失的地域：电子媒介对社会行为的影响》，清华大学出版社2002年版，第61页。

导，并经市委领导批示转有关区县部门处理。2011 年，设限平台开设了“先锋 E 家——党内互助平台”。只要是党组织书记，就可以在这个平台上发布自己的工作需求，党员都可以提供帮助，基层党组织还可以报名成为这个平台的后援平台。设限平台是上海基层党建网改版的重要内容，它以上海市党员信息系统简要数据为后台，实现了党员实名登录、分权享有，依托网络进一步保障和实现党员的参与、知情、监督和选择权，成为党内民主建设的重要载体。[①]

三、克服党员组织生活的缺位

信息网络技术的迅猛发展，带来的不仅仅是新的技术成果的广泛运用，更为深刻的意义还在于技术运用所引发的剧烈社会变动。“一场信息革命通过为政治通信和集体行动的组织创造新机会而摧毁之前的信息政体。这些变化为某些组织和结构形式带来益处的同时也为另一些组织和结构形式带来不利，导致政治组织和中介机构领域的适应和变化。”[②]

从工业社会向信息社会的转变，是一个新旧杂陈、不断突破创新的转型时期。在达到新的社会平衡之前，这一过渡时期最大的特点就是“变化”。转型时期中国社会的结构性变化，使传统的国家—社会关系发生了剧烈变动，在从统揽一切的全能型政府向权力界限明显的有限政府的转变过程中，党的执政边界日趋清晰，党对社会的领导开始从管理向治理转变。社会结构的转型是一种整体的和全面的结构状态过渡，而不只是某些单项发展指标的实现。这种结构转型的整体性与系统性，使党所依赖和可资利用的传统执政资源必须进行重新整合，以积极适应正在形成中的新的社会结构的需要。

从国家—社会关系的角度来看，中国社会结构的历史演进主要经历了两个阶段，而党的执政也经历了两个大的发展时期。第一个阶段是建国后至 1978 年改革开放前，建立起以公有制和计划经济体制为主要社会结构的高度集权的“全能主义国家”。其突出特点就是国家与社会处于同构状态，国家对社会资源实施全面控制和垄断。在这一社会结构中，中国共产党作

---

① 高骥、虞志灏：《基层党建 e 时代》，上海人民出版社 2012 年版，第 78—79 页。

② ［美］宾柏著，刘钢等译：《信息与美国民主：技术在政治权力演化中的作用》，科学出版社 2011 年版，第 18 页。

为执政党，由于其自身在中国政治生活中的特殊性和唯一性，在对国家和社会实施领导的过程中，以这种国家—社会同构的社会结构和各种具体的组织制度为媒介，党执政的权力边界极具全面性、扩张性和渗透性，整个社会呈现出过度政治化的特征。这种状态的存在，有其历史的必然性和合理性，它是后发展国家实现初期现代化的共同现象，对于中国现代化的启动具有积极的作用。但是，随着时间的逐渐推移和实践的不断发展，这种国家与社会糅合在一起的状态已经不再适合于中国现代化进程的要求。中国的国家—社会关系开始进入第二个发展阶段。1978 年以来的改革开放使中国社会面临着深刻转型，国家—社会关系发生了深刻变化：第一，国家的社会控制幅度明显收缩，国家直接控制的社会资源的相对量和绝对量都已经大大减少。在整个国民经济体系中，全民所有制所占比重显著下降，集体、个体以及各种混合所有制成分迅速上升。第二，国家的社会控制手段渐趋多样化，改变了以往几乎完全依靠行政命令与计划指令的状况，经济、法律等其他社会控制方式的作用越来越大。第三，国家自身的权力结构也在进行相应的调整，地方、部门、企业乃至个人占有与处置社会资源的自主权不断扩大。这种社会结构转型给党执政权力带来变化的深刻性就在于，传统社会结构中党执政的权力具有无可置疑性和无限包容性，但是在市场经济条件下，由于社会经济体系对政治体系的相对独立性，社会结构组成的多样性，党的执政权力既依赖于党所拥有的历史资源的合理性，但也越来越寻求法律和公民认同的合法性。可以说，党在转型时期要取得执政权力的合法性，一方面固然取决于执政党的执政绩效，另一方面也决定于公民普遍的政治认同，执政党的权力只有在获得了法律的承认之后才被视为一种由国家力量保护的合理能力。执政的权力边界是有限的。

但是，随着改革的深入发展，原先潜伏的各种社会矛盾和利益诉求开始浮出水面，计划经济时代“铁板一块”的社会结构开始碎片化，城乡差距扩大，社会阶层日益多样化，工人农民的地位全方位下降和日益边缘化，新兴阶层的迅速壮大并开始谋求政治参与，社会贫富悬殊越来越大，甚至在极个别的特定环境下出现两极分化等诸多结构性的不平等，已经从政治资源上构成了对中国政权体系合法性基础的潜在威胁。这样，转型时期中国社会的结构性变化，使得党的执政边界开始从以前的对国家社会领导的无限性向在法律允许的范围内活动的有限性的转变，而这一转变的过程又与改革所凸显的各种社会矛盾和利益纠纷错综复杂地交织在一起。这种复杂的情况使得党过去所依靠的执政资源，比如意识形态教育和组织整顿等等，失去了过去所具有的那种显著效果，从而在整合现有执政资源和拓展新的执政资源以解决矛盾的过程中发生断裂，使党的建设面临着严峻挑战，并且这种压力与挑战将会长期存在。

就党的组织管理模式而言，由信息网络技术发展所带来的社会历史性变化对党的组织管理模式提出的挑战主要表现为：由于市场经济的发展和社会结构的分化，大量流动党员群体开始出现，对现有的党员管理模式提出了新问题，即如何在属地管理原则的基础之上，更好地利用信息网络技术加强对流动党员的管理，以克服党员组织生活的缺位，实现对党员的全程管理。“两新”组织党员和流动党员由于小型、分散以及组织关系与工作单位脱离的特点，已经成为市场经济深化发展条件下党员管理的一个热点难点问题。信息网络技术的迅速发展，为解决和克服这一困境提供了强有力的技术支持。通过组织生活的网络化，可以有效克服“两新”组织党员和流动党员参加组织生活的“缺位”问题。比如，上海市社会工作党委针对“两新”党组织“小型、分散”等特点，依托上海“两新”互动网已开设2218个“支部网站”、注册党员30343名，累计召开“网上组织生活会”1637次。[①] 而上海普陀区桃浦镇李子园村新经济组织联合党支部[②]的“网上组织生活”也提供了积极有益的探索。该党支部共有22位党员，分布在12家单位。联合党支部运用市社会工作党委提供的“两新”互动平台，开展“网上组织生活”、网上审批党员转正，在“两新”组织党建信息化方面做出了初步尝试，3年多来进行了10次网上组织生活。时间均安排在周五晚上，每次2小时左右，受到党员们的欢迎。“网上组织生活”结束后，内容一般保留3天。因事缺席的党员在保留期内可以随时上网浏览“网上组织生活”会议记录，并可补充发言。等保留期终止后，党支部书记将会议记录打印归档。利用“网上组织生活”功能，党支部安排了学习党内文件、春节团拜、支部汇报工作、党支部和党员双评、讨论党日活动、缴纳特殊党费等内容。另外，经上级党委同意，党支部也尝试利用网上组织生活的功能，审批预备党员转正。由于事先准备比较充分，在审批两名预备党员的转正中，党员的发言和表决都比较顺利，网上审批获得了成功。通过把网上活动与网下活动结合起来，实现了党务活动的网络化，保证了党组织对党员的有效管理。

---

① 高骥、虞志灏：《基层党建e时代》，上海人民出版社2012年版，第64页。

② 高骥、虞志灏：《基层党建e时代》，上海人民出版社2012年版，第64页。

第三节　提升党务管理能力的途径

信息网络技术的深入发展表明，“信息时代的公民自己选择所学的知识一般不如由社会精英和组织者所引导他们学习的重要。同样，这也表明社会精英和组织在很大程度上是由他们所拥有的信息来界定和组成群体的，并且他们有能力掌握这些信息。至少在这些方面，信息的传播是政治结构和政治行为的中心。信息不仅是政治家在战略和心理意义方面使用的工具和资源，而且其特点和属性也界定了政治因素本身。这也是为什么由技术发展引发的信息变化能够如此直接地影响政治结构。”[①]只有具备相应的组织功能，政党才能迅速适应和承担起这种由信息变革所带来的目标任务的剧烈变化。因此，要以组织信息化为基础，实现党务活动的网络化，切实提高党务管理能力。

一、以信息存储的数字化实现党员党组织信息编码的精确管理

传统党务管理主要是依托印刷载体而实现对党内成员和各级组织的信息管理活动。以纸质为主要代表的印刷载体具有“同一性、连续性和线条性原则”。[②] 基于此的党务信息管理表现出两个典型特征：一是垂直线性特征。纸质类信息载体具有单一线性的信息垄断特点。正是这一特点决定了党内各级组织和成员的信息管理，“阅读和写作所需要的技能以两种方式影响了人们对印刷品的接触：通过书写和书籍进行的传播‘自然而然地’就局限在了掌握所需接触编码的人群中，哪怕是仅掌握基本代码的人；讯息可以通过编码讯息复杂程度的不同面向不同的群体。因此，非常小的儿童和文盲就被排除在了所有印刷传媒之外，而根据阅读水平的不同又将社会进一步分成了许多不同的信息系统”。[③] 必然表现就是，上级组织对下级组织主要信息的管理具有最终的汇总权和知情权，而下级组织则只能拥有

---

① ［美］宾柏著，刘钢等译：《信息与美国民主：技术在政治权力演化中的作用》，科学出版社2011年版，第221页。

② ［加拿大］马歇尔·麦克卢汉著，何道宽译：《理解媒介：论人的延伸》，译林出版社2011年版，第25页。

③ ［美］约书亚·梅罗维茨著，肖志军译：《消失的地域：电子媒介对社会行为的影响》，清华大学出版社2002年版，第63页。

本级单元的信息知情权。上下级之间组织内部的信息流动的强烈反差带来的结果就是下级组织只能“一叶障目而不见泰山”。二是分割阻隔特征。纸质信息载体除了垂直线性所带来的上级信息垄断特点外，还有一个重要的特点就是本级组织在整个政党的信息管理体系中，只是作为一个单一孤立的本级信息聚合点和提供者而存在。“由于书中讯息的接触具有偏向性、选择性，因此在印刷媒介中编码的信息通常是从某个群体的某一成员传递给这个群体的其他成员。或者，换种说法，信息的有选择性传递，将人们划归到非常不同的信息系统，而创造出各个‘群体’。对于你所知道的、书写的或阅读的东西一无所知的人，显然是非常‘不一样’。”[①] 一般来说，在垂直孤立的线性信息管理模式中，它与其他的信息提供者之间按照系统安排是不能或者只是进行简单的信息联接。一方面，这是由纸质载体的信息容量大小所决定的。超大的纸质信息无法支持信息之间的横向流动，只能通过自下而上的单向流动方式向上级汇聚。另一方面，这也是由纸质载体的信息存储水平所决定的。纸质载体特有的易损伤性带来了信息管理的存储难度，从而也无法支持政党组织体系内部信息的有效流动。正是由于垂直线性和分割阻隔两大特征的存在，导致依托纸质载体进行信息管理的传统党务管理在对党员党组织的信息管理方面只能进行模糊化管理。

信息网络技术的发展则有力地突破了纸质化信息管理的这一缺陷，通过对党员党组织的信息编码，使政党的党务管理可以实现对党员党组织的精确化管理。这是因为依托信息网络为载体的信息管理有效克服了纸质信息载体容量小、存储难的问题，能够促进信息的交互流动，从而为精确管理奠定坚实的物质技术基础。当然，“一个王朝首先只能是‘纸张王国’，然后才成为信息王国以及信息控制王国。从近代直至20世纪末的社会变迁证明了这一事实，尤其在最发达的国家。社会职能的拓展乃至深入关注个体生活的各个方面，这一切依靠的就是被认为呈指数增长的社会群体资料库，若没有这些堆积如山的文件的激增”，[②] 国家模式的运作将无法正常进行。不过，信息网络条件下党务信息管理更为重要的意义还在于：在精确化的党务管理中，党员党组织的个体信息不再只是纸质材料上的刻板平面

---

① ［美］约书亚·梅罗维茨著，肖志军译：《消失的地域：电子媒介对社会行为的影响》，清华大学出版社2002年版，第71页。

② ［法］弗雷德里克·巴尔比耶、卡特琳娜·贝尔托·拉维尼尔著，施婉丽、徐艳、俞佳乐译：《从狄德罗到因特网：法国传媒史》，世纪出版集团、上海人民出版社2009年版，第2页。

印象，而是具有了鲜活立体感觉；党员党组织不再只是数据统计中一连串的数字符号，而是一幅幅信息交互图景中的生动形象。

实现党务活动精确管理的主要途径是建立党员党组织信息管理系统。党员党组织的信息化是推进网络党建发展的物质基础，也是开展党务管理活动的根本基石。建立党员党组织信息管理系统，已经成为各级党委组织部门进行组织信息化的主要目标。具体来说，主要包括党员管理统计系统和党员身份认证系统。党员管理统计系统主要是指对各级党组织所属党员的实体登记进行数字化处理，是党员党组织信息管理系统的重要组成。党员身份认证系统主要是指结合党员的个人身份证系统，对各级党组织所属党员和所属区域流动党员进行电子认证，实现党员身份信息的数字化、网络化。党员身份认证系统是构建党员、党组织信息管理系统的主要基石。各地党委组织部门进行认真研究，根据所处地域环境和党员队伍的具体情况，进行了形式多样、内容丰富的积极探索。

以上海为例。① 上海市委组织部充分利用上海市党委网（公务网）、上海市市民社保卡工程等相关网络（载体）及信息资源，通过专用的 POS 机进行党员电子身份认证。专用 POS 机配置在有接转党员组织关系的各级党组织及各社区（街道）、乡镇党员服务中心。各级党组织按照组织培训的要求分期、分批地组织党员进行党员政治身份的认证工作。居民区党组织及“两新”组织党组织可组织党员分期、分批地到指定的社区（街道）、乡镇党员服务中心集中进行刷卡认证。到 2010 年底，上海基本完成包括全市各级党组织构成和党员情况的党员信息库，能够实现全市党员组织关系转移的网上操作和党员流动情况的实时动态管理。通过该系统，可以把握全市党员在各种不同体制内的分布情况和流动趋向，为健全党的基层组织建设提供辅助决策依据，为各级党组织提供了若干日常管理的应用模块。比如，上海市金山区朱泾镇从 2017 年开始就充分运用互联网技术，为全镇村居的 4500 多名党员专门定制了“电子身份证”。“党员电子身份证”的推广，不仅是对基层党员管理和量化党员行为的一次尝试，也是为村居党组织减负的探索。党员通过刷卡参加“三会一课”和各类志愿活动，减去了一些繁琐的纸质登记工作，干起事来更加方便快捷。用老党员的话来说，刷电子身份证就跟上公交车刷公交卡那么简单，避免了农村党员因不善于使用智能手机软件带来的困扰；而党组织通过后台程序，轻轻一点就

---

① 高骥、虞志灏：《基层党建 e 时代》，上海人民出版社 2012 年版，第 68 页。

能详细掌握每个党员参加活动的时间、次数，为党员的量化考核和党建工作质量提供了统计数据。通过统计软件，能够更直观地看到“三会一课”的时间、地点、次数和参与的党员姓名。可以说，“党员电子身份证”的运用，提高了党建工作效率，激发了党员参与村级党建的积极性。

二、以信息流动的瞬时化实现党员党组织信息管理的动态管理

随着改革开放的深入发展，原来高度集中统一的中国社会结构日益呈现出分层化、碎片化的趋向，使“单位人”逐渐向“社会人”转变。特别是由于大量新的经济组织、社会组织的出现，不仅促进了中国社会发展的流动，而且对党的建设提出了新问题，集中表现为流动党员的管理问题。造成这一问题出现的原因主要在于：一是中国社会的持续发展使个体越来越成为独立的社会单元，传统党务依靠相应的行政组织体制来进行管理的渠道，已经因为部分党员个体脱离国家行政体制而无法实施有效管理，从而出现流动党员组织关系“空巢”现象。二是现有党务管理中遵循的属地原则已经无法适应流动性增强的当今社会。部分党员在生存发展的驱动下，逐渐脱离原来的组织关系所在地，到达新的工作地方之后又没有相应渠道转入当地党组织，从而出现流动党员组织关系“空转”现象。三是以纸质载体为主要特征的现有党务管理体制，在面对迅速变化的流动社会以及由此而带来的流动党员问题时，往往囿于信息管理的高成本和现行组织关系转接的复杂性，而无法对流动党员实行有效的实时动态管理，从而导致组织对党员管理出现暂时性的“失声”现象。信息网络技术的发展则在一定程度上可以解决流动党员管理的时空“错位”问题，克服现行组织系统内部横向交流能力欠缺的困难。通过党员党组织的信息编码，政党的信息管理可以实现信息流动的瞬时化，从而实现政党内部组织信息的有效对接。

具体来说，加强党员党组织的信息管理，特别是针对流动党员群体的管理，可以通过搭建“党员党组织信息管理系统”和“党员党组织联系动员系统”两个平台来实现对党员党组织的动态管理和实时监管，真正使党员管理“落地生根”。例如，湖南长沙市委组织部就着手建立了以长沙党建网站为主体，包括党员信息管理系统、党员远程教育管理系统、党员在线互动交流系统、党员服务办公系统、党员志愿者注册系统和基层干部短信群发系统在内的“1 +6”基层党建信息管理系统，形成了覆盖全市各级

党组织、辐射全体党员的党建信息网络体系。如下图：①

长沙基层党建"1+6"信息管理系统

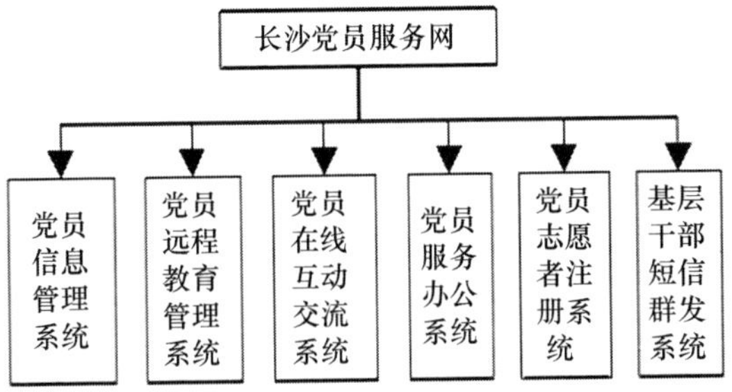

三、以信息选择的差时化实现党员党组织信息传播的统一管理

对党员进行宣传教育是党务活动的重要内容，也是增强党内团结的重要形式。在现实党务管理中，这一活动主要依托各级党组织所在的行政事业编制单位进行，从而形成强烈的路径依赖。由于这一党务活动的组织形式具有典型的行政色彩，对宣传教育的对象（党员）、时间和场所等有明确的物理要求，即党员必须身体在场、固定的时间和一定的物理空间。应该说，这一教育组织形式满足了行政事业编制体制内的党员需求，但是对编制体制外的党员教育则稍显不足，尤其是"两新"组织内的党员和流动党员更显困难。正因如此，加强对党员的统一教育往往由于在人员、时间和场所上的问题而不能很好地落实，其效果自是大打折扣。信息网络技术的发展则在一定程度上可以弥补和解决党员统一教育的问题。这主要是因为：

一是信息网络技术的实时交互性，可以有效破除物理条件下的时空限制，实现虚拟空间领域的人员、时间和地点的统一。通过建立"网上党支部"等平台，可以使党员通过电脑、手机等通讯媒介实现人员的"虚拟集合"，从而解决由于身体不在场而带来的教育"缺席"。比如，可以通过以

① 连玉明、武建忠主编：《中国舆情报告（2011）》，中国时代经济出版社2011年版，第9页。

党建网站为主要平台的信息系统，及时发布党建方面的相关信息，方便基层党组织和广大党员群众了解党的建设的新情况。党建信息发布的网络化，可以打破地域的时空限制、降低信息的层级损耗，真正做到信息发布的全程、全员、全组织的覆盖，有效克服党员组织教育的“身体缺席”。据学者高骥调查，[①] 传统党员教育中自上而下的党员教育内容到达基层支部平均需要10多天；文件、通知等文字内容需要15天左右；党员教育电视版有的需要20天左右。另据记者调查，除“紧急”文件外，一般文件从中央传递到基层需要经历多个层次：中央至省级机关，一般需要3—5天；省级机关根据本省实际，制定贯彻决策需要10—15天；省级文件下发到市县需要3—5天；地级市若做出补充内容则需要7—10天；县级政府向机关、部门和乡镇传达文件一般7—14天集中进行一次；乡镇（办事处）向村委（居委、社区）传达文件，一般每个月集中进行一次。正常情况下，一份党中央和国务院的普发性文件，从下发到传递到基层，最少也需要70天左右。[②] 地域广和层级多造成党员教育的有效性和及时性受到损耗与延误，往往使基层党员无法及时了解上级的要求。因此，通过党建网实现信息发布的网络化，能提升信息传递的速度和传播的范围。以上海基层党建网为例。上海基层党建网是上海市委组织部于2004年4月，在“上海市党员教育和服务信息网”的基础上改版而成。目前已经成为上海基层党建信息发布、党务公开、党内参与、教育学习、经验交流、形象展示的主平台。据统计，2009年网站的总访问量为511万人次，2010年为560万人次。2011年1—11月的总访问量为1360万，来访网民遍布全国34个省、区、市和92个国家和地区。[③]

二是信息网络技术的信息选择时差化，可以在一定程度上克服现实党员教育中存在的非同步性问题。“先前的信息领域中，政治信息的记录以及保存至多只是基本的和支离破碎的，只是象征性地冠以‘新闻’这个术语。对公众而言新闻中的信息大都仅仅是同时代的而已；一个星期之前的旧报纸不是那么容易获得的，一个星期之前的旧电视节目就算是一去不复返了。然而，以网络为基础的‘公告栏’却将政治信息以某种方式得以保

---

① 高骥、虞志灏：《基层党建e时代》，上海人民出版社2012年版，第11页。

② 《调查称中央文件传递到基层至少需要70天》，华商网（西安），2012年10月20日。

③ 高骥、虞志灏：《基层党建e时代》，上海人民出版社2012年版，第62页。

存，使得过去的信息在现在更容易获取。”[①] 因故不能及时参与党组织举办的统一教育活动的党员，可以通过“党员远程教育系统”等平台，点击调取党员宣传教育的相关文字、音像和视频等资源，在合适的时间和地点进行事后学习，从而真正实现党员的统一管理。比如，依托党员干部现代远程教育系统、党建网站等平台实现对党员学习教育的统一实施。应该说，党员学习教育的网络化，由于在学习教育的内容、形式、载体等方面与传统的组织教育有着较大区别，因此在一定程度上可以提高党员学习教育的主动性与积极性。学者高骥调查显示，在支部生活中，90%以上的党员反感读报形式；50%以上的党员对讲解形式所传达的要点有不同程度的不理解；30%左右的党员认为党员教育电视片教育内容不及时。[②] 通过党员学习教育的网络化，既可以通过新颖的形式吸引党员，又可以通过统一的教育内容统一党员的思想认识。以上海市浦东新区为例。党员干部现代远程教育平台已实现社区（街道）、镇、村（居）广覆盖及机关、国有企事业总支以上单位的全覆盖。2010 年上海世博会期间，市委组织部利用这一平台，对全市 215 个乡镇、街道、园区的党（工）委班子，5000 多个居（村）党组织书记及班子成员进行直播培训，并开展了 100 多万党员的全员集中培训。同时，借助网络技术跨时空的优势，基层党组织特别是郊区的党组织和党员能随时随地点击网上课件，做到了广覆盖、强动员，党员教育内容的丰富性、拓展性、多样性和便捷性得到有效增强，也有效解决了部分党员和部分入党积极分子工学矛盾、难以集中等困难。网上学习已成为推进学习型党组织建设的重要载体。

第四节 案例解析

一、湖北荆门市利用 QQ 群加强党员管理[③]

随着改革开放深入发展和城市化进程加速推进，党员区域化流动的特征更加明显、动态化管理的目标更加清晰、人性化服务的要求更加迫切。

---

① ［美］宾柏著，刘钢等译：《信息与美国民主：技术在政治权力演化中的作用》，科学出版社 2011 年版，第 86 页。

② 高骥、虞志灏：《基层党建 e 时代》，上海人民出版社 2012 年版，第 12 页。

③ 胡功民、吴有信：《网络党建原理与实践——荆门市网络党建模式阐述》，湖北人民出版社 2010 年版。

从2005年5月开始，湖北省荆门市委组织部以党员阳光驿站为依托，积极探索依靠网络在流动党员中开展党建工作的新途径。他们除了运用信函、电话、短信等传统管理方式，更重要的是采用信息网络特别是QQ群等现代方式，收到了良好效果，赢得了党员的认可。

为做好QQ群活动，阳光驿站探索出了四条基本经验：

一是做到每次QQ群网络活动有明确的主题，防止漫无边际的漫谈，避免失去共同受教育的机会。

二是参加的党员一定要是本站的党员，已转走的要除名，即使提出保留要求的也不能同意。

三是凡要求加入QQ群的外来人员一律拒绝，已是QQ群网络党建成员的不能用网名，要用真名。

四是实名前冠上地名以便于识别，这样就可以发挥QQ群网络党建的优势。QQ群党组织网络活动是针对分散在天南海北的党员专门尝试开展的，有了党员所在地的地名，可以更直观地体现出流动党员“流动”的特点。而且做档案记载或总结工作、新闻报道，局外人或上级领导就很容易分清楚谁在哪里，在什么地方工作。因此，实名前冠地名，一方面是为了增加同地域范围内党员的荣誉感，让他（她）们明确哪个地方的党员是最活跃的，说明党支部的工作有起色；更重要的一方面是，对外宣传让人们认识到流动党员虽分布广泛，但他们是积极向上、奋发有为的。

为把QQ群党组织生活会过好，除对参加者有约定外，对工作人员还有五条工作要求：

一是主题鲜明并提前告示。根据上级要求和形势发展需要，一次QQ群活动确定一个主题，提前告示，到时进行有效交流。

二是实施方案要有可操作性。每次QQ群活动不能脚踩西瓜皮——滑到哪里算哪里，要事先拟定实施方案，提出明确目的和要求，实施中要有可行性和可操作性，让党员同志们基本能做得到。

三是党员阳光驿站的负责人要起带头作用，要求党员做到的，自己要首先做到。如讲述职报告、谈学习实践科学发展观心得体会和成果汇报、庆“七一”感言等都要学在前、说在前、干在前，为党员做榜样。

四是每次QQ群资料要归档存查。一次QQ群活动后，其方案、仪式、讲话、QQ群原始记录等，一律汇集成册，归档存查；重要活动中的主题内容还要将党员个人的内容提取出来成单行本。

五是做好个人档案。一次QQ群后的每个党员究竟是参加了还是没有参加，QQ 群原始记录中是有反映的，凡参加的都要在个人档案中记载下来，否则就是空白。这是看一个党员与党组织联系紧不紧密、参与活动积极不积极、党性强不强的重要依据。每年一次评优秀党员，这是必定参考内容。表现是否优秀，口说不为凭，档案见高低。

二、陕西白河：支部建在网上，党员连在线上[①]

白河县位于陕西省东部，东、南、北三面分别与湖北省相邻，西与本省旬阳县接壤。全县总面积 1455 平方公里，辖 11 镇共 121 个村（社区），总人口 21 万人，是国家扶贫开发重点县。全县共有 25 个党（工）委，349 个党支部，8882 名党员，其中村（社区）党支部 121 个，农村党员 5060 人。全县最高海拔 1901 米，最低 170 米，县境内没有一块百亩以上的自然平地，坡度在 25 度以上的土石山区占了全县总面积的 95% 以上，29. 5 万亩耕地被分割为 20 多万块，“薄、陡、碎、瘦”是全县自然条件的真实写照。由于立地条件较差，经济发展不足，全县还有 4. 2 万贫困户，被列为国家新一轮扶贫开发重点县。

为改变贫困落后面貌，从 20 世纪 70 年代起，全县人民坚持 20 余年修田造地不间断，累计兴修水平梯地 23 万亩，在陕南土石山区率先实现人均一亩基本农田，因此，1991 年全国贫困山区扶贫开发经验交流会在白河召开。90 年代后期，通过调整产业结构，大力发展木瓜、茶叶、劳务等富民产业，县域经济得到较快发展。2001 年 11 月市委、市政府做出“全市学白河”的决定，2003 年省委召开学习白河艰苦创业精神现场会。白河人民在长期艰苦奋斗实践中，砺炼形成的“领导苦抓、干部苦帮、群众苦干”的“三苦”精神，成为激励全县加快发展的强大动力。

“两学一做”学习教育启动后，中央要求要实现“全覆盖、经常化、有创新、重实效”。要达到这个目标要求，必须要破解外出流动党员管理服务难问题。为此，该县积极探索利用互联网新载体，按照“互联网 + 党建”工作理念，以微信群、QQ 群两种形式，创新建立“网络党支部”，把“支部建在网上，党员连在线上”，全县 121 个村（社区）全部建立“网络党支部”，1377 名外出流动党员均以实名加入参加，在线党员达到 3460 余名，有效破解了这一客观现实难题。具体做法就是：

第一，实行实名注册管理。一是实名加入。结合年初党员党组织关系

---

① http：//dangjian. people. com. cn/n1/2017/0216/c406978 – 29086107. html.

摸排工作，按照微信群、QQ群两种方式，以镇为单位实名建立“网络党总支”，以村（社区）为单位建立“网络党支部”。“网络党支部”一律实行实名制注册，名称为“白河县XX镇XX村（社区）网络党支部”。严格实行准入制度，所有外出流动党员、在家会使用手机电脑的党员，均以实名制注册成为“网络党支部”成员，接受统一管理服务。二是严格管理。村（社区）设立的“网络党支部”，党支部书记、委员均由现任的村（社区）党支部书记和委员担任。明确一名文化素质高、能熟练操作QQ群和微信群、懂党建业务的委员担任管理员，负责日常管理维护。有大学生村官、协理员的村（社区），党员大学生村官和协理员作为管理员。各镇党委明确1名党务干部作为兼职管理员，协助指导建设和日常管理服务。三是实时监测。县委组织部先后制定下发《关于设立流动党员“网络党支部”的通知》《关于进一步发挥“网络党支部”作用的通知》等文件，就“网络党支部”建设提出建立方式、活动形式和工作要求，县委领导、组织部门负责同志、各镇负责同志实名加入，实时跟踪指导、跟踪服务、跟踪管理。

第二，线上线下互动同步。按照“学习同步、活动同步、管理同步、服务同步”“四个同步”方式，开展网上“组织生活、议事决策、村务公开”等工作，实行线上线下同步学习教育，确保发挥作用。

一是学习同步。根据“两学一做”学习教育内容，及时将党支部学习教育方案计划、学习教育内容，县、镇相关文件推送到“网络党支部”。学习资料辅以诙谐有趣的漫画、简单直白的图表、生动活泼的视频等教材，增添学习内容的趣味性、时代性和可读性，满足不同党员的个性化需求。定期上传发布精品课件、党课资料、专题讲座，以及党章党规、习总书记系列讲话视频等，方便外出流动党员随时点击下载学习。按时组织开展灵活多样的“在线党课”“微党课”“视频党课”，保证外出流动党员与在家党员同步学习。

二是活动同步。村（社区）每月固定一天为“定期活动日”，进行集中学习讨论。会前，将有关事项利用“网络党支部”进行发布，征求党员意见；会中，把远程教育视频系统、室外LED屏幕与“网络党支部”视频系统有效连接，同步直播集中学习、议事决策、落实任务情况，安排一定时间，组织外出流动党员与在家党员进行互动交流，探讨有关政策，畅通沟通渠道；会后，引导党员通过网上分享讨论发言、心得体会，组织镇、村落实党员提出的意见建议。日常，按照“有什么话题、讨论什么话题”

的原则，支部班子成员、管理员带头提出观点，发表意见，引导党员进行讨论交流发言。通过组织外出流动党员开展“我为家乡献一策”“家乡发展我贡献”等活动，推动党的基层组织建设始终与社会发展“同频共振”。

第三，管理同步。通过“网络党支部”，开展“组织找党员，党员找组织”活动，发现“口袋党员”“隐形党员”“失联党员”。开设“支部动态”“党务指南”“三务公开”等栏目，使党员随时获知党支部日常活动详细情况，提高基层党建工作透明度。通过“网络党支部”，公开党员发展流程，引导流动党员、入党积极分子进行自主学习，收集党员群众的意见和诉求，及时解决流动党员在经商、务工或生活中遇到的困难，主动响应流动党员的服务呼叫，增强党员对党组织的归属感。组织外出流动党员利用“网络党支部”定期汇报自己的思想、学习、就业和生活等情况，听取党员反馈的各类意见建议。以微信红包的形式收取党费。制定流动党员网上支部章程、按时参加组织生活、党费收缴等制度，建立激励引导机制，按活跃度、贡献度和学习情况，评定“网上五好党支部”“网上五好党员”，加强规范化建设。

第四，服务同步。及时采集镇、村和全县经济社会发展情况、外出返乡创业扶持政策、外出返乡创业先进典型事例、招商引资项目、家乡面貌变化、惠农政策咨询等方面信息，以网络留言、在线交流、发布公告等方式，通过图文并貌的形式，向“网络党支部”推送，使外出流动党员随时了解家乡发展变化，增强归属感、自豪感，吸引外出流动党员返乡创业、在家党员就地创业，带动当地群众就业增收致富，推进脱贫攻坚。通过为流动党员制定帮扶任务、吸纳外出创业能人党员回乡任职、提供返乡创业政策支持等形式，引导外出流动党员在外带着群众创、返乡带着群众干，积极投身家乡建设，充分发挥流动党员先锋模范作用。利用“网络党支部”，为外出流动党员搭建集党建知识、政策宣传、科技推广、医疗保健、文化传播、法制教育、信息交流“七位一体”的资源信息共享服务平台，做到在互动交流中有效管理服务。全县先后有 100 多名外出创业能人通过“网络党支部”返乡创业，带动家乡 1600 余人外出务工。

“网络党支部”建立后，全县各级党组织利用“网络党支部”找回了长期在外的流动党员，使他们“离乡不离党、流动不流失”。利用“网络党支部”讲视频党课、开展网上专题讨论，收集网上意见建议，通过网上开展承诺、收缴党费，创新了“两学一做”学习教育方式方法，实现了线下支部实体化、线上支部网络化，充分发挥了联系党员、教育党员、管理党员、服务党员的作用，被党员称为“红色家园”。

三、昆山：构建党建信息化管理系统，积极探索信息化途径，落实从严管党要求[①]

当前，基层党建工作领域越来越宽，工作开展日趋复杂，上级对各类基层党组织建设的要求也越来越高，尤其是对“两新”组织党建工作的关注度不断提高。昆山作为一个外向型工商业城市，非公有制企业尤其是外资企业发展较快，外来务工人员、流动党员不断涌入，传统的党员教育管理方式面临较大的挑战。当今时代，信息化和网络的发展已成为不可逆转的潮流，面对信息时代的新形势，如何运用网络信息技术和理念服务于基层党建工作，成为各级组工部门面临的新领域、新课题。面对昆山市基层党建工作量繁重、党务工作者数量相对不足的实际，创新利用信息化的管理手段显得尤为必要。基于以上所述，在新形势下加强和改进党的建设，把先进的信息技术和信息网络优势与基层党组织的政治优势和组织优势结合起来，加强和改进党员队伍的教育管理，进一步激发党员队伍的生机和活力，成为昆山市基层党建一大课题。

针对新时期基层党建面临的新情况、新问题、新机遇，昆山市主动把握时代脉搏，从基层党建信息化出发，积极探索信息化条件下推动从严管党要求的落实，近年来陆续做了一些尝试。以“两学一做”学习教育为契机，在原有党建工作平台的基础上整合、建立了一套党建信息化管理系统，包括基层干部信息管理、发展党员纪实、组织关系转接、积分管理、电子考试、手机党校以及组织生活记录等功能模块，形成了集查、建、联、管、用于一体的党员动态管理机制，逐步实现工作规程规范化、制度化，党员教育管理严格化、系统化，考核指导便捷化、精准化。通过党建信息化管理系统建设，开辟了新时期落实从严管党治党责任、发挥党员先锋模范作用、密切联系服务群众的新途径，探索出了一条党建信息化、规范化、科学化的新路子，受到广大基层党组织、党员和群众的支持与好评。江苏省《组工信息》、新华网、“共产党员”微信对昆山市开展党员管理信息化工作进行了宣传报道。

昆山市党员信息管理系统覆盖全市各级党组织，各功能模块延伸至全市各机关事业单位、各区镇及村、社区、“两新”组织，打通市级机关、

① http://dangjian.people.com.cn/n1/2016/1128/c406978-28903327.html.

事业单位、区镇、村（社区）、“两新”组织纵向之间和基层党组织横向之间的信息传输通道，建立起部门配合、上下联动的工作机制。各基层单位直接录入党组织、党员情况等基本信息，全市4300余个党组织、6.5万多名党员完成电子信息登记，纳入信息化管理。

一是全程纪实力促发展党员工作规范化。把发展党员工作分解为43个步骤，按时序要求解锁，逐步推进，同时强化工作信息校验，为各环节上报资料设计模板，实行重要节点“上传图片”验证，推动党员发展严格规范按时序依次推进。全过程设置操作提醒及校验功能，当发展党员各环节工作时限临近，系统自动向管理员发送短信通知。在前一步工作尚未完成的情况下无法进行下一步操作。前期录入的资料确需修改的，经由上级党组织审核后方可进行，进一步提升发展党员工作的真实性、规范性。增设电子考试功能，入党积极分子、发展对象和新党员必须通过党的知识统一机考，才能进入下一发展阶段。目前，全市已有2200多名发展对象和新党员通过电子平台完成党员发展考试认证。

二是网上审批实现关系转接便捷化。利用电子信息平台，采用“支部录入登记—上级党组织逐级审核”的方式，优化组织关系接转流程，实时掌握党员队伍流动情况。开通党员变动通告功能，有党员转入或转出时，系统自动发送短信提醒支部管理员。目前，市内党员组织关系接转全部网上办理、全程无纸化。外埠党员关系接转实行一站一次性办结，转入或转出时，党员只需将介绍信交给本地党委或向所在支部申请，待中间环节网上审批完成后，由基层党委管理员通知本人直接赴党组织报到或领取介绍信前往外地办理即可。基本实现“数据多往返、党员少走路”的目标，极大方便了广大党员，提高了工作效率，同时有效加强了对党员队伍流动情况的实时掌握。目前，3198名党员通过电子平台完成了党组织关系转接。

三是积分管理促使日常管理严格化。各基层党支部将党员参与党组织活动、参加“两学一做”学习教育、“三会一课”、党费缴纳、志愿服务等情况以图文并茂的方式上传至系统，方便各级党组织及时了解、掌握党员参与组织活动的情况，有针对性地进行提醒和管理，特别是对于长期不参加组织活动、不缴纳党费的党员等进行重点警示。按照党员队伍积分考核管理细则，自动核算党员积分排名，作为年度组织生活会和民主评议党员、发现选树典型和督促警示后进的重要参考依据。开发了“政治生日”问候功能。系统自动匹配党员入党时间，在党员入党纪念日当天向党员发送短信问候，提醒各党员强化政治意识，牢记责任使命，切实做到“五个不忘记”：不忘记党员身份、不忘记入党誓词、不忘记服务群众、不忘记强国富民、不忘记模范带头。

四是线上学习助推党员教育随身化。开通“鹿城党建·手机党校”在线教育平台，与新华网等主流媒体合作，把“互联网+”与党员教育连接起来，为全市党员提供了权威、全面、系统的学习教材，把党和国家最新的政策、要求传达到每位党员。分期推送150课时的最新权威系统学习教材，内容覆盖党的建设、时事政策、法治教育等各方面，及时更新党的十八届六中全会精神解读、《作风建设永远在路上》等最新学习资源。线上学习系统支持断点续学，自动保存学习进度，帮助党员合理利用碎片化时间，随时随地开展自主学习。组织开展网络比学，增加“在线答题”和“学时考核”功能，建立在线讨论和积分排行机制，定期通报支部在职党员上线学习情况。拓展服务功能，开发“鹿城党建”微信公众号，除了推送发布本地权威党建资料外，党员还可查找附近党组织、预约专家授课、在线下载党建书籍、视频学习资料等，方便广大党员随时随地自主学习。累计2万多名45岁以下党员注册使用手机党校APP，人均完成学习28学时。

五是数据分析促进基层干部管理科学化。运用基层干部信息模块，系统监测基层组织运作态势，按季度更新党员基本信息、任职情况、培训情况和履职情况，通过数据分析，全面了解和掌握全市基层干部年龄结构、学历分布、后备梯队培养等情况。从面上更好地进行干部队伍的分析、研判和备案管理，做到精确科学，有助于进一步加强村、社区党组织书记和大学生干部的培养、使用，提升基层干部管理水平。

六是过程监管提升工作督导精准化。通过各个管理模块的有机衔接、融合，对党员队伍管理、基层干部队伍建设、基层组织运作等各个方面实现系统的监测和管理，方便基层支部保存备查以及上级党组织及时了解、掌握基层动态，及时发现党建工作中存在的各种问题，使党建考核有据可查、客观公正。通过数据分析、比对，便于发现优秀典型，及时督促后进单位，通过“抓两头、促中间”，带动党建工作整体水平的提高。此外，系统设置了警示提醒功能，在各个工作模块中根据工作开展情况，实时、按阶段给予党务工作者短信提醒、模板示范，有助于党务工作者更好地掌握党务工作知识和要求，确保工作不出偏差，实现规范、及时的要求，提升了工作指导的针对性和实效性。

推进基层党建工作信息化贵在因地制宜、大胆实践、勇于创新。昆山市党建信息化管理系统从最初构思到初步成形再到基本完善，经历了一个“自下而上、多方联动、渐进提高”的过程，投入了大量的人力、物力、精力。通过运行试验、反馈修改，然后面向全市正式运行。运行实践情况证明，党建信息化管理系统较好地实现了用户注册、数据载入、数据查询、统计分析、跟踪管理、权限分配等模块功能，达到了快捷、方便、准确进行信息传递和获取的设计效果，为动态实时掌控、分析基层党建情况和变化趋势提供了一个成本较低、操作简单、数据安全、方便快捷的解决方案，具有很强的实用性，受到了全市各级组工干部的欢迎。

第二章

声誉维护能力

政党作为现代政治生活的主要政治力量，不仅在政治生活中发挥着巨大的政治能量，而且在社会生活中通过政治话语的符号表达不断地被人格化，由此导致政党的一言一行、一举一动均被赋予极其深刻的道德内涵。特别是无产阶级政党，由于其所肩负的解放全人类的历史使命，其道德使命感更为突出。“列宁的政党在原则上是一支经过仔细挑选并具有严格纪律的精英队伍，所以它绝不旨在成为一个靠说服和争取选票来扩大自身影响的群众组织。它自称在道德两个方面都具有优越性：它之所以在知识上具有优越性，乃是因为它拥有精通政党这门独特科学之各种理论的专家；而它之所以在道德上具有优越性，则是因为它的成员无私地献身于实现它所代表的那个阶级的命运，而这种命运也是社会和民族的命运。它的理想是一种彻底奉献的理想，首先是彻底奉献给革命，然后是彻底奉献给革命所通向的新社会的建设工作。”① 正是这种强烈的道德使命感，使政党声誉问题日益引起人们的关注，并成为政党特别是执政党建构执政合法性的重要方式。因此，注重和加强政党的声誉维护是中外主流政党政治活动的主要内容。特别是在信息时代，以互联网为主要代表的新媒体正在形成一个巨大的网络虚拟空间以及由此催生的“消费至上、娱乐至死”风格的网络文化，对维系传统政党声誉的一系列符号进行了消蚀和解构，迫切需要执政党积极应对，培育和增强网络声誉维护能力。

第一节　把握声誉维护能力的内涵

政党作为现代政治生活的客观存在，其在社会生活中的角色早已超出了古板僵硬的组织范畴，成为人们日常生活中不可分离的“身边人”。无论是一党制国家，还是两党制、多党制国家，政党的声誉是政党获取、巩固执政地位，扩大政党影响的软权力。正是出于对这一“身边人”的关

---

① ［美］乔治·萨拜因著，邓正来译：《政治学说史》，上海人民出版社 2010 年版，第 502—503 页。

注，政党开始“人格化”。英国政治学家格雷厄姆·沃拉斯从政治心理学的视角揭示了政党人格化的原初意义。他指出：“政党主要是个名字，和其他名字一样，一听见或一看见就滋生出一个‘意象’，这个意象不知不觉地逐渐转变为自动理解它的意义。和在其他情况下一样，名字及其自动的心智联想能引起感情反应。”[①] 社会公众正是以一个特殊的“人”的角色来看待政党，从而赋予了政党与普通大众一样的“人”的道德内涵。政党的声誉问题即由此而来。那么，什么是政党声誉呢？笔者以为，政党声誉在内涵上讲是一个综合性概念。它既包括体现政党价值取向的政治理念问题，又包括表现政党政治能力的政策实践问题，还包括反映政党组织成员的作风形象问题。因此，所谓政党声誉管理，是指对舆论关注的政党主体的理念、政策和形象的统一管理。具体来说，可以从以下三个方面来理解。

一、政治理念

恩格斯指出：“一般说来，一个政党的正式纲领没有它的实际行动那样重要。但是，一个新的纲领毕竟总是一面公开树立起来的旗帜，而外界就是根据它来判断这个党。”[②] 一个政党对于社会发展的根本认识和主张，亦即政党的纲领和旗帜，是否符合社会发展的普遍规律，这是政党赢得声誉的基石。没有符合社会大众信仰需求的正确主张，政党无法长时间维持民众的支持。因此，列宁指出：“纲领必须建立在科学的基础上。”[③]列宁强调的“科学基础”，一方面是指无产阶级政党的纲领是在坚持马克思主义的根本立场、观点和方法基础之上制定出来的；另一方面则是强调无产阶级政党的纲领必须与社会发展的客观实践相符合，即纲领必须反映社会的广泛需求。

意识形态作为政党政治理念的集中表现，是政党标榜自身价值的主要标志，也是社会判断政党性质的主要标准，更是衡量政党纲领社会适应度的标尺。对于政党来说，意识形态之所以成为维护政党声誉的关键所在，

---

① ［英］格雷厄姆·沃拉斯著，朱曾汶译：《政治中的人性》，商务印书馆 1995 年版，第 54 页。

② 恩格斯：《致奥·倍倍尔的信》（1875 年），《马克思恩格斯全集》第 34 卷，人民出版社 1972 年版，第 124—125 页。

③ 列宁：《俄共（布）第八次代表大会文献》（1919 年），《列宁全集》第 36 卷，人民出版社 1974 年版，第 162 页。

主要是因为意识形态反映了政党对社会发展总体规律和社会群体不同认识的根本态度和价值判断。在传统的大规模群众运动时期，政党的意识形态总是在维护一个特定社会群体利益的同时，而对其他社会群体的利益具有相对的排斥性。正是这种排斥性保证了政党能够获得本阶层社会群体的绝对支持，并以此为政党带来巨大的社会影响力和改造社会的政治权力。但是，当传统的大规模群众运动逐渐从人们的视野之中消失，现代社会的迅猛发展逐渐模糊了社会群体之间的差别与分歧时，意识形态固有的偏见和排斥就会给政党的执政带来挑战，即如何在保持传统政党社会基础的同时，使政党在政治理念上更具包容性，成为社会不同群体的利益代表者。如果无视社会剧烈变化带来的思想冲击，那么，意识形态就会脱离活生生的现实，成为一个外表的世界，一种纯粹的仪式，一种剥夺了和现实语义联系的形式化的语言，一种以伪现实代替现实的仪式化的符号系统。[①] 这一深刻发展的社会现实，对中外主流政党都提出了巨大挑战。

以德国社会民主党为主要代表的欧洲社会民主党对这一挑战做出了积极应对，即根据欧洲社会结构的变迁和公众政治诉求的变化，推动党的意识形态内涵的丰富发展和政治转型。德国社会民主党是德国历史最悠久的政党，是一个代表着工人阶级利益的、具有鲜明路线和方针的纲领党。从1869年通过《德国社会民主党纲领与章程》（即《爱森纳赫纲领》）开始，到1959年通过的《社会民主党原则纲领》（即《哥德斯堡纲领》）、1989年通过的《德国社会民主党基本原则纲领》（即《柏林纲领》），再到2007年10月28日通过的《汉堡纲领》，德国社会民主党逐步从一个无产阶级的阶级政党转变为一个包括广大公民阶层在内的全民党。这一纲领转变的过程表明，政党的意识形态在没有消除相互对立的同时，开始由基本上相互排斥向相互借鉴、相互吸引的方向发展。政党的纲领和政策体现出越来越强的包容性，“其政治参与方式是温和的、渐进的和务实的，政党的原则性逐渐减弱，而工具性、实用性日益突出。什么纲领能吸引选民，什么纲领就被采纳，各个政党都有浓厚的实用主义色彩”。[②]

中国共产党作为唯一执政党，其意识形态伴随着中国社会实践，特别

---

① 王邦佐：《执政党与社会整合：中国共产党与新中国社会整合实例分析》，上海人民出版社2007年版，第239页。

② 赵成斐：《西方政党发展路径及现代性变革》，中央文献出版社2013年版，第146页。

是改革开放以来的剧烈社会转型，在应对国内外思潮对主流意识形态冲击的时候，表现出了相应的高度调适性和包容性。根据樊浩等学者关于中国大众意识形态调查研究的结果显示，调查组在对98位农民的调查中，当被问及“如果你了解的国外思潮与党中央的宣传相矛盾，怎么办?”时，44.0%选择“认为国外的正确”，30.0%“认为党中央的正确”，还有24.0%选择“哪个对自己更有利就接受哪个”。[①] 这一结果表明：一方面，主流意识形态影响力减弱，农民虽然往往被认为是最保守的群体之一，然而主流意识形态的影响力只有30.0%；另一方面，农民作为社会发展的弱势群体，其对主流意识形态的选择取决于是否有利于自己的利益表达的事实说明，意识形态要想发挥作用，根本在于让群众体验到其是否真正代表了自己的利益。应该说，中国共产党提出的“三个代表”重要思想就是对改革开放以来社会转型中出现的新挑战的积极应对。美国的中国问题专家沈大伟在采访中共中央党校原常务副校长郑必坚后认为，“三个代表”理论实际上是一项全面的政党改革纲领，直接源自中国共产党对苏联共产党失败和垮台原因的分析和评估，以及对自身弱点的三年内部评估。郑必坚在接受新华社采访时强调，“三个代表”试图从理论上应对影响中国和中国共产党的三种现象：全球化和科学技术的发展；中国社会、社会组织和生活方式的多元化；基层党组织的涣散和改进基层党组织的需要。[②]

可见，无论是欧洲的社会民主党还是中国共产党，其意识形态重建的实践已经表明：现代社会的历史性变迁要求政党必须通过重构意识形态，赋予其包容性内涵，才能广开渠道吸引更多其他社会群体，为政党获取和巩固执政地位提供更为深厚的社会基础，并以此增强政党的声誉。

二、政策工具

马克思指出：“一步实际运动要比一打纲领更为重要。”[③] 政党通过获取执政地位来贯彻落实自己的社会主张，其所制定的政策既是政党价值主张的具体政治体现，又是通过政策工具的实施来不断调适价值主张与政治

---

① 樊浩等：《中国大众意识形态报告》，中国社会科学出版社2012年版，第16页。

② ［美］沈大伟著，吕增奎、王新颖译：《中国共产党：收缩与调适》，中央编译出版社2012年版，第162—163页。

③ 马克思：《给威·白拉克的信》（1875年），《马克思恩格斯全集》第19卷，人民出版社1963年版，第13页。

实践之间的裂痕，从而赢得社会民众的广泛赞同。对于政党来说，通过政策工具来维护政党声誉的关键在于：如何在意识形态的价值主张与政治实践的政策偏向之间寻求平衡。政党的意识形态属于信仰层面，具有理想性、抽象性和超现实性。政策工具则属于政治实践层面，具有可操作性、具象性和现实性。应该承认，如果说意识形态是政党维护自身声誉的信仰基础，那么，政党的政策工具则是维护政党声誉的利益基础。社会民众正是通过政党政策实施所带来的实际利益来感受、判断并决定自己的价值选择。不过，由于社会生活的复杂性和多变性，意识形态与政策工具之间往往不能够达到协调一致。正如列宁所言："群众不是从理论上，而是根据实际来看问题的，我们的错误就在于总是从理论上来看问题。"[①] 因此，两者之间的矛盾平衡就需要一个中间缓冲力量来维系。

这个起着润滑减压的中间力量主要表现在两个方面：一方面，是对意识形态功用的不断调整。事实上，就中国而言，自改革开放以后，中国共产党就对意识形态在政策过程中的作用进行了改变。沈大伟认为："在此之前，意识形态和政策之间的关系是一种演绎关系。也就是说，各种政策主要诞生于一系列的意识形态原则，并因此获得合法性。邓小平和他的同僚彻底转变了这种关系。从此以后，意识形态变成了一种为经验辩护的劝诱手段。政策决策的依据是经验标准，意识形态成为一种事后为政策决策论证和辩护的工具。这种角色的颠倒绝不是废除意识形态在中国共产党或中国所扮演的角色。毋宁说，这巧妙地削弱了意识形态的重要性，把意识形态的角色转变为一种事后辩护和论证的工具。"[②] 这个力量的另一方面就是发挥政党声誉的能力。政党声誉作为社会群体对政党的信任委托，可以在一定时期内将意识形态宣传与政策工具实践的矛盾保持在一个可控的范围之内，从而有利于推动政策的实施。但是，政党声誉既是一种有效的历史资源，又是一个容易受到损害的易碎品。一旦政策实施的后果越来越有损于意识形态的宣传时，则不仅会失去两者之间的短暂平衡而造成社会怨气的产生，而且更会耗费来之不易的政党声誉，给政党的执政合法性带来巨大隐忧。因此，协调意识形态宣传与政策工具实践就成为关系到政党声

---

① 列宁：《在出席全俄工兵代表苏维埃会议的布尔什维克代表的会议上的报告》（1917 年 4 月），《列宁全集》第 29 卷，人民出版社 1972 年版，第 103 页。

② ［美］沈大伟著，吕增奎、王新颖译：《中国共产党：收缩与调适》，中央编译出版社 2012 年版，第 162—163 页。

誉维护的重要工作。

三、作风形象

政党作为一个组织，由领袖、中层成员和普通成员共同构筑而成。领袖的个人魅力往往是政党获取和维持声誉的关键。正如1949年中国革命的胜利，使“毛泽东几乎成了有魅力的理想领袖，其非凡的能力被公认为取得胜利的关键，也几乎成了新朝代的理想创始人，在传统文化中这个角色能赢得一切含意的服从”。[①] 不过，党内其他重要成员的行为对于维持党的声誉也发挥着极其重要的作用。从政党的组织结构上来看，中间成员往往是连接领袖和普通成员的桥梁。领袖的魅力对于党内成员或社会成员而言更多地是一种雾里看花式的道德性感召，而中间成员由于所处地位及其发挥的关键作用，是政党正常开展政治活动的中坚力量，其言行举止则表现为一种强烈的组织规范性。与领袖生动的魅力展示相比，政党内部中间成员的行为则更具科层官僚特征，在对普通党员的示范作用方面，体现的是自上而下的服从式组织伦理。因此，从更宽泛的意义上讲，政党的声誉往往是由两部分组成的：领袖和中间成员。两个部分相互配合，互为补充。在政党与民众的直接交往中，政党往往以其历史上的开创性领袖或代表性领袖的道德形象来赢得民众的支持，扩大自己的政治影响力。而在政党内部的组织成员之间，则常常是以严格的科层制来约束组织成员的行为。可以说，领袖形象往往是作为一种历史符号资源不断被丰富升华。“领袖让每个人都感到与他有一种个人的关系，使他具有人们已经认同的思想和世界观。这样，他就有一种人为的与人同在、团结一致的感觉，以及一种面对面的人际关系的幻觉。而要做到这些，只需要一两幅给人留下深刻印象的图像，一两个动听的、充满激情的信仰表白，或是让人想起某个伟大的集体信念。这就是团结个人、支撑民众大厦的黏合剂。壮观的庆典、频繁的大会、力量和信念的显示、一致通过的计划，等等，所有这些都组成这样一种机制，以确保所有力量都被集中起来，确保集体意志至高无上，并且创造了一种喜剧性的欢乐气氛。”[②] 但从更为普遍的意义上讲，政党的声

---

① ［美］罗德里克·麦克法夸尔、费正清编：《剑桥中华人民共和国史：革命的中国的兴起（1949—1965年）》，中国社会科学出版社1990年版，第61页。

② ［法］塞奇·莫斯科维奇著，许列民、薛丹云、李继红译：《群氓的时代》，江苏人民出版社2006年版，第7页。

誉更多地是由党的中间成员亦即党的中层干部队伍来维持。所以，干部队伍的整体形象是组成政党声誉的主体。

不过，政党声誉的构成要素虽然略显一致，但是，在不同的社会政治环境下，政党声誉的获取方式却大大不同。在西方两党或多党竞争的政治生态中，政党声誉的获取主要取决于公众对政党及其行为的认同，即公众手中的选票。所以，英国政治学家格雷厄姆·沃拉斯在1908年所著的《政治中的人性》一书中就直接把政党声誉与选举投票联系在一起。在他看来，投票人需要“某种简单的、较为持久的状物，某种被热爱和信赖的状物，某种在相继的选举中能被认为是过去所热爱和信赖的相同的状物，政党就是这样的状物”。[①] 所以，在西方选举政治环境中，政党的声誉更多地体现为政党领袖或政治候选人的魅力展示。

但是，在一党执政的国家里，由于政党垄断了政治权力，党的声誉的获取则更多地体现为通过政策工具来提升社会发展绩效，以赢取民众的支持，扩大党的声誉基础以及由此而来的权力合法性。反之，则会使政党成为社会矛盾的众矢之的，丧失执政地位。以苏联共产党为例。苏联共产党的声誉主要来源于党所奉行的改造旧社会、建立新社会的革命信仰，以及由此而进行的翻天覆地的社会改造，从而确立起一个崭新的社会制度。但是，由于苏联共产党并没有处理好革命信仰与社会生活之间的协调关系，当社会逐步脱离大规模的群众性运动后，不断通过建立新的制度而使社会生活规范，走上常态稳定的时候，社会民众利益诉求的满足应该成为党的声誉的新的主要来源。苏联共产党恰恰就是忽视了社会发展的新要求，仍然以革命的名义要求规范民众，造成党与民众的脱离、党内高层与普通党员之间的分离，“党”成为苏联社会政治生活中一个高高在上的特殊存在。党的声誉不是通过民众的认可而持久发展，而是通过党的“施恩式”政策来自我认证，最终为人民所抛弃。“这个党（指苏共）领导国家和社会，掌控着政治、经济文化和居民的日常生活，国家机关、经济机关和社会组织的领导者都必须是共产党员，而这些党员是委派的。这种权力结构构成了层层向上负责的权力金字塔，在体制和制度上既无外部的监督也无内部的制约，其结果是导致自身的腐败和政党领袖权力的滥用。同时在政党内部，以制度化的暴力肃清异己分子，1937—1938年苏联的大清洗开创了人类历史上不曾有过的先例：一个政党将自己一半的成员逮捕，一个政权将

---

① 《布莱克维尔政治学百科全书》，中国政法大学出版社2002年版，第347页。

自己多数的上层成员处决，一支军队的军官团在和平时期几乎被全部消灭，一个国家的公民看到门外有汽车停下就怀疑自己将被逮捕。大清洗完成了大换血，也实现了对党的领袖斯大林绝对正确历史地位的塑造。换血前的苏共，相信‘党的一切都是对的’，换血后的苏共，相信‘党的领袖的一切都是对的’。苏共大清洗后最可怕的质的变化是：党的新成员们已经习惯于告密和揭发的文化，习惯于看领导的眼色行事，习惯于通过出卖灵魂的方式获取物质和权力上的享受。这样的政党文化严重败坏了党的风气。在执政党与社会的关系方面，长期实行的干部委派制导致苏共脱离群众，在政治上逐渐蜕变成为一个特权阶层，制造了巨大的社会鸿沟，瓦解了苏共赖以生存的社会基础，严重败坏了共产党和社会主义的声誉。一个背弃人民的执政党最终为广大人民群众抛弃。”①

第二节　增强声誉维护能力的意义

对“身体”这一客观实在的物理偏爱，是传统政党进行声誉管理的重要基础。可以说，在一个具有明确身份、固化不动的社会结构中，政党的声誉管理往往能够通过强硬的组织行政手段实现有效管理。但是，信息网络技术的发展，则使政党的声誉管理发生了根本性的场阈变化，即“身体”这一客观实在，在信息网络社会中，由于社会流动性的增加和社会结构开放程度的加深，而变得越来越模糊化、多重化。执政党“在互联网上的象征形象，不论是过去还是将来都很重要，但源源不断的技术创新，意味着统治者与被统治者具有更为复杂的关系，它将建立在联系的直接性、对生活方式的关注以及娱乐价值等方面”。② 正是政党声誉管理的“人”的基础从实在逐步变成虚拟的发展趋势，对政党声誉的获取与维系提出了新的要求，即政党必须适应在“身体缺场”的网络虚拟社会构建政党声誉。

一、提升党员群众的政治归属功能

在网络虚拟社会中提升党员群众的政治归属功能，是中国共产党增强政党声誉维护能力的首要目的。

---

① 周淑真：《政党政治学》，人民出版社 2011 年版，第 122 页。

② ［英］安德鲁·查德威克著，任孟山译：《互联网政治学：国家、公民与新传播技术》，华夏出版社 2010 年版，第 273 页。

在现实的社会政治环境中，政党的声誉维护主要是通过党的对社会实现思想的一元化领导来实现的，即社会的主导性思想必须由中国共产党来规定和领导。这种政治思想逻辑之所以能够成立，主要是因为“统治阶级的思想在每一时代都是占统治地位的思想。这就是说，一个阶级是社会上占统治地位的物质力量，同时也是社会上占统治地位的精神力量。支配着物质生产资料的阶级，同时也支配着精神生产的资料，因此，那些没有精神生产资料的人的思想，一般是受统治阶级支配的。占统治地位的思想不过是占统治地位的物质关系在观念上的表现，不过是表现为思想的占统治地位的物质关系；因而，这就是那些使某一个阶级成为统治阶级的各种关系的表现，因而这也就是这个阶级的统治的思想”。[①] 具体来说，主要体现在以下三个方面：

一是党的意识形态的科学性来源于党的成功实践。马列主义、毛泽东思想和中国特色社会主义理论体系作为中国共产党的理论指南，其科学性主要体现在揭示了人类社会发展的总体规律，为中国革命、建设和改革的成功实践所证明。在相当意义上讲，党的意识形态的科学性更多地来自于中国共产党成功改造中国社会的实践，而非简单的理论说教。正是因为如此，中国共产党在维护党的声誉的时候，往往是通过对中国共产党成功历史的阐释而不断唤醒人们对党的指导理论正确性的认识和理解。事实上，这种意义的建构不仅影响到普通大众的世界观、价值观，而且对社会的知识精英也有着强大而深刻的改造力量。“1949 年以后，许多有自己明确的哲学观点、信仰甚至体系的著名学者和知识分子，如金岳霖、冯友兰、贺麟、汤用彤、朱光潜、郑昕等人，也都先后放弃或批判了自己的原哲学倾向，并进而接受马克思主义。尽管他们对马克思主义哲学了解的深度和准确度还可以讨论，但接受的内在忠诚性却无可怀疑。”[②]

二是党的意识形态的包容性来源于党的身份代表。中国共产党之所以坚持在社会主导思想层面的一元化，也是因为党的意识形态已经能够适应改革开放以来中国社会主体多元化的发展趋势。正如道格拉斯·诺斯所言，大凡成功的意识形态必须是灵活的，以便能得到新的团体的拥护，或

① 马克思、恩格斯：《德意志意识形态》，《马克思恩格斯全集》第 3 卷，人民出版社 1960 年版，第 52 页。

② 李泽厚：《中国古代思想史论》，天津社会科学院出版社 2003 年版，第 299 页。

者作为外在条件变化的结果而得到旧的团体的忠诚拥护。[①] 通过对传统意识形态的现代改造，中国共产党确信自己能够始终代表中国先进生产力的发展要求、始终代表中国先进文化的前进方向、始终代表中国最广大人民的根本利益。正是这种意识形态的包容性，使党在引领社会发展方面更能代表社会各方面的共识。

三是党的意识形态的价值性来源于党的社会治理。如何在中国这样一个超大型国家进行有效治理，一直是国内外各界人士关注的焦点问题。中国共产党从中国社会治理的历史和现实出发，明确提出中国共产党是解决中国问题的关键。没有一个统一严密的组织体系、没有一个科学规范的价值体系，中国社会必将重新陷入一盘散沙的无政府状态。因此，强调党的一元化思想领导，就是要使党的意识形态成为团结、凝聚中国社会各方力量的精神纽带。也正是在这个意义上，安东尼奥·葛兰西认为："在保持整个社会集团的意识形态的统一中，意识形态起了团结统一的水泥作用。"[②]

可以说，中国共产党的声誉维护正是通过强化对报刊、电台和电视等媒体的直接控制而实现党的社会思想的一元化领导的。不过，这一实现路径却伴随着改革开放和市场经济的深入发展，各种社会矛盾和问题相互叠加、集中呈现，人们思想观念的独立性、差异性、多样性、多变性日益增强，一些错误观点时有出现，有的宣扬西方价值观，有的拿党史国史做文章搞历史虚无主义，有的否定改革开放，有的否定四项基本原则，一些腐朽落后思想文化沉渣泛起，拜金主义、享乐主义、极端个人主义有所滋长，等等。这些问题都使党的思想一元化领导受到了严峻挑战。具体来说，就是：

从意识形态的主导方式来看，存在着意识形态宣传"弱化"的挑战。组织宣传是政党组织的一种基本行为，更是中国共产党维系主流意识形态主导地位的实现方式。中国共产党早在一大通过的决议中就明确规定："一切书籍、日报、标语和传单的出版工作，均应受中央执行委员会或临时中央执行委员会的监督。""一切出版物，不论中央的或地方的，均就在

---

① ［美］道格拉斯·诺斯著，陈郁等译：《经济史中的结构变迁》，三联书店1995年版，第58页。

② ［法］尼科斯·波朗查斯：《政治权力与社会阶级》，中国社会科学出版社1982年版，第213页。

党的领导下出版。”这些规定符合组织宣传的基本要求。与大众传播不同，组织宣传在组织定位、对象确定、组织强制和指令灌输等方面，都具有极强显著的组织特征，即宣传内容的规定性和受众主体的强制性。组织宣传活动是凭借组织的自身系统进行的，受众必须接受组织传来的信息，而不允许做出选择，正是因为这一带有强制性的纪律，使组织宣传可以通过信息传递而将组织的各个部分连为一个整体，保障组织的正常运行和目标的有效实现。[①] 应该承认，在计划经济时代，中国共产党的组织宣传是与全国的“一元化”组织体制紧密联系在一起的，这一时期的宣传成效往往是比较显著的。但是，市场经济深化发展带来的诸如“单位人”向“社会人”的转变、传媒的产业化等发展趋势，却大大弱化了宣传部门的宣传效果。正如沈大伟所言：“宣传系统较之毛泽东时代已经大为收缩，但仍然能够控制中国公众所获取的大多数信息。宣传系统仍然是中国共产党控制工具箱中的一件重要工具。但同样清楚的是，宣传系统正受到商业、技术、全球化、公众成熟和不信任等因素的冲击。因此，在当今中国，宣传主管部门、新闻制造业、公共消费者和商业利益集团之间的日常博弈日趋激烈。随着商业、技术、政治和消费者偏好等力量的相互作用，这种相互博弈只会日益加剧。这些力量不可避免地削弱了共产党对信息传播和内容的控制，逐步削弱宣传系统和共产党政权掌控民众思想和信念的能力。”[②] 复旦大学李良荣教授以“圈子理论”概括“喉舌论”在中国的演变发展时指出：关于媒体是喉舌的定义有大圈、中圈、小圈之分。大圈指“凡是媒体都是党的喉舌”这一传统观点，中圈则缩小了范畴，以“新闻媒体是党的喉舌”来表达，小圈划定的是“党报党刊是党的喉舌”，外延更为收紧。在他看来，中国新闻改革这么多年来，“大圈”之说已基本消失，现在“中圈”与“小圈”之间徘徊。当今的“喉舌论”适用于“小圈”，即对党报党刊实行特殊的政策并给予保护，以充分发挥“党的耳目喉舌”的作用，其他媒体则进入市场接受洗礼。[③] 中国共产党于 2013 年 11 月 12 日第十八届中央委员会第三次全体会议通过的《中共中央关于全面深化改革若

---

① 彭继红：《中国共产党意识形态工作研究（1949—2009）》，湖南大学出版社 2011 年版，第 96 页。

② ［美］沈大伟著，吕增奎、王新颖译：《中国共产党：收缩与调适》，中央编译出版社 2012 年版，第 159—160 页。

③ 贺文发、李烨辉：《突发事件与信息公开——危机传播中的政府、媒体与公众》，中国传媒大学出版社 2010 年版，第 110 页。

干重大问题的决定》中关于推进文化体制机制创新的部分进一步明确指出，要鼓励各类市场主体公平竞争、优胜劣汰，促进文化资源在全国范围内流动。鼓励非公有制文化企业发展，降低社会资本进入门槛，允许参与对外出版、网络出版，允许以控股形式参与国有影响制作机构、文艺院团改制经营，支持各种形式小微文化企业发展。[①] 在这一系列推进文化体制机制市场化的进程中，各级宣传部门必然面临着更多的意见主体的挑战，如何培育社会群众的理想信念，维护和巩固党的执政地位，就成为一项艰巨任务。

从意识形态的发展趋势来看，存在着意识形态“多元”发展的挑战。樊浩等学者在关于全球化背景下意识形态是否应当“多元”的问题调查时发现，在100位中高级公务员的调查中，68.0%认为“思想文化必须多元化”，15.0%主张“坚持思想文化的一元化”，理由都是“全球化过程不仅是经济的全球化，而且要参与政治、文化的全球化”。在对“经济全球化背景下，哪种思想状态最好”的选择中，69.0%选择“一种为主多样存在最好”，14.0%选择“只有一种主流思想价值观最好”，12.0%选择“多种多样最好”。[②] 以公务员作为调查对象得来的这一结果在一定程度上说明，在社会心理中，多样化、多元化已经成为中国意识形态的基本倾向。这一发展趋势带来的直接表现就是社会思潮的多元化以及由此带来的激烈的思想争夺战。西方国家通过宣扬推销“宪政民主”“普世价值”观点，往往披上“民主”的外衣、“正义”的外衣、“救世主”的外衣，争夺阵地、争夺人心、争夺群众。如果听任这些言论大行其道，势必搞乱党心民心，危及人民的根本利益和国家稳定安全。[③] 特别是在网络虚拟空间表现得更为突出。由于信息交换成本的低廉化、信息技术的个体化和信息表达的便捷化，多种思潮在网络虚拟空间开始寻找自己的支持力量。“借用博客、维基、开放资源软件、预测市场等技术手段，公民们可以充分实现信息聚合，并对既有的提案不断进行编辑、论证、修改以及补充。不断扩张和密织的互联网，确实在相当大的程度上瓦解了由电话公司、出版社、报刊编辑部等建构起来的人工秩序，无论对不对、好不好，某种无组织、无目的、无计划的‘自生秩序’已经出现在

① 《中共中央关于全面深化改革若干重大问题的决定》辅导读本，人民出版社2013年版，第40页。

② 樊浩等：《中国大众意识形态报告》，中国社会科学出版社2012年版，第16页。

③ 尹汉宁：《深刻认识意识形态工作的极端重要性》，《求是》，2013年第18期。

互联网世界。”[①] 主流意识形态由于认识观念、现实体制等多种因素的束缚，往往处于“失语”甚至“无语”的弱势地位。

因此，在现实社会环境中，由于组织化依附关系的存在和现实可能的管理惩戒，政党的声誉维护在主流表达上仍然拥有技术上的可控性。但是，在以互联网为代表的信息技术造就的网络虚拟空间，这种控制技术的失灵和管理机制的失效，则使各种意见和思潮的蜂拥迭起成为不可阻挡的趋势。只有切实加强和提高政党的网络声誉维护能力，才能主动作为，增强对党员群众的政治吸附。

二、增强引领社会的政治示范功能

“语言是知识和传播的工具，它也是权力的工具。”[②] 通过革命性的话语来重构历史，是中国共产党维护政党声誉的重要方式。诺曼·费尔克拉夫认为，话语不止反映和描述社会实体和社会关系，还能建构或“构成”社会实体与社会关系；不同的话语以不同的方式构建各种至关重要的实体，并以不同的方式将人们置于社会主体的地位。[③] 丹尼斯·K. 姆贝也认为，组织符号体系采取了多种不同的表现形式，包括故事、神话、隐喻、仪式、标志语，等等。每个符号形式都有可能在意识形态上起到维护某种意义体系和权力结构的功能，并因此而再现统治关系。但是组织叙述在这一过程中发挥的作用尤其值得关注。“叙述之所以值得注意，不仅因为故事叙述对我们的文化有普遍的、持续的影响。还因为叙述是散布意识形态的意义形成的特别有力的工具。”[④] 革命性话语广泛运用的目的主要是通过对历史的尊崇来展示党的英明、正确的形象，从而为党巩固执政地位提供正当的合法性支持。革命性话语作为中国共产党重建新的社会文化标准的思想武器，是与建国以后党的组织形态与社会结构相适应的。高度集中统一的计划经济体制的建立以及习惯于大规模群众动员组织习性，要求在社会群众的日常生活中塑造

---

① 李永刚：《我们的防火墙：网络时代的表达与监督》，广西师范大学出版社 2009 年版，第 20—21 页。

② ［美］丹尼斯·K. 姆贝著，陈德民、陶庆、薛梅译：《组织中的传播和权力：话语、意识形态和统治》，中国社会科学出版社 2000 年版，第 114 页。

③ ［英］诺曼·费尔克拉夫：《话语与社会变迁》，华夏出版社 2003 年版，第 3 页。

④ ［美］丹尼斯·K. 姆贝著，陈德民、陶庆、薛梅译：《组织中的传播和权力：话语、意识形态和统治》，中国社会科学出版社 2000 年版，第 114 页。

一种积极向上的昂扬氛围和叙事模式，以利于调动群众的积极性。具体来说，通过革命性的历史叙事，可以达到以下三个目的：

一是塑造社会群体的集体意识。“叙述能够把‘确定性’意识加之于社会行为者的世界，同时遮蔽现实由多种因素确定的方式；即由对社会现实构造的框定方式施加物质限制的基本权力关系所构建。”① 通过对党领导下的革命历史资源的重新阐发，向社会大众表明中国共产党领导革命成功的历史必然性。经过文学艺术创作等表现形式，在宣传机构的长期灌输熏陶下，培养社会群体对党的历史成就的无可争议的认可，由此形成一种普遍的社会共识，进而在庞大的组织触角中，潜移默化地润养着社会群体的集体意识。正如尼尔·波斯曼所言：“如果把意识形态界定为一套难以意识到的假设，而这些假设又促使我们努力去描摹世界的形貌，那么，我们最强大的意识形态工具就是我们的语言。语言是纯粹的意识形态。它不仅教导我们事物的名称，而且更加重要的是，它还教导我们什么事物可以命名。它把世界划分为主体和客体。它指明什么事件被当作过程，什么事件被当作事物。它教导我们时间、空间和数的观念，形成人与自然、人与人关系的观念。”② 比如，诞生于1943年的歌曲《没有共产党就没有新中国》，就通过简洁明快的歌谣形式，为全中国人民塑造了一个极具人格化魅力的中国共产党形象。歌词中写道：“没有共产党就没有新中国，没有共产党就没有新中国，共产党辛劳为民族，共产党他一心救中国，他指给了人民解放的道路，他领导中国走向光明，他坚持抗战八年多，他改善了人民的生活，他建设了敌后根据地，他实行了民主好处多。没有共产党就没有新中国，没有共产党就没有新中国。”③ 在塑造集体意识的过程中，还

---

① ［美］丹尼斯·K. 姆贝著，陈德民、陶庆、薛梅译：《组织中的传播和权力：话语、意识形态和统治》，中国社会科学出版社2000年版，第118页。

② ［美］尼尔·波斯曼著，何道宽译：《技术垄断：文化向技术投降》，北京大学出版社2007年版，第72页。

③ 这首歌曲诞生于今北京房山区霞云岭乡堂上村，当时年仅19岁曹火星创作了这首歌曲。1943年10月，曹火星从晋察冀边区随“群众剧社”来到堂上村，宣传抗日。他们针对国民党散布的“没有国民党就没有新中国”的口号，进行针锋相对的宣传。曹火星利用一周时间创作了这首歌，当时的歌名叫《没有共产党就没有中国》。1949年以后，一个偶然的机会，毛泽东为这首歌的歌名加了个“新”字，于是就成为《没有共产党就没有新中国》，在全国传唱开来。见中新社北京2001年6月22日电：《〈没有共产党就没有新中国〉陈列室落成》，转引自王智：《当代中国政治结构变迁——以执政党为中心的政党—政府—社会》，中国社会科学出版社2010年版，第34页。

逐步形成一个与过去不同的新的社会群体。“在集体心理中，个人的才智被削弱了，从而他们的个性也被削弱了，异质性被同质性所吞没。”[①] 这一社会群众在新的集体意识的建构中，不断地被赋予新的身份认证，并最终变成符合新的社会标准的群体形象。

二是确定社会群体的表达方式。丹尼斯·K. 姆贝的组织文化理论认为：“意识形态通常被认为是构建和重建社会现实的一种方式，而个人意识和这一过程有着密不可分的联系。意识形态研究乃是考察社会结构中的统治权的中心课题。因为它被认为是统治结构产生和长期存在的方式。评判统治结构的方法之一便是带着批判的眼光考察作为其基础的意识形态意义体系，因为统治结构有赖于对人的意识的支配而存在。……从这一角度看，意识形态主要通过现实的符号结构起作用。而语言就像‘牢房’一样地铸造个人意识。”[②] 革命性话语作为中国共产党领导革命成功的话语权力，直接确定了社会群体在公共场合和组织内部的话语表达方式和话语表达内容。[③] “文化作为特定生活方式符号化的创造和运用，有着深刻的实践逻辑，这种逻辑既受制于社会权力关系的此消彼长，又根源于一种历史沉积下来的集体无集识，它们合力促成阶级、阶层、地域、种族或其他共同体的结构特性和认同意识，并重新规划着新型意识形态的话语生产活动。”[④] 执政后的中国共产党在凝聚全党全国人民力量建设社会主义的进程中，在相当长的历史时期内延续了革命战争时期的政治话语动员方式，并根据新的社会实践，赋予其新的时代内涵，使其弥漫散布于社会政治生活

---

① ［法］古斯塔夫·勒庞著，冯克利译：《乌合之众——大众心理研究》，广西师范大学出版社 2007 年版，第 49 页。

② ［美］丹尼斯·K. 姆贝著，陈德民、陶庆、薛梅译：《组织中的传播和权力：话语、意识形态和统治》，中国社会科学出版社 2000 年版，第 81 页。

③ 大革命时期，中国共产党就善于利用口号的“魔力”制造话语强势。北伐时期，风靡一时、耳熟能详的一些词语多是由中国共产党提出的。如“三大政策”“国民革命”“打倒帝国主义”“打倒军阀”等等。北伐时期的一些高频词如“左派”“右派”“左倾”“右倾”也是共产党从共产国际引进后才风靡的。胡汉民在“四·一二”清党后，对共产党的口号威力仍心有余悸，认为口号是共产党的一大利器，“即社会上耳熟口顺恬不为怪者……多半为共产党制造”，“国民党人忽焉不察，随声呼喝，不久而社会观听为之支援，遂至党内外误会，纷乱之事，层见层出。智者莫由究诘，勇者无法自存”。参见王奇生：《党员、党权与党争——1924—1949 年中国国民党的组织形态》，上海书店出版社 2003 年版，第三章。

④ 袁进、丁云亮、王有富：《身份建构与物质生活：20 世纪 50 年代上海工人的社会文化生活》，上海书店出版社 2008 年版，第 97 页。

领域，成为人民群众日常生活中确定性表达方式，从而牢牢地控制住了社会群体的个体思维，代之以社会群体的集体思维，即党的思维。“意识形态的表达往往具有审美性和仪式性，可以充分借助传媒的信息扩散机制以更加本能的、无意识的、扩散的方式释放出弥散性权力机制。”① 可以说，通过革命性话语在社会生活的弥散和介入，党的思维得以成为社会群体思维的最佳选择，以此达到使群众始终保持与党的声音的一致。“只要一听到它们，人人都会肃然起敬，俯首而立。许多人把它们当作自然的力量，甚至是超自然的力量。它们在人们心中唤起宏伟壮丽的幻象，也正是它们含糊不清，使它们有了神秘的力量。它们是藏在圣坛背后的神灵，信众只能诚惶诚恐地来到它们面前。”② 因此，通过革命的象征表达，能够“淡化个人意向，抵消分歧，模糊个人目的。它使个性呆滞，同时却让团体的意向锐不可当，把该团体和有目的的行动连成一体——这是其他任何因素在危机中都做不到的。它通过凝滞个性来动员民众。象征是一种工具，能够使民众借以在短时间内摆脱自身的惰性，摆脱犹豫或盲动，在复杂局势的曲折道路上被引导着前行”。③ 正如毛泽东作为中国共产党的领袖被不断推崇之后，“其非凡的能力被公认为取得胜利的关键，也几乎成了新朝代的理想创始人，在传统文化中这个角色能赢得一切含意的服从”。④

三是规范社会群体的道德要求。革命性话语作为革命型政党的政治文化的集中体现，本身就蕴含着极其深刻的伦理道德要求。中国共产党从诞生之日起，就始终以救国救民，实现民族独立、国家富强和人民生活幸福作为自己的根本任务，要求全体党员必须树立敢于牺牲、勇于奉献的组织要求。毛泽东在《为人民服务》中提出的“为人民服务”的理论主张，不仅是中国共产党对全体党员的政治要求，而且成为中国共产党的组织伦理

① ［美］大卫·斯隆著，刘琛等译：《美国传媒史》，世纪出版集团、上海人民出版社 2010 年版，序言。

② ［法］古斯塔夫·勒庞著，冯克利译：《乌合之众——大众心理研究》，广西师范大学出版社 2007 年版，第 113 页。

③ ［美］沃尔特·李普曼著，阎克文、江红译：《公众舆论》，世纪出版集团、上海人民出版社 2006 年版，第 176 页。

④ ［美］罗德里克·麦克法夸尔、费正清编：《剑桥中华人民共和国史：革命的中国的兴起（1949—1965 年）》，中国社会科学出版社 1990 年版，第 61 页。

要求。[①] 可以说，“为人民服务是中国共产党执政的道德律”。[②] 当中国共产党取得革命胜利、建立全国政权之后，在建设社会主义的大规模群众动员中，这种组织的政治要求，既成为中国共产党的道德制高点，成为吸引群众的内在引力，而且也成为中国共产党树立社会主义道德新风尚重要内容。正如拉斯韦尔所言：“一种意识形态一旦被人们接受之后便会以非凡的活力永久存在下去。在这个国家里出生的人们会把他们的一些爱投向支持这个制度的各种象征：共同的名称、共同的英雄、共同的使命、共同的需要。”[③] 当中国共产党被不断人格化、道德化以后，党的组织伦理要求开始外化成为整个社会的道德要求，对社会群体提出了新的道德规范。这一新的道德规范首先强调的就是个人服从集体、下级服从上级。纪律性和服从性成为这一时期社会群体正式的规范性道德特征。可以说，通过中国共产党的积极提倡和模范人物的树立宣传，使得代表革命传统的象征或伦理习惯得以成为社会普遍遵循的内在道德要求。正如李普曼所言：“一种特定的象征如何能在特定的人们心中扎下根来呢？它是由我们公认的权威人物播种在我们心中的。如果它种得很深，以后我们就会把对着我们挥动该象征的人叫作权威人士。但首先，象征之所以合我们的意，之所以很重要，是因为把象征传达给我们的人是合我们意的重要人物。”[④]

---

① 1944年9月8日，毛泽东在悼念张思德的追悼会上做了《为人民服务》的讲话，指出：“我们的共产党和共产党所领导的八路军、新四军，是革命的队伍。我们这个队伍完全是为着解放人民的，是彻底地为人民的利益工作的。……我们为人民而死，就是死得其所。”1945年4月24日，毛泽东在《联合政府》中进一步阐明，“我们共产党人区别于其他任何一个政党的又一个显著的标志，就是和最广大的人民群众取得最密切的联系。全心全意为人民服务，一刻也不脱离群众；一切从人民的利益出发，而不是从个人或小集团的利益出发；向人民负责和向领导的机关负责的一致；这些就是我们的出发点。”1945年在延安召开的中国共产党第七次全国代表大会则正式将“全心全意为人民服务”作为“党的唯一宗旨”写进党章。可以说，从“为人民服务”作为中国共产党的唯一宗旨形成确立的过程，表明中国共产党不仅恪守政党固有的政治原则，而且在长期的革命斗争中将这些政治性原则内化为道德性原则，从而赋予了中国共产党鲜活的血肉形象，使之能够脱离僵硬的组织结构而成为具有“人”的本质的新形象。

② 王智：《当代中国政治结构变迁——以执政党为中心的政党—政府—社会》，中国社会科学出版社2010年版，第32页。

③ ［美］哈罗德·D. 拉斯韦尔著，杨昌裕译：《政治学——谁得到什么？何时和如何得到?》，商务印书馆1992年版，第138页。

④ ［美］沃尔特·李普曼著，阎克文、江红译：《公众舆论》，世纪出版集团、上海人民出版社2006年版，第165页。

可以说，正是通过革命性话语的历史阐释，中国共产党构建起一个宏大的叙事体系。在这一个体系之中，党是社会团结的核心，是社会道德的完美体现，是全体社会成员的根本利益代表。只要一提起中国共产党，就能够想起“为人民服务”的政治信念。正是在这一意义上，沃拉斯认为，政党的名字和其他名字一样，一听见或一看见就滋生出一个“意象”，这个意象不知不觉地逐渐转变为自动理解它的意义。和在其他情况下一样，名字及其自动的心智联想能引起感情反应。[①] 这一话语建构及其所塑造的社会心理，强而有力地维护了党的声誉。李普曼指出：“象征常常具有很大的用处和神奇的力量，词语本身就能释放出不可思议的魔力。一想到象征，人们总会兴致勃勃地谈论它们，宛如它们有着独立的力量。而且，那些曾经令人神魂颠倒的象征，从没有完全失去对人们的影响。”[②]

不过，全球化、市场化和信息化带来的中国社会的剧烈变革，特别是由于信息网络技术的广泛运用，使传统的政党声誉维护能力遭受到了严峻挑战。一系列作为主流意识形态象征的符号表达不断遭到颠覆。从网民胡戈调侃商业娱乐片《无极》而制作的“一个馒头引发的血案”开始，一批红色经典故事和人物就不断被恶搞。从编造和炒作“雷锋的女友”到“闪闪的红星之潘冬子参赛记”“铁道游击队之青歌赛总动员”，[③] 英雄形象不断地被网民赋予个体的经验意义。以网络恶搞为代表的网络亚文化的流行，使得主流意识形态的象征符号遭遇了表达危机，进而必将损害人民群众中的政党形象和政治声誉。因此，在采取法律措施的同时，必须培育政党自身的网络声誉维护能力，发挥党引领社会的政治示范功能。

---

① ［英］格雷厄姆·沃拉斯著，朱曾汶译：《政治中的人性》，商务印书馆 1995 年版，第 53 页。

② ［美］沃尔特·李普曼著，阎克文、江红译：《公众舆论》，世纪出版集团、上海人民出版社 2006 年版，第 163 页。

③ 2006 年，出于对陈凯歌导演的电影《无极》不满，胡戈制作了一部“一个馒头引发的血案”的网络恶搞视频，这部网络恶搞视频将电影里的镜头和场景，与现代法制新闻节目拼贴在一起，“电影中的故事”摇身转变为一个现代城市扑朔迷离的“谋杀案”，严肃的“新闻报道”与从电影中抽取出来的故事场景、人物对话被巧妙地混合、拼贴在一起，产生了一种强烈的“恶搞效果”。“闪闪的红星之潘冬子参赛记”中，小英雄潘冬子变成了一个整日做“明星梦”希望挣大钱的“富家子弟”，潘冬子的父亲变成了“地产大鳄”潘石屹，而潘冬子的母亲则一心想参加“非常 6+1”。因为她的“梦中情人”是主持人李咏。而且，潘冬子与恶霸地主胡汉三之间的阶级斗争还被恶搞成“参赛歌手”与“评委”之间的脑筋急转弯游戏。

三、扩大组织吸纳的政治包容功能

除了保证思想的主导性，中国共产党维护政党声誉的主要途径就是通过严密的政党组织来实现对社会的控制和治理。正如美国学者舒曼所言："中国在过去的十几年里，无论伟大的人物，还是平庸之辈，都在用组织化了的政治权力达到不同的目的，演出人类的戏剧。他们在重建一个伟大的国家，约束着她的人民，改善着人民的生活，打下了增长的基础。共产党中国犹如一栋由不同砖石砌成的大楼，她被揉合在一起，站立着，而把她揉合在一起的就是意识形态和组织。"① 中国共产党主要是通过三条路径来实现组织整合的。

一是党的组织系统。通过党委制和党组制、分口管理制、双重管理制等组织形式，实现对社会的全面覆盖。正如1951年刘少奇在党的第一次全国组织工作会议上指出的："我们党现在共有580万党员。……所有这些党员，在全国各方面建立了约25万个基层组织——支部。从这些情形我们可以看出：我们党不只在上层，在各方面领导着我们的国家和各种事业；而且在下层，在各种工厂中、矿山中、农村中、机关和学校中、部队的连队中密切联系着广大的人民群众……"②

二是行政组织系统。通过党和政府—单位—个人这一垂直的控制链条来实现对社会乃至个体的身份控制。单位作为国家权威和党的权威的双重代表，把归附于多种组织的个人重新吸纳到新的政治体系之中，提供一种新型的政治生活，以至于"脱离了单位，中国人几乎找不到人生和工作的依托，个人的生命历程与事业开拓都与单位紧密相联。……以致于人们不是依照学历、知识、能力甚至阶层作为衡量社会差异的指标，而是以工作单位的不同作为最终的衡量指标"。③ 单位与家庭共同构成个人寻求安身立命的最重要的两大场所。在社会生活中，单位并不仅仅是一种体制性的产物，更是中国人感情投放与价值实现的依托。因此，"个人对权威的认同

---

① Franz Schurmann: Ideology & Organization in China, Berkeley, CA: University of California Press, 1996, p. 1.

② 《建国以来重要文献选编》第9册，中央文献出版社1992年版，第104页。

③ 刘建军：《单位中国：社会调控体系重构中的个人、组织与国家》，天津人民出版社2000年版，第3页。

来源于对党的意识形态的供奉与对党代表人民利益这一性质的赞誉”。[①]

三是社会组织系统。中华人民共和国成立以来，中国共产党对旧有的社会组织进行了重新选择和整合。通过成立一系列覆盖社会各方面的群众性组织，中国共产党调整和确立了党对社会组织的领导地位，从而将组织控制进一步延伸到社会各个行业。“中国工会、中国共产主义青年团、中华全国妇女联合会、中国科学技术协会、中国文学艺术界联合会、中国作家协会、中华全国归国华侨联合会是中国共产党领导的工人阶级、先进青年、各族各界妇女、科学技术工作者、文学艺术工作者、作家、归国华侨和侨眷的群众组织，是党联系群众的桥梁和纽带，是国家政权的重要社会支柱。”[②]

可见，正是通过严密的组织系统，中国共产党实现了对社会的全面整合：党不仅成为国家建设和社会改造的领导力量，而且成为国家建设和社会改造的组织基础。具体而言，国家制度的建设与运行以及国家事务的管理，都直接与党的组织、党的领导相连接、相适应；社会的改造与重构直接以党的组织网络为资源，从而构建起以党的组织为网络的新的社会组织体系。这样，在国家建设和社会改造过程中，党的领导在自觉或不自觉中形成了党、国家与社会三位一体的组织基础。[③] 正是通过对现实物理空间中个体的身份认定和组织管理，中国共产党能够保证党的声誉不受社会外力的消极影响，而能强而有力地实现对党的声誉的有效维护。

然而，30 多年的改革开放从两个层面动摇了党、国家和社会三位一体的格局：一是通过党政分开，消除党的“一元化”领导，从而改变了党、国家和社会三位一体的体制基础；二是通过市场经济和社会发展，不仅使社会从政治权力的控制中获得了相对自主，而且使国家在管理经济和社会发展上也从党的直接干预中获得了相对自主，从根本上改变了党、国家与社会三位一体结构的经济和社会基础。[④] 特别是经济体制改革带来了从

---

① 刘建军：《单位中国：社会调控体系重构中的个人、组织与国家》，天津人民出版社 2000 年版，第 76 页。

② 《中国共产党组织史资料》附卷四：“中华人民共和国群众组织（1949. 10—1997. 9）”，中共党史出版社 2000 年版，第 1 页。

③ 林尚立：《中国共产党执政方略》，上海社会科学院出版社 2002 年版，第 45 页。

④ 林尚立：《中国共产党执政方略》，上海社会科学院出版社 2002 年版，第 415—416 页。

“单位人”到“社会人”的角色转换，经济利益成为党员干部和普通民众价值判断的一个非常重要的标准。社会人角色多元化，职业流动性给党组织的管理也带来很大困难，再加上组织边缘化党员的大量存在，党组织正常的思想教育、组织管理较难覆盖到这部分人，非主流意识形态突破这些人的思想防线就变得容易起来。[①] 而信息网络技术的发展，在塑造了一个崭新的网络意见空间的同时，也逐步形成了一个涵盖虚拟与现实的网络社会，打破了凝滞不动的传统社会结构。正如安东尼·吉登斯指出的那样：“在全球化的现代世界，时间和空间已经‘丧失根基’，不再有其事件的传统的局部境况。虽然所有的社会活动都发生在时空之中，但是时间与空间通过社会活动组织起来的方式，在现代社会和传统社会之间是有差别的。”[②] 这一深刻变化使中国共产党的传统组织管理功能遭遇更大挑战。因此，积极探索与信息网络时代相适应的党的组织创新，应该成为党维护网络声誉、增强吸纳能力的战略举措。

第三节　提升声誉维护能力的途径

建构在现实物理空间结构中的政党声誉管理，在随着传统的计划经济体制的瓦解、社会的日益多元化，面临着日益复杂的治理困境。其总体困境表现就是清晰确定的身份结构开始变得模糊不清，社会流动性愈益增强。以互联网为代表的信息网络技术的迅猛发展更加速了这种差别。由此，“消失的地域”成为中国共产党维护政党声誉的根本着眼点。

一、加强形象管理，密切党群关系

政党形象是政党声誉的重要组成部分，是政党“软实力”的重要手段和必要途径。所谓政党形象是指政党的外在特征、行为表现和内在精神在社会公众心目中形成的总体印象。[③] 一般来说，政党形象既包括政党总体形象，又包括党员个体形象。所谓政党总体形象是指社会公众从总体上对

① ［韩］咸台灵：《中国政党政府与市场》，经济日报出版社 2002 年版，第 191 页。

② ［英］安东尼·吉登斯著，胤宏毅译：《现代性》，新华出版社 2001 年版，第 14 页。

③ 薛小荣：《网络党建论：互联网时代政党的组织变革与社会适应》，时事出版社 2013 年版，第 54 页。

政党性质、宗旨、职能、纪律等所做出的带有概括性的主观印象。政党的总体形象是由党员个体形象共同构筑的。人们对政党形象的第一反应首先是通过政党整体中的单个党员的外在形象来进行评判的。因此，党员个体形象的好坏关系到政党总体形象的好坏。所谓党员个体形象是指党员个体所具备或表现出来的优良的气质、严明的作风、高昂的精神等等。政党总体形象和党员个体形象相互联系、相互依存，共同塑造了政党的形象。派伊就认为，中国共产党统治风格的鲜明特点之一，就是在相当程度上把国家机构划定为一个规模不大的技术和管理机构：政策制定和政策执行明确分开。在这种划分当中，共产党强调区分一般政策或路线方针与管理政策，路线由中共中央政治局制定，管理政策产生于官员们执行总路线的工作。他说，中国共产党力量的秘诀所在，并不是列宁主义的纪律，也不是僵硬的权力统治集团，而是富于献身精神的个别成员，即党的干部。[①] 政党形象管理是政党"软实力"建设的重要体现，具有极其重要的内外凝聚功能。就政党的内部功能而言，良好的政党形象可以提升党员对政党的归属感和自豪感。一方面，从组织规范的强制性要求来看，政党作为一个纪律严明、作风严谨、令行禁止的特殊组织，个体党员在政党这一讲究一致的群体里面，其实就是一个再社会化的过程。另一方面，一个具有优良传统形象的政党往往会使单个党员的强制性规范转化成为内心的自主性规范，会自觉运用组织的规范来要求自身的行为目标。可以说，这是政党形象管理更为重要的意义，即政党的组织内化功能。就政党的外部功能而言，良好的政党形象可以促进党群关系的团结，提高社会公众对政党宗旨、性质、职能的深入认识，从而使政党对社会具有强烈的示范功能。

从政党形象管理的主要特征来看，具有历史性、系统性、时代性等鲜明特征。以中国共产党的形象来看，所谓历史性，是指党从诞生之日起，在长期的革命、建设和改革时期所形成的、长期的、稳定的内在精神气质。进行政党形象管理，必须深入研究政党形象发展史，梳理脉落，弄清思路，盘活历史资源。所谓系统性，一方面是指政党形象管理在政党形象管理的内容上，不仅包括政党的政治性形象，比如政党的性质、宗旨、任务等，而且也包括政党的社会性形象，比如党群关系等；另一方面是指政党形象管理在政党形象管理的机制上，不仅需要政党自身为塑造政党形象进行内部的纪律要求与道德规范，而且需要依靠社会各方面力量来共同经

---

① 王乐理：《政治文化导论》，中国人民大学出版社2000年版，第83页。

营管理政党形象。所谓时代性，是指政党形象管理必须根据时代的客观变化和精神要求，对政党形象的历史资源进行符合时代精神要求的内在转化，以使政党形象与社会公众的交流更加接近，从而发挥政党形象的示范效应。新加坡人民行动党[①]非常重视党的形象管理，全方位包装领导人，积极宣传亲民、爱民、为民的形象。人民行动党的党徽由三种颜色组成，红色的闪电划破蓝色的圆，中间是白色的底色。圆圈代表团结，闪电代表雷厉风行，白色代表廉洁正直，而廉洁正直正是人民行动党的立党之本。人民行动党通过对党的领袖人物的形象包装与实践，牢牢把握住民众的心理，不断巩固执政地位。李光耀被称为“新加坡国父”“开国元勋”。其外在形象注重整洁，无论是西装革履，还是淡化行政色彩的平民打扮，无不透着干净整洁的气息。他身材高大、自信满满、睿智机警、饱含激情、目光炯炯有神，有着丰富的肢体语言，极具政治家魅力。其继任者吴作栋，外表儒雅，平易近人，温和谦让。他强调协商，经常深入民众，了解社情民意，给新加坡人民比较自由的空间，鼓励人民使用“正确管道”提出意见。而新加坡总理李显龙继承了父亲李光耀的许多特质，譬如说作风严肃、干练、强硬、讲效率，以及有点令人生畏。总之，通过人民行动党掌握的媒体和正确的形象宣传策略，新加坡人民行动党加强了与民众的联系，并为连续执政打下了坚实的群众基础。

中国共产党历来重视自身形象的塑造和管理。早在中国革命即将取得全国胜利的时候，毛泽东在党的七届二中全会上就明确指出全党面临着“进京赶考”的新考验，要求全党要警惕“党内的骄傲情绪”“以功臣自居的情绪”“停顿起来不求进步的情绪”和“贪图享乐不愿再过艰苦生活的情绪”，要求“务必使同志们继续保持谦虚、谨慎、不骄、不躁的作风，务必使同志们继续地保持艰苦奋斗的作风”。[②] 1952 年 2 月 10 日，河北省在保定召开刘青山、张子善的公判大会。刘、张二人都是入党多年、经历过革命战争考验的领导干部。但进城以后，却在剥削阶级思想的腐蚀下，贪污腐化，蜕变成人民的罪人。尽管他们在民主革命时期有过功劳，但党决不姑息。考虑到作为执掌着全国政权的党，如果对党内极端腐化堕落分

---

① 新加坡人民行动党创立于 1954 年 11 月，最初的成员是从英国归来且受英语教育的中产阶级，1955 年 4 月，成立才 5 个月的人民行动党参加了首次大选。在这次大选中，李光耀等三位人民行动党党员当选为立法议员，人民行动党从此开始了夺取政权的斗争。在新加坡取得完全自治后，人民行动党成为最大党，并开始长期执政。

② 《毛泽东选集》第 4 卷，人民出版社 1991 年版，第 1438—1439 页。

子不严加惩处，“我党将无词以对人民群众，国法将不能绳他人，对党损害异常严重”，[①] 党中央、毛泽东批准了华北局关于对刘青山、张子善判处死刑的建议。河北省人民法院经最高人民法院核准判决，对刘、张二人执行枪决。公审大会召开前，有人提出是否不要枪毙，给他们一个改造的机会。意见反映到毛泽东那里，毛泽东表示，正因为他们两人的地位高、功劳大、影响大，所以才要下决心处决他们。只有处决他们，才可能挽救20个、200个、2000个、20000个犯有各种不同程度错误的干部。[②] 这一判决有力整肃了党内的不良风气，树立了国家工作人员的廉洁、朴素、为人民服务的工作作风，体现了中国共产党人法纪严明和公正无私，增强了党与人民群众的血脉联系。

信息网络社会的迅猛发展，在为政党的形象管理提供面向民众的便捷快速的展示途径的同时，又使传统报纸—电台—电视时代的单向形象管理模式面临挑战。即在网络环境中，民众（网民）可以摆脱现实社会中政党形象塑造的政治权力影响，从而能够以自己的立场和观感对政党形象进行自主的认同选择。因此，针对政党形象管理的新特点，必须从根本上改进党的作风，加强与群众的密切联系，才能使现实社会与网络虚拟社会的政党形象保持一致。2013年7月中旬，习近平总书记到西柏坡参观时再次强调，党面临的“赶考”远未结束，所有领导干部和全体党员要继续把人民对我们党的“考试”、把我们党正在经受和将要经受各种考验的“考试”考好，努力交出优异的答卷。[③] 为此，以习近平为总书记的新一届中央领导集体以改进工作作风、端正党风作为切入点和突破口。十八大后不久，中央政治局就做出“八项规定”，集中解决当前群众深恶痛绝的形式主义、官僚主义、享乐主义和奢靡之风这“四风”问题。各地区各部门把贯彻落实中央八项规定精神作为一项重要政治任务来抓，各级领导干部从自身做起，从群众反映强烈的突出问题抓起，扎扎实实推进作风建设，实现了良好开局，有力促进了党风政风好转，带动了民风社风转变。中央八项规定

---

① 中共河北省委对刘青山、张子善的处理意见给华北局的电报（1951年12月14日），转引自《中国共产党历史》第二卷（1949—1978）上册，中共党史出版社2011年版，第160—161页。

② 薄一波：《若干重大决策与事件的回顾》（上），中共党史出版社2008年版，第107—108页。

③ 人民日报社理论部编：《深入学习习近平同志重要论述》，人民出版社2013年版，第140页。

深入人心，凝聚起强大正能量，赢得了干部群众一致好评和衷心拥护。

二、发挥理论引导，增强政治认同

在人类政治史上，一个政权的危机与其合法性基础的丧失是密切相关的，社会普遍认同的意识形态是政治合法性的理念基础。对执政党而言，价值理念的实现不仅取决于制度上的合理性，还在更深层次上依赖于人民内心的意识形态上的支持意识。恩格斯指出："我们党有个很大的优点，就是有一个新的科学的世界观作为理论的基础。"① 事实上，无产阶级革命和建设的胜利首先就是从无产阶级政党思想的胜利开始的。社会主义制度的建立首先来自人们对共产主义的向往和信仰，即意识形态先行。简而言之，无产阶级政党意识形态的生命力在于它对生活科学准确的解释和改造。苏共亡党亡国的教训就在于它的意识形态的解释力已经远远落后于社会现实的需要，无法为剧烈变化的社会中出现的新问题新情况给出正确的答案，从而失去了人民的信仰和支持；中国特色社会主义的蓬勃发展，得益于中国共产党对马克思主义理论的大胆创新和对新情况新问题的敏锐把握与科学论证。从邓小平理论到"三个代表"重要论述，再到科学发展观，无不闪耀着马克思主义的生命之力和中国共产党人与时俱进的智慧之光。可以说，马克思主义作为无产阶级政党的理论指南，是无产阶级政党夺取革命胜利、建设社会主义的理论优势。中国共产党从诞生之日起就把马克思主义写在自己的旗帜上，把实现共产主义确立为最高理想。在中国革命、建设和改革的伟大历史进程中，马克思主义始终是全党全国人民团结奋斗的共同思想基础。这是因为，"只有马克思主义的世界观才正确地反映了革命无产阶级的利益、观点和文化"，② 才真正解决了中国革命、建设和改革的不同时期所面临的主要问题，推动了中国社会的不断前进。

但是，我们也应该看到，尽管党在意识形态领域取得了非凡的成绩，然而面对世界政治多极化、经济全球化、科技信息网络化、文化多元化的浪潮，面对社会转型时期国内一系列复杂深刻的结构性变化，中国共产党的意识形态仍然面临着严峻挑战。特别是信息网络技术的迅猛发展，一个

---

① 恩格斯：《卡尔·马克思〈政治经济学批判〉》（1859年），《马克思恩格斯全集》第13卷，人民出版社1962年版，第528页。

② 列宁：《关于无产阶级文化》（1920年），《列宁全集》第39卷，人民出版社1974年版，第332页。

新的网络社会已经生成和发展起来，并日益对现实社会产生影响，其直接后果就是网络意识形态的形成。网络意识形态既包含网络本身蕴含的技术规则性的意识形态，又包括社会民众通过网络表达而形成的不同类别的意识形态。无论是哪种意义上的网络意识形态，其核心都在于争夺对社会现实生活的解释权和话语权。在这种内外复杂、充满张力的新形势下，党的意识形态面临的挑战突出表现为四大主要矛盾：党的意识形态的主导性与意识形态多样化倾向之间的矛盾；党的意识形态的强势性与社会选择理性增强之间的矛盾；党的意识形态的解释力与社会受众期望差距之间的矛盾；党的意识形态的控制力与信息网络技术带来的全新思维方式之间的矛盾。而这四大主要矛盾，归根结底就是一个问题，即党如何用自己的理论来解释这个已经发生变化和正在发生变化的世界，并以此说服群众、吸引群众、领导群众来为共同的事业努力奋斗。解决这一问题的办法只有一个，那就是党必须根据变化了的客观现实，不断调整、发展和创新党的理论，丰富党的意识形态功能，夯实党的意识形态基础。

在新的历史时期，中国特色社会主义理论体系的创立和发展，就是中国共产党创新发展党的执政理论又一战略举措。习近平总书记指出，要深入开展中国特色社会主义宣传教育，把全国各族人民团结和凝聚在中国特色社会主义伟大旗帜之下。坚持用这一科学理论体系武装全党、教育人民、指导工作，引导广大干部深刻领会党的理论创新成果，坚定理想信念。中国共产党从成立起就肩负着实现中华民族伟大复兴的历史使命。90多年来，我们党坚持把马克思主义基本原理同中国具体实际和时代特征结合起来，独立自主走自己的路，历经千辛万苦，付出各种代价，胜利完成了新民主主义革命、社会主义革命，胜利进行了改革开放新的伟大革命，开创和发展了中国特色社会主义，从根本上改变了中国人民和中华民族的前途命运。中国特色社会主义，承载着几代中国共产党人的理想和探索，寄托着无数仁人志士的意愿和期盼，凝聚着千千万万革命先烈的奋斗和牺牲，凝聚着全国各族人民的奋斗和实践，是近代以来中国社会发展的必然选择，是历史和人民的选择。中国特色社会主义伟大实践，不仅使我们国家快速发展起来，使我国人民生活水平快速提高起来，使中华民族大踏步赶上时代前进潮流、迎来伟大复兴的光明前景，而且使中国人民和中华民族为世界和平与发展做出了重大贡献。事实雄辩地证明，要发展中国、稳定中国，要全面建设小康社会、加快推进社会主义现代化，要实现中华民族伟大复兴，必须坚定不移高举中国特色社会主义伟大旗帜，坚持和拓展中国特色社会主义道路，坚持和丰富中国特色社会主义理论体系，坚持和完善中国特色社会主义制度。加强党员、干部对中国特色社会主义理论体系的系统学习，要做到真学真懂真信真用。真学，就要真正把中国特色社会主义理论体系作为武装头脑、指导实践、推动工作的思想武器来学习，紧密结合工作和思想实际，自觉主动地学，认真踏实地学，带着问题学，持之以恒地学。真懂，就要深刻领会中国特色社会主义理论体系的重大意义、时代背景、实践基础和历史地位，真正把握这一理论体系的丰富内涵和基本观点，深刻理解这一理论体系同马克思列宁主义、毛泽东思想既一脉相承又与时俱进的内在关系。真信，就要深刻认识共产党执政规律、社会主义建设规律、人类社会发展规律，坚信只有社会主义才能救中国、只有改革开放才能发展中国的历史真理，进一步强化对中国特色社会主义的坚定信念，不为任何风险所惧，不被任何干扰所惑，自觉地把实现中华民族伟大复兴作为终身奋斗目标。真用，就要坚持理论联系实际、学以致用，把学习理论同研究解决人民最关心最直接最现实的利益问题、本地区本部门改革发展稳定的重大问题、党的建设突出问题结合起来，切实把学习成效转化为解决问题的实际能力，切实把党的政治理想、政治路线、政治主张内化为增强党性修养、提高思想觉悟、陶冶道德情操的自觉行动。真学、真懂、真信、真用，关键是个“真”字。只要广大党员、干部做到这个“真”字，理论武装工作就能不断取得实实在在的效果。

总之，马克思主义作为全党全国人民团结奋斗的共同思想基础，其核心就是马克思主义、共产主义是共产党人的崇高信仰，是共产党人的政治灵魂，是共产党人经受住任何考验的精神支柱。习近平总书记指出，理想信念是共产党人精神上的“钙”，没有理想信念，或者理想信念不坚定，精神上就会“缺钙”，就会得“软骨病”，就可能导致政治上变质、经济上贪婪、道德上堕落、生活上腐化。坚定的信仰始终是党员、干部站稳政治立场、抵御各种诱惑的决定性因素。

三、规范权力运行，践行宗旨使命

共产党是没有自己的利益的。“他们并没有任何同整个无产阶级的利益不同的利益。他们并不提出什么想用以限制无产阶级运动的特殊的原则。"[①] 党员领导干部要真正站在人民大众立场上，归根到底必须解决好为谁掌权用权的问题。在我国，中国共产党是执政党，一切权力属于人民，一切权力服务于人民。作为执政党，中国共产党掌握了庞大的权力资源。这些资源的充分利用，既促进了中国社会的进步和发展，又极大地提高了党在人民群众中的威望和党自身的执政能力。但是，也应该看到，党在拥有这些执政的权力资源的同时，在实际运作过程中不可避免地出现了许多问题。有的认为权力是上级给的，想问题、办事情不怕群众不满意，只怕领导不注意，逢迎拍马、唯上是从；有的认为权力来源于个人努力、个人奋斗，把"有权不用、过期作废"奉为信条，滥用权力甚至以权谋私。这些权力运作过程中表现出来的种种极不规范的行为，在特定时期特定环境下使本可能得到缓解的矛盾越积越深，既极大地伤害了人民群众的利益和感情，又损害了党在人民群众中的形象和威望，更直接威胁到社会的安定团结，不利于改革开放和建设社会主义和谐社会的大局。因此，在转型时期要预防党执政的权力资源的流失，就必须加强党与人民群众的联系，从制度上解决权力规范的问题，努力做到权为民所用，情为民所系，在解决人民群众关心的重大问题的过程中提高党的执政能力，在促进社会和谐发展的过程中提高党的执政能力。具体来说，就是坚持用制度管权管事管人，让人民监督权力，让权力在阳光下运行，把权力关进制度的笼子里。

第一，必须按照科学执政、民主执政和依法执政的要求，构建决策科学、执行坚决、监督有力的权力运行体系。一是要进一步深化政治体制改革，实现党政分开，让不应由党支配的权力回归市场、政府和社会等各自的主体；二是党作为执政党，必须要使党在宪法和法律的范围内运用权力资源，绝不能滥用权力为一党或个人的私利服务，采取有效措施抑制和防范"特殊利益集团"；三是要积极主动地发展和更新，大胆借鉴和吸收西方政党好的制度，加大公务员制度的改革力度，引入最新理论、科技等人类文明成果，如推行电子政务制度等。

第二，必须坚持民主集中制，建立科学、合理、有效的党内民主监督制度。中国共产党是中国的执政党，是中国特色社会主义事业的坚强领导核心。一是要不断改进和完善党的领导方式和执政方式，进一步理顺和规范党代会、全委会和常委会之间的关系，严格按照集体领导、民主集中、

① 马克思、恩格斯：《共产党宣言》(1848 年)，《马克思恩格斯全集》第 4 卷，人民出版社 1958 年版，第 479 页。

个别酝酿、会议决定的原则，更好发挥党代会和全委会的重大问题决策权，党委常委会的执行权和一般问题决定权，党的纪律检查委员会的监督权。二是要改革党的纪律检查体制。党的各级纪律检查机关是党内监督的专门机关，纪律检查体制是否科学有效，关系重大。按照党的十八届三中全会《决定》提出的改革纪律检查体制的具体举措，要求推动纪委双重领导体制具体化、程序化、制度化，强化上级纪委对下级纪委的领导；明确查办腐败案件以上级纪委领导为主，线索处置和案件查办在向同级党委报告的同时必须向上级纪委报告；明确各级纪委书记、副书记的提名和考察以上级纪委会同组织部门为主；要求全面落实中央纪委向中央一级党和国家机关派驻党的纪检机构，实行统一名称、统一管理，派驻机构对派出机关负责，履行监督职责。三是健全民主监督、法律监督、舆论监督机制，重视运用和规范互联网监督。法律监督是促使领导干部依法行使权力的重要保证。要支持人大及其常委会通过询问、质询、执法检查、听取和审议工作报告等监督职权，支持司法机关通过独立公正地行使检察权和审判权，防止和查处领导干部失职渎职、滥用职权等行为。舆论监督是人民群众行使监督权的一种直接方式，具有其他监督手段无可替代的作用。当前，随着互联网尤其是移动互联网的快速发展以及微博、微信等通信形式的广泛应用，网络舆论监督在社会生活中发挥着越来越重要的作用，成为群众传递信息、参与社会事务的重要渠道。要高度重视运用和规范互联网监督，建立健全网络舆情收集、研判、处置机制，对反映领导干部违纪违法的问题要及时调查处理，对反映失实的要及时澄清，对诬告陷害的要追究责任，对制造和传播网络谣言的要依法加以打击，推动网络监督走上法治化、规范化渠道，不断聚集和提升网络监督的正能量。①

四、树立阵地意识，坚持守土负责

信息网络技术的迅猛发展，催生了网络社会的生成与发展，逐步瓦解了传统政党声誉管理的物理空间结构，使政党的声誉管理既面临着现实结构消解的困境，又给政党的声誉管理提出了新的挑战。即如何在“身体缺场”的网络虚拟空间实现政党声誉的有效管理。正如安德鲁·查德威克所说：“随着以互联网为代表的新信息传播技术的全面普及，人类的传播行

① 赵洪祝：《进一步强化权力运行制约和监督体系》，《〈中共中央关于全面深化改革若干重大问题的决定〉辅导读本》，人民出版社2013年版，第83页。

为几乎与真实时间和虚拟空间形成一种技术上的平行关系。一方面，如何建构社会主体间的关系取决于信息传播的行为效益，信息博弈是传播权力社会化膨胀的表征；另一方面，时空分离的流动结构同时也产生着身份重叠和身份压缩，信息传播的瞬间效益驱动人类行为的快餐化。当植根于传统的文化性习俗和宗教性理念，越来越趋于成为固守身份的唯一支撑点时，碎片化的现实不断把各种自然和人为的风险推向危机管理的前台。这不仅考验着人们的智慧，也预示着建立新精神平台的希望。”[①] 可以说，网络虚拟空间的政党声誉管理与现实政党声誉管理的最大区别在于社会个体身份的流动性与模糊性。而政党的声誉管理的核心则集中体现在网上意识形态话语权的争夺。网上意识形态斗争由于网络虚拟空间的开放、多元、瞬时的技术特征，使得话语的表达往往呈现出“喧嚣的声音”现状。因此，政党网络声誉的管理斗争需要遵循以下处置原则。

一是自尊自信原则。网上意识形态斗争实质上是对现实社会的政治制度之争。因此，在网上意识形态斗争中，必须在根本上强化组织者与参与者的理想信念教育，树立自尊自信原则。具体来说，就是要做到两点：第一，要有神圣的历史使命感。意识形态从根本上说是一种信仰表达。没有承担历史的使命感，就不会有走向胜利的精神力量。网上意识形态斗争，其实就是社会主义意识形态与资本主义意识形态的斗争。由于我国社会还处于社会主义初级阶段，社会生产力尚不发达，还不能完全满足人民群众的物质文化生活需求。同时，又由于我国改革开放正处于攻坚阶段，一些矛盾和问题逐渐在社会转型期暴露出来，党和政府短时间之内还不能完全解决，这就给敌对势力以攻击我之制度的借口。因此，网上意识形态斗争的组织者与参与者必须从思想上正确认识当前我国社会的发展现状，不能以偏概全，不切实际地把刚刚发展起来的中国与已经发展成熟的西方发达国家相比，从而动摇甚至丧失坚持社会主义的理想信念。必须要在理论与实践上清醒地认识到社会主义道路的选择是中国近代以来社会发展的历史选择，是中华民族实现伟大复兴的必然选择，自觉树立为民族复兴而担当的神圣使命。第二，要有强烈的社会责任感。意识形态斗争看似没有刀光剑影，只有纸笔飞扬。但是，国际反华势力对我国的意识形态斗争，其险恶用心就是通过否定中国社会发展的四项基本原则，使中国重新成为西方

---

① ［英］安德鲁·查德威克著，任孟山译：《互联网政治学：国家、公民与新传播技术》，华夏出版社 2010 年版，序言，第 1—2 页。

发达国家的附庸。因此，在意识形态斗争中，要有强烈的社会责任感，清醒地认识到社会主义道路是中国人民的自觉选择，中国共产党和中国共产党所主张的思想理论，是当代中国社会团结的核心和联系的纽带。否定党的领导，歪曲党的指导理论，其目的就是要制造混乱，破坏中国社会的团结，从而打断中国社会的和平发展之路，使中国人民重新回到受奴役的地步。

二是系统集中原则。网上意识形态斗争由于力量参与的多元性与意识形态斗争的突发性，要求我们必须坚持系统集中的处置原则。具体来说，主要包含两个方面内容：第一，坚持意识形态斗争的整体规划。网上意识形态斗争必须要有战略思考，而不能见招拆招，头痛医头、脚痛医脚，要树立一盘棋的整体规划。在实践中，可以通过出台类似的意识形态管理条例等方式来实现。第二，坚持意识形态斗争的力量集成。从当前网上意识形态的发展现状来看，宣传党的意识形态理论的网站很多，但是没有一个有效的组织体制将其纳入到一个统一的组织体系之中。在意识形态斗争实践中，要么沉默无言，无语以对，要么单打独斗，各自为战，呈现一盘散沙的被动局面。因此，网上意识形态斗争必须树立集中使用原则，以发挥网上意识形态的集成功效。在实践中，可以通过成立相关的意识形态管理局等机构来实现。

三是第一时间原则。意识形态斗争的一个重要原则就是不能拖延，尤其是网上意识形态斗争。由于网络传播的瞬时性，更是应该在第一时间采取果断措施进行处置，以防止事态扩大，酿成大的社会风潮甚至社会混乱。具体来说，就是要把握三个时间节点：第一，预警时间。网上意识形态斗争看似无迹无痕，但却仍然离不开人、事、物三要素。只要抓住了网上意识形态涉及的三种必要因素，就能够循迹而察，建立预警时间。具体做法可以通过建立大型数据库或监测机构来及时预警。第二，介入时间。要在预警的同时，及时介入，果断出手，不能拖延。第三，处理时间。网上意识形态斗争的实践说明，一旦斗争掀起，短时间内是无法迅速平息下去的。因此，当意识形态斗争成为社会瞩目的焦点之时，在处理时间节点上的作为就成为争夺社会舆论的关键。意识形态斗争的参与力量必须通力合作，积极作为。

四是灵活处置原则。网上意识形态斗争涉及内容广泛、形式变化多样，在具体的斗争实践中，必须坚持因事制宜，灵活处置的原则。具体来说，就是要做到：第一，以中心任务为根本导向。网上意识形态斗争从危机管理的角度来讲，其处置原则应该围绕中心任务的完成而采取不同的应对方法。只要是有利于完成意识形态斗争的中心任务的方法措施，就是好措施。第二，以灵活机动为处置原则。要根据意识形态斗争实践中具体的事件和对象采取不同的处置方法。有的事件可以正面回应，有的事件则要旁敲侧击；有的事件可以直捣黄龙，有的事件则要迂回曲折；有的事件可以沉默以对，有的事件则要主动出手。总之，网上意识形态斗争实践千变万化，不能以包治一切的万灵药的心态来照搬照抄，而应坚持灵活处置的原则，根据斗争实践的变化而采取不同的措施。

五是法治为先原则。网上意识形态斗争可以依托网络法规，对网络舆情进行法制化管理。从互联网管理的内在特质来看，互联网之所以能够成为迅速发展并日益显示出其作为信息时代的社会基础，就在于其技术的开放性和非垄断性。互联网通过通讯协议和域名分配，初步构成了信息时代的物理基础，并日益覆盖人类生活的方方面面。强化网络的法规治理，就要做到：第一，积极倡导网络文明。要加强网上舆论阵地建设，加强正面宣传和舆论引导，大力传播社会主义核心价值体系，唱响主旋律，打好主动仗；要加快实施网络文化建设工程，推动优秀传统文化瑰宝和当代文化精品网络传播；要进一步推进文明办网、文明上网，净化网络环境，积极开展丰富多彩、富有网络特色的网络文化活动。第二，努力规范网络行为。通过制定各项法律规定，不断规范网络行为。我国政府及相关部门相继制定并颁布了《互联网信息服务管理办法》《互联网站从事登载新闻业务管理暂行规定》《新闻网站电子公告服务管理暂行办法》等等。因此，网上意识形态斗争可以通过综合运用法律、行政、经济、技术、思想教育等手段，逐步形成依法监督、行业自律、社会监督、规范有序的互联网信息传播秩序，积极引导广大网民的思想和行为。

第四节 案例解析

新加坡人民行动党运用 Facebook 维护党的形象①

Facebook（“脸书”）是一个社交网络服务网站，它可以发送私人信

---

① 曾园俐：《新加坡执政党的亲民沟通——以议员面簿为例》，黄卫平、陈家喜主编：《制度建设与政党发展》，社会科学文献出版社 2013 年版，第 203—211 页。

息，类似电子邮件；可以分享状态，让用户向他们的朋友和“脸书”社区显示他们在哪里、做什么，让关心自己的人可以分享自己的生活；可以利用活动功能帮助用户通知朋友们将发生的活动，帮助用户组织线下的社交活动；还可以看视频、用户间互动、分享网络信息，等等。“脸书”的国际化，使得它在以英文为主要语言的新加坡颇受欢迎，并推动了新加坡的政治发展。新加坡2011年国会大选被誉为“政治分水岭”，不仅因为此次大选的过程和结果出人意料，大大推动了新加坡的民主进程，还因为自此次大选开始，人民行动党决定“洗心革面”面对日后的执政。可以说，这次大选极大地刺激了新媒体“脸书”的广泛应用，开始推崇政治上的“脸书”交流。

本次大选中，除李光耀资政领衔参选的丹戎巴葛集选区外，反对党在其余的12个单选区和14个集选区均向人民行动党发起了全面挑战。[①] 工人党不仅保住了原有的一个单选区，而且还一举拿下一个5人集选区，成为新加坡历史上首个夺得6个议席的反对党，其余反对党还在5个单选区、6个集选区发起进攻，得票率总共超过40%。人民行动党在此次大选中的得票率降至历史新低，仅为60.14%，比历史最低年份1991年大选的61%还低，更远低于1997年的65%、2001年75.3%和2006年的66.6%。[②] 分析其中原因，一个很重要的因素就是新加坡网络上以年轻的一代为代表，形成了反对人民行动党的浪潮。虽然选票数量不能用新媒体对大选所造成的巨大影响来计算，但是，新媒体所带来的这种影响使新加坡政治发展趋势不可逆转。选民一改往日对政治的冷漠，在这个平等与隐蔽的交流平台上对新加坡现行政策大胆抨击。国会议员林伟杰说：“竞选期间，网上流传了很多对行动党不利的话。行动党需要寻找更好的沟通方式，在网上解释自己的方式。无论是决定政策或收集意见，这样的互动需要是双边性的。”[③]

人民行动党前所未有的低潮选情，让其不得不正视以“脸书”为代表的新媒体的政治影响，并积极采取措施主动适应这一革新趋势。具体来说，主要体现在三个方面：

---

① 李晨阳：《新加坡政治的分水岭——近观新加坡大选》，《世界知识》，2011年第11期。

② 《联合早报》，2011年5月8日。

③ 《联合早报》，2011年5月11日。

一是执政党关心民生热点话题。新加坡总理李显龙认为，“脸书”是把触角伸向年轻选民这个逐渐庞大群体的渠道，执政党必须学会利用“脸书”加强与人民的联系。对李显龙参与“脸书”，网民反应热烈，关注他的网民数量急遽上升。李显龙不仅通过“脸书”邀约各种对话活动，而且还把活动时的照片拍下来与民众分享。他说：“我希望你们会觉得我的“脸书”页面有意思。我将用它来提出正在进行和思考的事，但我也希望听到你们的声音。让我们使用这个页面来厘清想法，认清如何共同改善生活。”《联合早报》评论：“总理上‘脸书’的一个效果是，把网民都变成了记者，网民可以向总理发问，真正‘join the fun’的应该是新加坡人。”

二是执政党议员分享自己生活。在新加坡，政治人物的“脸书”拉近了他们与民众的距离。议员通过上“脸书”，不仅塑造了亲民的形象，还满足了民众的八卦心理。因此，议员们的“脸书”，除了试探自己的人气有多高、为制定政策放风、收集民意，偶尔也会抒发一下私人心情，谈谈无伤大雅的私事，家里宠物花草的长势，透明度之高难以想象。新加坡2011年大选后刚刚获任教育部兼律政部高级政务次长的女议员沈颖在其私人“脸书”上分享自己怀上第三胎的喜讯。“凡事都有第一次，如果我是首个怀孕的议员，那就这样吧。我很确定，我不会是最后一个。”并且沈颖在这之前有一对儿女也为大众所知，连她的家庭背景也毫无隐瞒，和许多民众一样，她有一个温馨完整的家庭，在工作之余为之付出。

三是执政党关注民众生活点滴。“脸书”成为新加坡民众向政府诉说困难的捷径。2011年大选后不久，新加坡国家发展部部长许文远应网友在“脸书”上求助的要求去捉了野猫，以免野猫扰民。紧接着，总理李显龙又应一位居民在“脸书”上的请求，亲自处理了一件捉狗的事情。李显龙说：“无论是‘部长捉猫’，还是‘总理救狗’，我们都有责任处理人民关心的大事和小事，但我希望大家体谅的是，有些问题，有些纠纷，政府未必管得了，也未必做得好。”① 不得不说，新加坡人民行动党通过一系列的点滴小事，树立起了政府永远是选民“仆人”的形象，也让“脸书”沟通变得实实在在。

---

① 《联合早报》，2011年8月15日。

第三章

媒介交流能力

信息网络带来的革命性变革已经日益对现实生活，特别是政党的政治活动产生越来越深远的影响。德国社会民主党副主席托马斯·迈尔说："现代媒体实际上已经成为政党的最大竞争对手，它们和政党争夺受众(成员)，争夺对社会主流意见的主宰权。政党的一些传统政治功能，如宣传功能、教育功能等，已在媒体的冲击下丧失殆尽。"① 就中国共产党而言，网络对意识形态的深度影响已经引起了党和国家领导人的高度重视。胡锦涛在同人民网网友聊天时就指出："我经常通过互联网了解国内外时事和民众对我们工作的意见和建议。""我们强调以人为本、执政为民，因此做事情、做决策，都需要广泛听取人民群众的意见，集中人民群众的智慧。通过互联网来了解民情、汇聚民智，也是一个重要的渠道。"② 这一行动被很多学者认为是中国网络政治的里程碑。"在一言一行皆有章法的中国政治文化里，这个20多分钟简短的网上互动，自然也是一种政治态度的表达。在既有的现实下，胡锦涛与网民交流的姿态应该属于一种进步和开明的表现。他的五点意见强调了对民意的重视。互联网时代为中国传统政治赋予新的意涵，只要到互联网上去，就能体会民之所欲，让决策者有了正确决策的参考与选择。"③ 这一新的形势要求执政党必须掌握与之相适应的能力。因此，"拥有适合媒体社会的交流能力"应该成为网络党组织建设的能力要求。

第一节　把握媒介交流能力的内涵

曼纽尔·卡斯特指出："媒体通过把政治纳入其电子空间，决定性地塑造了政治的过程、资讯和结果，至于某一个资讯的实际目的和效果如

① ［德］托马斯·迈尔、郭业洲、陈林：《热话题与冷思考：关于媒体社会中政党政治的对话》，《当代世界与社会主义》，2000年第4期。

② 《唱响奋进凯歌 弘扬民族精神——记胡锦涛总书记在人民日报社考察工作》，《人民日报》，2008年6月21日。

③ 蒋淑媛：《网络媒介社会功能论》，新华出版社2011年版，第66页。

何，则无关紧要。这并不是说媒体就是政治，因为政治选项确实千差万别，而差异性往往至关重要。然而，政治计划和政治人物一旦进入媒体空间，就会按照一种特殊的方式来塑造了。”① 媒介交流能力就是这种“特殊的方式”塑造的一个必然结果。作为一个系统概念，媒介交流能力包含了思维、语言、情感、形式等诸多内在要素。要着力提升执政党的媒介交流能力，就必须准确把握这一能力构成要素的主要特征与精神特质。

一、思维观念

思维观念是能力的核心要素和精神反映，是组织话语的观念体现。“当一个结构有序、紧密联系、为人接受的组织现实的观点得到表达，而与之对立的观点被系统地排除在外时，居支配地位的权力旨趣就发挥了作用。由于矛盾的和对抗的声音在意识形态上被掩饰了起来，因而组织现实似乎往往是在意见一致的情况下形成的。这并不意味着其他关于现实的观点不能得到表达，而是处于对立面的群体通常很少有能力使意义‘具有粘附力’。正是通过结构形成的过程，话语才成为组织现实的构成要素。”② 具体来说，思维观念反映了政党组织主体的世界观，即政党组织的活动主体如何看待宣传教育客体的问题。在现实党的活动中，主客体的关系是由组织体系内部的上下等级关系所确定，上级组织拥有信息的主导权和实施组织压力的制度优势，下级组织和成员一般是作为信息单向传递的末端接收者，上下级关系表现为强烈的依附性特征。塑造这一特征的根本原因主要表现在两个方面：

一是组织体系的制度要求。党的宣传教育活动作为组织向内部成员灌输组织理念、团结组织成员的重要方式，主要是通过组织内部自上而下的权力体制实现的。“等级制度正是这样一个概念，它通过在组织实践中的例示而成为组织形成的具体的、明确的一部分。等级制度的符号/概念的构成方式会导致出现这种情况，即等级制度本身支配着组织实践的结构形成。由于重要的事件必定同组织中的等级制度相关——事件的重要程度同

---

① ［美］曼纽尔·卡斯特著，曹荣湘译：《认同的力量》，社会科学文献出版社2006年版，第370页。

② ［美］丹尼斯·K. 姆贝著，陈德民、陶庆、薛梅译：《组织中的传播和权力：话语、意识形态和统治》，中国社会科学出版社2000年版，第110页。

作出决策的层次成正比，所以管理层的利益总能在这一过程中得到满足。”[①] 这一方式也正是列宁式的布尔什维克政党的内在要求。一方面，列宁认为，无产阶级政党应该首先是一个以革命活动为职业的人的革命家组织。其“唯一严肃的组织原则是：严守秘密，极严格地选择成员，培养职业革命家。只要具备这些品质，就能保证有一种比‘民主制’更重要的东西，即革命者之间的充分的同志信任。而这种更重要的东西对我们来说是绝对必要的，因为在我们俄国是根本不可能用普遍的民主监督来代替它的”。[②] 因此，作为掌握了社会发展前进真理的革命家应当既以理论家的身份，又以宣传员的身份，既以鼓动员的身份，又以组织者的身份，“到居民的一切阶级中去”。[③] 另一方面，经常性的教育活动，可以起到组织团结的目的。“我们对开展宣传、鼓动和组织方面的正常工作的意义愈是重视，我们同宗派主义、小组习气和计较地位离得愈远，我们就愈是应当努力使党员之间的意见分歧能够心平气和地进行实质性的讨论，使这些意见分歧不至于妨碍我们的工作，不至于打乱我们的活动，不至于阻碍我们的中央机关正常地履行职责。”[④] 当无产阶级政党掌握了国家政权以后，政党组织的成功革命经验就成为重要的路径依赖。可以说，党的宣传教育活动的主客体依附关系是现实物理环境中组织得以运转的内在要求和根本运作方式。

二是组织体系的价值要求。党的宣传教育活动主客体的依附性在更深层面反映了组织体系的价值要求，即党的宣传教育活动的主体是以相对于客体的真理掌握者而存在的。在上下等级关系中，实施者作为党的宣传教育活动的主体肩负着教育、引导教育客体的命定使命，被动者作为党的宣传教育活动的客体被赋予了接收教育改造的身份标定。这是科层官僚组织的普遍性要求。“随着组织的发展，它不仅面临更为复杂、难度更大的行政管理上的事务，而且随着这些事务愈来愈庞杂和专业化，处理它不再是

---

① ［美］丹尼斯·K. 姆贝著，陈德民、陶庆、薛梅译：《组织中的传播和权力：话语、意识形态和统治》，中国社会科学出版社2000年版，第77页。

② 列宁：《怎么办？——我们运动中的迫切问题》（1901年秋—1902年2月），《列宁全集》第6卷，人民出版社1961年版，第134页。

③ 列宁：《怎么办？——我们运动中的迫切问题》（1901年秋—1902年2月），《列宁全集》第6卷，人民出版社1961年版，第79页。

④ 列宁：《俄国社会民主工党总委员会文献》（1904年），《列宁全集》第8卷，人民出版社1961年版，第116页。

轻而易举的事情。随着组织的快速发展，不仅管理事务的数量在增加，而且处理这些事务需要更专业化技能，后者最终促使组织功能不断走向分化。从理论上讲，按照规定，领导人的所作所为都是在普通成员的密切监视下的，他只是一个按照明确要求行事的雇员而已，他必须按照大众的指令办事，他仅仅是一种执行机构而已。然而事实却是，随着组织规模的日益庞大，大众对它的控制便越来越徒有虚名。普通成员不得不放弃自己行使管理职能或监督整个管理过程，而不得不将这些职能委托给那些值得信赖的专业领薪官员。而普通成员惟一能做的就只有接受最终的工作报告，以及偶尔任命特别的调查委员会。造成这种结果的原因并非是由于组织本身的运行规则发生了实质性的改变。一位纯粹的雇员逐渐变成了‘领导者’，获得了他本不应该获得的行动自由，领导者很快习惯了将关键事务包揽在自己身上，并在许多问题上，在未事先征得组织成员同意的情况下，就做出决定。显然，对领导人的民主控制不断式微，甚至于微不足道。在所有社会主义政党组织中，越来越多的功能从由选举产生的代表大会上分化出来，并由专门的行政委员会掌握，一座形象威严、结构复杂的权力大厦就这样被树立起来。组织内的劳动分工愈来愈明显，行政权威在功能上也不断趋于分化，一个责任明确的等级化官僚体制就这样产生了。在一套刻板的有关党内纪律的规定中，严格遵守政党等级规则成为最基本的要求。由于技能上的分化导致了等级体系的产生，这种等级体系也是政党机器能够顺利运行的必备条件。”① 这一组织要求在列宁所创建的布尔什维克政党以来就一直成为无产阶级政党生存发展的核心价值。列宁认为，工人并不能自发地变成社会主义者，而只能自发地成为工联主义者；社会主义只有依靠中产阶级知识分子从外部灌输给他们。“我们说，工人本来也不可能有社会民主主义的意识。这种意识只能从外面灌输进去，各国的历史都证明：工人阶级单靠自己本身的力量，只能形成工联主义的意识，即确信必须结成工会，必须同厂主斗争，必须向政府争取颁布对工人是必要的某些法律，如此等等。而社会主义学说则是从有产阶级的有教养的人即知识分子创造的哲学理论、历史理论和经济理论中发展起来的。”② 因

① ［德］罗伯特·米歇尔斯著，任军锋等译：《寡头统治铁律——现代民主制度中的政党社会学》，天津人民出版社2003年版，第29—30页。

② 列宁：《怎么办？——我们运动中的迫切问题》（1901年秋—1902年2月），《列宁全集》第6卷，人民出版社1961年版，第29页。

此，“阶级政治意识只能从外面灌输给工人，即只能从经济斗争外面，从工人同厂主的关系范围外面灌输给工人。只有从一切阶级和阶层同国家和政府的关系方面，只有从一切阶级的相互关系方面，才能汲取到这种知识”。[①] 对此，乔治·萨拜因这样评价，列宁“习惯于认为革命乃是必须‘从外部’向群众灌输的某种东西，而且也乐于相信除非在知识分子的领导下，否则人民大众就是浑浑噩噩、麻木不仁、毫无头脑的群氓”。[②]

但是，在网络虚拟空间领域，决定党的宣传教育活动中主客体关系的思维观念，由于信息网络技术的社会性特征而发生了深刻变化。一方面，信息网络技术破坏了传统组织宣传教育活动的物理结果，“使私人地点更易于为外部世界所接触，从而将其变成较为公开的地点。汽车立体声收录机、手表电视、个人音响系统，如索尼‘随身听’，使公共空间私人化。通过这种媒介，无论在任何地方发生的任何事情，都可以‘发生’在我们所处的任何地方”，[③] 从而削弱了科层组织中官僚等级对信息的管控力度，降低了上级的权威。“互联网骨子里就带有煽动性。它破坏人们对集权的肤浅尊重，而不管那个‘权威’是如何的与广告宣传的声音或是企业年度报告虚情假意的花言巧语一致。”[④] 另一方面，信息网络技术的开放性打破了现实物理环境中组织结构的封闭性，使得组织成员的交流不仅在组织内部得以突破自身范围的界限，“在资本与信息这两方面，具有面对面交流与相互关系的地方性丧失了优势，一旦运输的种种麻烦及其高额成本不复存在，那种非直接的、需要中介的、并非面对面交流的相对迟缓性不复存在，地方性就丧失了相对于远方之优势。……地方性曾经拥有的庞大的‘控制权’，一夜之间便丧失殆尽。它不再是完备、自足的经济和文化的意义场”。[⑤] 而且在更广泛的范围内实现了组织成员与非组织成员的内外交

---

① 列宁：《怎么办？——我们运动中的迫切问题》（1901 年秋—1902 年 2 月），《列宁全集》第 6 卷，人民出版社 1961 年版，第 76 页。

② ［美］乔治·萨拜因著，邓正来译：《政治学说史》，上海人民出版社 2010 年版，第 499—500 页。

③ ［美］约书亚·梅罗维茨著，肖志军译：《消失的地域：电子媒介对社会行为的影响》，清华大学出版社 2002 年版，第 108 页。

④ ［美］里克·莱文、克里斯托弗·洛克、道克·希尔斯、戴维·温伯格著，江唐、丁康吉译：《线车宣言：互联网的 95 条军规》，中国青年出版社 2010 年版，第 94 页。

⑤ ［英］齐格蒙·鲍曼著，洪涛、周顺、郭台辉译：《寻找政治》，世纪出版集团、上海人民出版社 2006 年版，第 112 页。

流，“电子媒介所形成的日趋同化的信息网络，为个体提供了相对完整的社会观点，以及检测自己命运的更广泛的领域。按照乔治·赫伯特·米德的说法，电子媒介改变了一个人的‘一般化他人’，也就是其他人如何看待和评价这个人行为的一般感受”，[①] 从而使得组织的体制作用受到极大影响。同时，网络技术的节点生存特点，又打破了现实物理环境中组织成员作为组织系统内部构成单元的性质，使得组织成员在获取信息的同时，又都能够成为新的信息源点和组织源点，由此导致在网络虚拟空间领域主客体关系剧烈变化，并随之产生形成了“网络化思维”。这种诞生于信息网络空间的思维方式，与其说是“一种创造性思维，不如说是一种全新的思维”。[②] 这种新的思维方式需要新的组织形式与之相适应。然而，“我们仍然在使用陈旧的、前电力时代那种支离破碎的时间模式和空间模式来思考问题”。[③]

因此，要提升执政党的媒介交流能力，必须适应组织宣传教育活动物理空间由封闭转向开放、由接受教育转向寻求平等的新变化。“观念共享以及更加公共的场景造成了原来孤立、不同的群体成员开始要求‘平等’的权利和待遇”，[④] 以树立一种新的思维体系和价值体系。

二、语体符号

组织符号体系包括神话、故事、传说、笑话、仪式、标识语等。[⑤] 语体符号既是组织符号体系的语言表征，通过语体符号的固定表达，能够形成和固化组织成员稳定的思维习惯。“成见系统一旦完全固定下来，我们的注意力就会受到支持这一系统的事实的吸引，对于和它相抵触的事实则

① ［美］约书亚·梅罗维茨著，肖志军译：《消失的地域：电子媒介对社会行为的影响》，清华大学出版社2002年版，第111页。

② 唐魁玉：《网络化的后果——日常生活与生产实践的变迁》，社会科学文献出版社2011年版，第29页。

③ ［加拿大］马歇尔·麦克卢汉著，何道宽译：《理解媒介：论人的延伸》，译林出版社2011年版，第5页。

④ ［美］约书亚·梅罗维茨著，肖志军译：《消失的地域：电子媒介对社会行为的影响》，清华大学出版社2002年版，第111页。

⑤ ［美］丹尼斯·K. 姆贝著，陈德民、陶庆、薛梅译：《组织中的传播和权力：话语、意识形态和统治》，中国社会科学出版社2000年版，第8页。

会视而不见。”① 在媒介交流的过程中，交流双方所传递的一切符号，包括印刷符号、语音和动作都被赋予了特别的意义。“交流者总是揣测符号背后的含义；不是揣测符号的含义，而是揣测符号使用者的意思。更准确地说，那就是从符号的含义去推测对方想要表达的意义。”② 可以说，在传播关系中，交流双方总是在用“第三只耳朵”来听弦外之音。获取政权的政党总是借助于一些共有的象征符号来整合社会的分散意见，形成“共有意识”。正如李普曼所言：“当政党或报纸宣称支持崇美主义、进步主义、法律和秩序、正义、人道时，它们希望的是调和互相冲突的各派的感情，如果没有这些象征，而是邀请各个派别讨论某一具体问题，它们肯定会分道扬镳。如果在某个象征的周围形成了一种联合体，人们的感情就会倾向于在象征下达成一致，而不再挑剔达成一致的条件。我想，使用这些象征性的短语很是便利，在技术上也很恰当。它们不代表具体的观念，而是意味着观念之间的休战或者融合。它们像个战略铁路枢纽，汇聚着许多线路，而不管它们最初始于何处，最终目的地又是哪里。谁抓住了这些能够将目前的公共感情包容起来的象征，谁就控制了制定公共政策的大多数机会。只要某一特定的象征具有联合的力量，那些踌躇满志的派别就会为占有这个象征而争斗。”③ 因此，通过媒介化的表象，不同的社会传播技术形成了不同的社会关系的组织模式，并且对社会的象征进行了再生产。

在现实环境中，党的宣传教育活动是作为增强组织团结，提高组织执行力的宣传灌输活动而实施的。拉斯韦尔认为，“所谓宣传，其实就是思想对思想的战争。”④ 因此，“宣传体”成为现实宣传教育的主要语言形式。这一语言形式最大的特征就是把宣传教育的客体作为理性尚未觉醒的对象来对待，由此表现出重等级、重权威的强势语言形式和风格。中国共产党在长期的革命、建设和改革历史中所形成的一系列符号象征，正是通过在日常的宣传交流中团结、动员社会。“以名誉、光荣和爱国主义作为号召，

---

① ［美］沃尔特·李普曼著，阎克文、江红译：《公众舆论》，世纪出版集团、上海人民出版社 2006 年版，第 89 页。

② ［美］威尔伯·施拉姆、威廉·波特著，何道宽译：《传播学概论》，中国人民大学出版社 2010 年版，第 4 页。

③ ［美］沃尔特·李普曼著，阎克文、江红译：《公众舆论》，世纪出版集团、上海人民出版社 2006 年版，第 154 页。

④ ［美］哈罗德·D. 拉斯韦尔著，张洁、田青译：《世界大战中的宣传技巧》，中国人民大学出版社 2003 年版，第 23 页。

最有可能影响到组成群体的个人，而且经常可以达到使他慷慨赴死的地步。”① 而这种象征形成的背后则是社会技术的高度支撑。“书籍和报纸具有一种天然的动力，这就是形成以集中化模式为基础的、全民族统一的观点。因此，凡是有文化的人都渴望用统一的平行模式和同质模式，把最开明的思想推进到‘最落后的地区’，灌输给最缺少墨水的脑子里。”② 通过一系列的口号宣传、群众运动，一种集体激情和集体意识开始形成。“所有群众运动都会激起其追随者赴死的决心和团结行动的意愿；不管它们宣扬的主张或制定的纲领为何，所有群众运动都会助长狂热、激情、热望、仇恨和不宽容；所有群众运动都能够从生活的某些部门释放出强大的动能；它们全都要求信徒盲从和一心一意效忠。”③

但是，信息网络技术的发展和运用，削弱了组织内部等级结构的同时，又塑造了一个以展现个性为突出特征的新社会群体。“公开场景和私下场景的融合使得过去正式群体成员之间的区别和社会化进入某一群体的阶段，以及外人的状态变模糊了。通常，社会化进入某一群体中，其个人首先学习该群体的理想（如前台的行为），然后随着社会化的进程，他们可以更多地接触到后区。但是，电子媒介改变了信息的顺序和数量。个体在成为某一群体的真正成员之前，就知道了该群体的许多后区行为。结果就是绕过了受控接触的各个阶段。部分社会化的成员和外人获得足够多的‘有害的’信息，逐渐破坏着群体的角色和行为。”④ 对组织内部信息的提前获取和认知，以及组织内部成员角色的进一步社会化，引起了维系现实组织运转的一系列符号表达的内涵和方式的变化。执政党在网络虚拟空间的交流能力也必须随之调整，以适应新的媒介交流环境的要求。网络媒介交流的语体风格主要是由网络的娱乐性特征决定的。对于大多数上网的人群来说，寻求娱乐是网上活动的主要内容之一。由此，使得网络空间领域呈现出泛娱乐化的倾向，最强烈而深刻地塑造了网络独有的“娱乐体”语

---

① ［法］古斯塔夫·勒庞著，冯克利译：《乌合之众——大众心理研究》，广西师范大学出版社2007年版，72页。

② ［加拿大］马歇尔·麦克卢汉著，何道宽译：《理解媒介：论人的延伸》，译林出版社2011年版，第280页。

③ ［美］埃里克·霍弗著，梁永安译：《狂热分子：群众运动圣经》，广西师范大学出版社2011年第2版，第17页。

④ ［美］约书亚·梅罗维茨著，肖志军译：《消失的地域：电子媒介对社会行为的影响》，清华大学出版社2002年版，第132页。

言。网络“娱乐体”以其诙谐幽默、奇幻出位、多变速成、吸引眼球的语言风格隐含着深刻的社会心理需求，即打破常规、藐视权威、张扬自我、崇尚平等。可以说，网络“娱乐体”的语言风格反映了网络无权威的虚拟社会特性。“超文本天生就是不分等级和反官僚作风的，它并不会强化员工的忠心和服从，反而会鼓励员工遐想和闲聊，会鼓励逸闻趣事的流传。”① 因此，“我们若想以它们为手段去影响群体，我们必须搞清楚某个时候群体赋予它们的含义，而不是它们过去具有的含义，或精神状态有所不同的个人给予它们的含义”。② 这就要求网络党组织教育活动的开展，必须改变现实宣传教育的说教性的“宣传体”语言风格，适当吸引和借鉴网络“娱乐体”的语言风格和内容，转变教育观念和态度，真正在融入网络生活的过程中，通过吸引和团结网民来扩大执政党的思想影响力。

三、情感情绪

党的宣传教育是以人为目标的活动。这就要求宣传教育必须具备丰富的情感情绪，以调动教育对象的积极性，达到教育主客体的情感共鸣。“公众不是被逻辑所征服，而是被故事所说服的。”③ 只有在宣传教育活动中注入深沉的感情，才能从情感而非理智上影响公众。具体来说，影响主客体情感共鸣的因素很多，一般来说主要取决于以下三个方面的因素：

一是教育主客体利益诉求的一致性，这是情感共鸣的物质条件。没有共同的利益需求（无论是物质的还是精神的），情感共鸣就不可能长久持续。二是教育主客体情感需求的共通性，这是情感共鸣的心理因素。主客体的情感需求是由共同的价值理念决定的，没有对价值理念的共同追求，就不可能达到主客体的心理共振。“要让一个人产生自我牺牲精神，必须撕去他的自我同一性和特殊性。不能再让他是个乔治、汉斯、伊凡或多田男，也就是不能让他是个由生与死两端所限制住的一个人类原子。达成这个目标最激烈的方法，是把一个人完全同化到集体之中。被完全同化到集

---

① ［美］里克·莱文、克里斯托弗·洛克、道克·希尔斯、戴维·温伯格著，江唐、丁康吉译：《线车宣言：互联网的95条军规》，中国青年出版社2010年版，第20页。

② ［法］古斯塔夫·勒庞著，冯克利译：《乌合之众——大众心理研究》，广西师范大学出版社2007年版，第115页。

③ ［美］哈罗德·D. 拉斯韦尔著，张洁、田青译：《世界大战中的宣传技巧》，中国人民大学出版社2003年版，第37页。

体里去的个人不会把自己或别人视为人类。”[①] “互联网的精神魅力就在于，它预示着这种富有人情味的声音回到了我们身边。”[②] 三是教育主客体环境塑造的同一性，这是情感共鸣的氛围因素。以具有丰富情感的人为对象的宣传教育对环境氛围的塑造具有极高的要求。一般来说，热烈激昂的氛围往往比较容易使主客体之间达成情感共鸣。就现实环境中的宣传教育而言，主客体的情感共鸣主要是以身体在场的面对面为中介形式达到的。这对教育主体的人格魅力提出了较高要求。“对群众运动来说，‘戏剧元素’大概会比任何其他方法发挥更持久的作用。毫无疑问，通过举办游行、检阅、仪式和典礼之类的活动，一个群众运动可以引起每一个心灵的共鸣。哪怕最冷静的人也会因为看到壮观的群众场面而动容。参与者和旁观者都会感到溢于言表的欢欣雀跃。失意者大概要比自足者更易于受群众力量与光辉的感染。这是因为，逃离自我的渴望会让失意者极愿意在壮观的群众场面中隐没自己。”[③] 而在网络虚拟空间，媒介交流是在开放性的散点分布的网络民众中进行的，要想达到主客体的情感共鸣，更多的是通过教育主体的意见表达来实现的。因此，塑造意见领袖型的网络党组织就成为沟通主客体情感的重要途径。

四、形式方法

党的宣传教育采取何种形式方法实质上反映了宣传教育的价值取向，是媒介交流能力思维方式的实践表征。

在现实宣传教育环境中，由于宣传教育的组织者和实施者依托的是形成于工业时代的组织体系，这一组织体系在思维指导和组织机制上具有极强的线性特征，表现出垂直单一、自上而下的信息传递模式。因此，在现实环境中，宣传教育的主体与客体并不具备主客体平等交流的内在精神需求，从而使宣传在具体的组织实施过程中，主要依靠以报纸、电台、电视等为代表，蕴含着权威和教化使命的信息载体作为具体的形式方法。“每

① ［美］埃里克·霍弗著，梁永安译：《狂热分子：群众运动圣经》，广西师范大学出版社2011年第2版，第89页。

② ［美］里克·莱文、克里斯托弗·洛克、道克·希尔斯、戴维·温伯格著，江唐、丁康吉译：《线车宣言：互联网的95条军规》，中国青年出版社2010年版，第124页。

③ ［美］埃里克·霍弗著，梁永安译：《狂热分子：群众运动圣经》，广西师范大学出版社2011年第2版，第95页。

一个个体都是单独地面对报纸和电视，并独自对报纸和电视的信息和建议作出反应。相互交流的人们之间的双向关系被读者与报纸或观众与电视之间的单向关系所取代，在这种单向关系中，个体可以看或听，但没有回应的机会。即使当他直接参与到他可以使用其回答权力的场合，这些场合也往往是对他不利的。对报纸的评论、电视屏幕上的形象或收音机里的声音表示赞成、讥笑、否定、纠正或回应都是不可能的。所有这一切都意味着，现在我们只能被动地受它们的控制，屈从于印刷出来的东西或拍摄下来的形象之权威，当读者、听众或观众的孤立意味着他不能了解有多少人分享或反对他的观点时，情况更是如此。不平等变得愈加严重；不平衡则意味着尽管有时读者对报纸会有影响，但报纸对读者的影响却是经常性的。也许有一两个例外，但总的规律是交流已变得两极分化，并且越来越向单向交流而不是双向交流的方向发展。”① 之所以这样，是因为任何组织都有一个目标，而要实现这个目标必须进行组织内部的信息交流和组织与其外部环境的信息交流。没有这些交流，任何组织都将一事无成。为了实现组织自己的目标，组织就离不开发文和开会。“组织中等级制度的这种符号构成方式最明显地体现在‘会议’这一概念中。会议被认为是组织生活必要的广泛的特征——要作出决定或实现目标，人们就必须参与这种形式的活动。虽然这只是会议举行的表面理由，但它们却起着组织权力中最明显、最重要的作用。它们充分说明了权力的符号结构的优点，也是组织中等级制度具体化的实例。由此看来，会议之所以重要，主要并不在于其内容，而在于它为构成组织结构的各成员提供了讨论各种问题的环境。会议的象征意义也就在于组织的等级制度中握有权力的人可以用它来展示权力，从而加强其地位。”② 从信息交流的角度看，发文和开会是组织管理中两种不可缺少的形式，而文件和会议在很大程度上可以说是组织存在和发展的象征。

中国共产党的宣传教育活动主要以会议宣传为主。会议成为党组织宣

① ［法］塞奇·莫斯科维奇著，许列民、薛丹云、李继红译：《群氓的时代》，江苏人民出版社2006年版，第259页。

② ［美］丹尼斯·K. 姆贝著，陈德民、陶庆、薛梅译：《组织中的传播和权力：话语、意识形态和统治》，中国社会科学出版社2000年版，第77页。

传教育活动最常见的形式之一。[1] 学者彭继红对中国共产党在农村的会议宣传进行了深入研究。一般来说，其会议宣传路径是这样的：党中央的决策出台后，往往要召开从中央到地方的三级干部会议进行传达，先是政治局会议—中央全会—省三级干部会议，然后是由省—地—县三级主要领导出席的干部会议，接下来各县也要召开县—区—乡（村）三级干部会议。参加县三级干部会议的乡（区）村主要领导回到基层后，一般也要召开基层会议，参加者包括村里的党员干部、青年团和妇联干部等基层骨干和政治积极分子。在乡（村）各种会议上，通常有下乡干部参加，指导、部署本村贯彻实施中央精神的具体行动方案。这样，中央会议的精神和内容往往很快便可通过这些扩大的三级干部会议传达到基层。“会议提供了一种符号环境，组织成员能够在其中通过他们在等级制度中的地位向其下属展示他们的领导地位”，[2] 并要求与会者都要通过各种形式的公开表态，达到与中央在思想和话语表达上的高度一致。

但是，信息网络技术的广泛运用及其对社会生活中的组织和个体的影响，通过信息获取方式的深刻变革，强有力地改变了教育的主客体关系，在网络虚拟空间领域真正构建起了主客体之间的平等交流关系。“信息革命从一定程度上成功地削弱了集中的、基于组织的信息流动水平，它会满足自我选择、分化以及能够使信息破碎化。不断增长的个性化信息环境能够促进自主的、个性化建构的自由。这种自由更加独立于源于某个特别地方的，以及源于各种制度构成的域内交互的社会价值观和日程的力量。”[3]

---

① 彭继红研究了中国共产党在农村的政治意识形态宣传时指出，会议宣传主要有以下四种类型：一是传达性会议。这种会议主要是传达文件、指示、布置任务以及报告会等。一般采用口头形式传达。以语言为载体的这种会议传达，避免了人际间多次传递可能造成的误差，提高了宣传的效率和质量。二是部署性会议。这也是基层决策性会议，一般经过讨论、协商，甚至争论，最后形成具体的行动计划。三是动员性会议。动员会议有很多，可以是誓师会、庆祝会、纪念会、欢迎会、声援会等。动员会议的规模和声势比其他会议要大，会议的气氛也比较热烈，具有很强的政治性和宣传鼓动性。四是总结性会议。一项任务告一段落之后，都要由主要责任者和重要的参与者分析整个决策执行过程的情况，反馈给上级机关。其目的在于总结过去的工作，确定未来努力的方向。参见《中国共产党意识形态工作研究（1949—2009）》，湖南大学出版社2011年版，第95页。

② ［美］丹尼斯·K. 姆贝著，陈德民、陶庆、薛梅译：《组织中的传播和权力：话语、意识形态和统治》，中国社会科学出版社2000年版，第78页。

③ ［美］宾柏著，刘钢等译：《信息与美国民主：技术在政治权力演化中的作用》，科学出版社2011年版，第234页。

由此决定了，网络教育的组织实施，必须采取符合网络成员平等价值需求的形式载体。正如拉斯韦尔所言：“成功的宣传依赖于传统的偏见、国家之间的客观联系和公众应激性的变化程度。无论宣传者在人员组织、建议选择和传播工具运用方面的技巧多么娴熟，如果缺乏有利的社会力量的帮助，其操作技巧将毫无用武之地。”①

因此，忽视了网络环境与现实环境中宣传教育的这种差别，就只能是缘木求鱼。可以说，网络虚拟空间的开放性、交互性与自由流动性，要求教育者必须把教育的客体作为平等的交流对象，采取对话、沟通、倾听和互动的方式方法，真正与交流对象建立起心理和精神上的情感共鸣与价值默契。

第二节　增强媒介交流能力的意义

“大众媒体是为大众进行信息和符号沟通与传递的体系。媒体的功能就是为社会个体成员提供娱乐、信息和教育，并向其灌输特定的价值观、信仰和行为准则，以便其融入社会整体。”② 网络虚拟空间作为执政党开展宣传教育的新场阈，其特殊性就在于由信息网络技术的开放性而带来的信息获取、教育的主客体关系、教育环境等方面的深刻变化。电子技术对人类交往的贡献是革命性的。电报、电话、广播、电视构成了一个新的公共交流传播系统，它们使人们的交流范围更加扩大，同时交流的时效获得了空前的提高，直到逼近、达到无时差的即时转播境界。不过，在网络出现以前，无论是通讯社、报纸杂志，还是广播、电视，它们的传播方式都是单向的，即它们是信源，受众是信宿。但是，随着网络的出现，信息制造、传播、储存和应用的权利开始真正向大众转移。③ 这一革命性变化要求执政党必须具备与网络虚拟环境的媒介交流相适应的能力。因此，提升党的媒介交流能力应该基于以下三个方面的深刻转变。

---

① ［美］哈罗德·D. 拉斯韦尔著，张洁、田青译：《世界大战中的宣传技巧》，中国人民大学出版社 2003 年版，第 159 页。

② ［美］爱德华·S. 赫尔曼、诺姆·乔姆斯基著，邵红松译：《制造共识：大众传媒的政治经济学》，北京大学出版社 2011 年版，第 1 页。

③ 戴永明、蒋恩铭主编：《网络伦理与法规》，福建人民出版社 2005 年版，第 26 页。

一、信息获取方式的转变，促成了组织与个体共享信息的新局面

信息管理方式是社会结构的必然产物。“没有一个信息能够脱离社会结构，或者脱离信息传播者和信息接受者共处的具体环境。信息的存在方式绝不仅仅是信息本身：信息总是处在传播者和接受者双方的互动关系当中。”[①] 信息管理是组织权力运行的主要手段。“管理人员通过在技术理性的范围内制定计划一切而维持着权力，并从而系统地把其他的组织观点排除在外。例如，把别的组织成员排除在决策过程之外被认为是正当的，理由就是没有几个人拥有为作出重要的决策所需要的或充足的信息来源。技术理性的意识形态从而提供了这样一种手段，通过它现在的权力结构得以维持和再现。”[②] 与此同时，这种信息管理权力的作用，还在于不断使组织成员“组织化”。“组织中权力的行使就是一个群体得以以自己的旨趣对其他群体的旨趣（需要、利害关系、世界观）进行框定。换言之，掌握权力的群体对组织的一切活动提供参照框架。据此，权力的使用与组织的意义形成密切联系在一起，而后者在很大程度上受到传播过程的限定。”[③]

信息网络技术的发展和应用促进了信息获取方式的转变，改变了现实媒介交流中信息的单一组织传递渠道，形成了组织与个体共享信息的新局面。曼纽尔·卡斯特指出：“新沟通系统彻底转变了人类生活的基本向度：空间与时间。地域性解体脱离了文化、历史、地理的意义，并重新整合进功能性的网络或意象拼贴之中，导致流动空间取代了地方空间。当过去、现在与未来都可以在同一则信息里被预先设定而彼此互动时，时间也在这个新沟通系统里被消除了。流动空间与无时间之时间乃是新文化的物质基础，超越并包纳了历史传递之再现系统的多种状态：这个文化便是真实虚拟之文化。”[④] 无论是现实物理环境中的宣传教育还是网络虚拟空间中的宣

---

① ［英］安德鲁·查德威克著，任孟山译：《互联网政治学：国家、公民与新传播技术》，华夏出版社2010年版，序言，第1页。

② ［美］丹尼斯·K. 姆贝著，陈德民、陶庆、薛梅译：《组织中的传播和权力：话语、意识形态和统治》，中国社会科学出版社2000年版，第7页。

③ ［美］丹尼斯·K. 姆贝著，陈德民、陶庆、薛梅译：《组织中的传播和权力：话语、意识形态和统治》，中国社会科学出版社2000年版，第8页。

④ ［美］曼纽尔·卡斯特著，夏铸九等译：《网络社会的崛起》，社会科学文献出版社2001年版，第465页。

传教育，组织信息是教育的关键和核心。通过对组织信息的内外分隔，组织塑造了内部成员与“外人”角色区别。戈夫曼认为，所谓的“内部秘密”标志着个体是某一群体的成员，并能帮助该群体成员感到独立并区别于那些“不知内情”的个体。内部秘密赋予主观感受到的社会距离以客观的理性内容。社会机构内部的几乎所有信息都略有这种排外功能，而且可以说，这并不是某个个人的事情。[①] 可以说，谁掌握了组织信息，谁就能占据主动。“政治话语是价值和选择性的产物，至多是可以验证的‘客观’观察，它由信息和其他因素混合而成。”当信息获取方式发生转变时，就会通过改变信息管理的场景模式，在客观上促使宣传教育方式的转变和角色的变化。“不同的社会群众，不同的社会阶段以及不同的权力阶层，有着各不同的传统观点，这种差异是由人们不同的社会经历造成的。被分隔在不同的场景（或不同的场景集合）中的人们会形成不同的世界观，人们的行为在‘台前’和‘幕后’可以完全不一样，人们可以表演补充的角色，而不是互换角色。这种场景的区分是由于文字和印刷材料的传播而形成。基于人们阅读能力及文化的素养的差异，他们则分别属于不同的信息社会。这种场景的区分同时也是由于不同的人群被隔离在不同的地方，且在某个具体地方有着具体而有限的经历，这就产生了不同的社会身份。而电子媒介将许多不同类型的人带到相同的‘地方’，于是许多从前不同的社会角色特点变得模糊了。由此可见电子媒介最根本的不是通过其内容来影响我们，而是通过改变社会生活的‘场景地理’来产生影响。”[②]

在现实物理环境中的宣传教育中，教育的信息资源主要是通过科层制的组织渠道进行单向度的传播。在这一传播渠道中，信息呈现出自上而下的传递模式，即上级组织是下级组织和成员获取信息的主要渠道和方式；下级组织和成员在信息获取方面表现出对上级组织强烈的依附性。这种信息获取模式培育和塑造了社会的体制化思想——均质化的人。“个人作为大众一员而存在时，具有某些与他在作为孤立的个体而存在时迥然相异的特征，他有意识的个性将被群体的无意识人格所淹没。”[③] 阿诺德·盖伦认

---

① ［美］欧文·戈夫曼著，冯钢译：《日常生活中的自我呈现》，北京大学出版社 2008 年版，第 122 页。

② ［美］约书亚·梅罗维茨著，肖志军译：《消失的地域：电子媒介对社会行为的影响》，清华大学出版社 2002 年版，第 5 页。

③ ［法］古斯塔夫·勒庞著，佟德志、刘训练译：《革命心理学》，吉林人民出版社 2001 年版，第 76 页。

为，人是社会文化体制的产物，故而起强大的决定作用的乃思想的力量而不是脆弱的生物本能；也就是说，人的生存状态更多的是有赖于、并取决于社会的技术手段。这里是指广义的社会技术手段，包括语言乃至神话在内。人就是这样创造出了约定俗成的共同文化传统，而这一传统的环境就通过一定的体制而得以延续下来，于是便形成了国家、家庭、法律、经济生活，等等。是社会文化体制把自主性赋予了个人，使他得以参加到一个“秘密的协议”中来。这便是社会文化体制的作用。所谓真理，不仅仅是指通常人们所认为的“符合论”（即我们的认识与外在的对象相符合）或是“融贯论”（即我们认识的自身在逻辑上的融通一贯）的产物，而且，其更是体制这一传统所形成的习惯与信念的产物——尽管它并不具备理性上的或实验上的论据，却并不妨碍其具有不容置疑的确凿性。正是社会文化体制才形成了人们的“指导思想”和他们的行为，这是任何科学知识都无法取代的。[①] 其结果就是个体角色的个性消失。“自觉的个性的消失，以及感情和思想转向一个不同的方向，是变成组织化群体的人所表现出的首要特征。”[②]

不过，以信息技术为核心的网络的迅速普及与广泛运用，在带来急剧社会变化的同时，“人类以往备受尊敬的、习以为常的而且似乎是理所当然的种种制度、习俗、规范、思想、理论乃至感情和心态，也就被迫不断地改变自己迎接这种日新月异的挑战”，[③] 这一深刻变革强烈而坚定地改变了个体获取信息的方式。信息丰富的含义“涉及成员的性质。在传统的政治组织中，成员具有以下几个特征：明确的时段、交纳费用、选择性的利益。……在信息丰富的条件下，详细的信息交换变得容易而且通信成本低廉，成员的以上这三种特征都会改变。当组织可以确认利益人群并以低廉的边际成本和他们进行通信时，由接收者付款的激情便会减低。类似的，市民也不会上当了，这是因为考虑到与某个团体或集体通信需花费努力和

---

① ［德］阿诺德·盖伦著，何兆武、何冰译：《技术时代的人类心灵——工业社会的社会心理问题》，世纪出版集团、上海科技教育出版社 2008 年版，中译本序，第 9 页。

② ［法］古斯塔夫·勒庞著，冯克利译：《乌合之众——大众心理研究》，广西师范大学出版社 2007 年版，第 46 页。

③ ［德］阿诺德·盖伦著，何兆武、何冰译：《技术时代的人类心灵——工业社会的社会心理问题》，世纪出版集团、上海科技教育出版社 2008 年版，中译本序，第 11 页。

付出成本的缘故，选择性利益的需要在动员他们参与和参加的行为中的作用也被削弱了。信息丰富意味着可能会导致政治成员不选择那么科层制的形式”。[①] 网络信息的自由流动使得每个人都可能在成为信息源点的同时，又能够根据自身需求进行有选择的信息摄取。“与人们相对被动使用的广播媒体比较，网络空间是一种更为互动和参与的传播系统，在这里，处于优势地位者不能强行让讨论就此结束。”[②]

可以说，网络虚拟空间带给组织宣传教育最核心、最本质的影响就是改变了信息的获取方式。“与传统媒体不同，网络看起来特别适合将简单而强有力的理念扩散开来，从而使得社会关注具体化。从这个意义上讲，互联网颠覆了20世纪80年代确定的一些趋势——在那个时期，电视政治固定了下来。……不管西方国家的政治中是否有了根本性质的变化，可以清楚看到的是，互联网降低了专门技术和专业知识的层次，这是政治诉求中文化形式的结果；缩小了反对声音与权势集团制造的制度信息之间的传统差距。”[③] 信息网络技术的这一内在变革性要求，使现实组织体制内处于信息传递末端的组织和成员对信息传递上端的组织的依附性，一变而为组织和成员通过网络信息的迅捷传递，形成了网络宣传教育中组织与个体共享信息的新局面。“信息的传播意味着权力分布将更广泛，非正式网络将削弱传统官僚体制的垄断。互联网时代的速度意味着所有政府对议程的控制都将减弱。政治领导人在必须对事件作出反应之前享有的自由度会降低，他们不得不与更多行为体分享舞台。”[④] 这种新局面的出现，是在主客观基础上共同形成的。“事实上，社会能否掌握技术，特别是每个历史时期里具有策略决定性的技术，相当程度地塑造了社会的命运。我们可以说，虽然技术就其本身而言，并未决定历史演变与社会变迁，技术（或缺少技术）却体现了社会自我转化的能力，以及社会在总是充满冲突的过程

---

① ［美］宾柏著，刘钢等译：《信息与美国民主：技术在政治权力演化中的作用》，科学出版社2011年版，第97页。

② ［英］安德鲁·查德威克著，任孟山译：《互联网政治学：国家、公民与新传播技术》，华夏出版社2010年版，第8页。

③ ［英］安德鲁·查德威克著，任孟山译：《互联网政治学：国家、公民与新传播技术》，华夏出版社2010年版，第38页。

④ ［美］约瑟夫·奈著，王吉美译：《权力大未来》，中信出版社2012年版，第161—162页。

里决定运用其技术潜能的方式。”① 因此，必须正视信息获取方式深刻转变带来的社会后果，执政党必须改变自上而下进行教育灌输的传统方式，树立适应于网络虚拟环境的平等交流观念。

二、主—客体关系的转变，强化了虚拟环境主客体身份的新角色

政党组织活动中主—客关系中的角色安排，既是与社会形态相适应的组织结构体现，同时又是借助于社会传播技术而不断形成塑造起来的。“角色是通过社会制度和组织所构建的规则来界定的。它对人们行为的影响程度如何，取决于个人与这些制度和组织之间的协商和安排如何。”②

从组织结构的社会形态塑造来看，不同的社会形态决定了组织的结构和角色关系。梅罗维茨从信息传递模式的角度对此做出了解释。他认为，地点和媒介同为人们构筑了交往模式和社会信息传播模式。信息传递模式是社会状态的基本元素。一个社会中处于相同位置的人通常接触到的场景或信息系统是相似的。社会地位不同的人通常接触的社会场景不同。③ 不同个体参与的社会场景不同，其实赋予了个体的不同角色内涵和行为礼仪。简而言之，就是一个组织意义“社会化”的过程。“在应用于组织行为时，主体间意义的概念认为组织成员不断面临着这样一个信息环境，该环境对他们的组织形成过程的知觉发起挑战。对这一信息环境的处理包括在成员之间形成交感的意义，诸如对组织现实的共享的意义。一个被想当然接受的组织现实通过意义和无意义之间连续不断的运动而在组织中产生。换言之，社会行为者必须以他们已经知道的‘有意义’的东西来框定模糊的信息。而这一模糊的信息反过来又悄悄改变着行为者对‘组织现实’的知觉和定义。”④

从组织角色的传播技术塑造来看，麦克卢汉认为：“每一种形式的传

---

① ［美］曼纽尔·卡斯特著，夏铸九等译：《网络社会的崛起》，社会科学文献出版社2001年版，第8页。

② ［美］曼纽尔·卡斯特著，曹荣湘译：《认同的力量》，社会科学文献出版社2006年版，第5页。

③ ［美］约书亚·梅罗维茨著，肖志军译：《消失的地域：电子媒介对社会行为的影响》，清华大学出版社2002年版，第35页。

④ ［美］丹尼斯·K. 姆贝著，陈德民、陶庆、薛梅译：《组织中的传播和权力：话语、意识形态和统治》，中国社会科学出版社2000年版，第16页。

输都不只是简单的搬运，而且涉及发讯者、收讯者和讯息的变换和转换。任何媒介使用或人的延伸都改变着人际依存的模式。”① 在这里，传播媒介扮演的并不单纯是两个或多个环境之间传递信息的渠道，而且也是一种信息环境。这种信息环境会改变人们的信息接触模式，并会造成人们可获取信息明确程度的变化，从而将会影响到人们的行为和角色变化。正是在这一意义上，梅罗维茨指出了电子媒介给社会信息场景带来的革命性要求。他指出，过去，媒介的变化总是影响着地点之间的关系，它们影响了人们带入某些地点的信息以及在那些地点人们原有的信息。不过地点与社会场景之间的联系仍然很强。而电子媒介则更进了一步：它们几乎完全断绝了物质地点与社会“地点”的联系，不仅是简单地使我们更迅速、更详细地接近事件或行为。它们还给了我们新事件和新行为。“场景和行为的界定不再取决于物质位置。身体与某人单独在一起，并不表示在社会上也一定是单独在一起。当电话，或收音机，或电视中有其他人在‘那里’时，亲密的交往就发生了变化。电子媒介通过改变地点的信息特征，重塑了社会场景和社会身份。”②

政党组织活动中的主—客体关系，就是在上述两种因素的互动之中完成的。“不管怎样，电子媒介并没有制造社会入口：它们偷偷溜进各个地点，就像夜晚的小偷一样。孩子通过电子媒介接待的‘客人’不会被拦在门外等待房主人的许可。一旦家中有了电话、收音机或者电视，空间的隔离和入口的防卫就对信息的传递起不了任何作用。电子讯息穿过墙壁并传向远方。实际上，在我们对进入家中的电视、收音机和电话讯息还不是很习惯的时候，它可能是噩梦和恐怖电影中重复出现的主题。无论这种媒介对我们社会的影响是好还是坏，或是中性，我们的物质环境和社会环境的相互作用都是革命性的。”③ 无论承认与否，这一过程都将发生并持续不断地发生并重构组织角色的结构安排。

具体就党的宣传教育主—客体关系的构成而言，这一关系主要取决于环境和角色两个方面的因素。在现实宣传教育中，主—客体关系的形成是

---

① ［加拿大］马歇尔·麦克卢汉著，何道宽译：《理解媒介：论人的延伸》，译林出版社2011年版，第111页。

② ［美］约书亚·梅罗维茨著，肖志军译：《消失的地域：电子媒介对社会行为的影响》，清华大学出版社2002年版，第101页。

③ ［美］约书亚·梅罗维茨著，肖志军译：《消失的地域：电子媒介对社会行为的影响》，清华大学出版社2002年版，第100—101页。

建立在固定封闭的物理环境，即组织环境和固定明确的主客体身份，即组织成员身体在场的基础之上。这两个基础因素使得现实宣传教育在具体实施过程中，具有了明确的主题、固定的内容和确定的对象，从而使教育表现出强烈的目标针对性和有效的身体控制性。“想要把一个人完全同化到集体，对个人特殊性的抹杀必须彻底。他的欢乐与哀愁、骄傲与自信都必须源自团体的机运与权能，而不是源于他个人的前途和能力。特别重要的是，不能容许他有孤立感。哪怕是被困在一个荒岛上，他都必须仍然觉得处于团体的注目之下，要让他觉得，失去与群众的关联不啻于失去生命。”① 尤其是通过以报纸、广播和电视为代表的大众媒体的宣传，“它们把个人的思想和感情注入统一的模子，以确保每个个人都与预先确定的模子相一致”。②

但是，信息网络技术的迅猛发展损坏了物质地点和社会场景的传统联系，改变各类社会人群所接触的场景类型，改变了我们对各种社会角色的认识。“电子媒介模糊了以前不同的群体身份，允许人们在信息上‘避开’由地点所确定的群体并允许外人不用进入其中就能‘侵入’许多群体的领地。”③ 这一信息接触模式的变化，改变了组织活动中对话过程的平衡，“保证让我们发出自己的声音，由此我们可以展现真实的自我”。④ 其结果就是引起主—客体关系发生转变，即弱化了现实媒介交流中主客体身份的确定性，增强了虚拟环境中主客体身份的模糊性。“互联网传输的基础——分组交换技术从本质上来讲是去中心化的，而且实际上具有不可控制的秉性，这些技术特征将会影响到互联网最终会成为怎样的一种媒介。分组交换技术的吊诡之处是它的变化性。”⑤ 网络宣传教育主客体关系的模糊性主要是由开放的网络环境和流动的网民决定的。尼葛庞洛帝指出：

---

① ［美］埃里克·霍弗著，梁永安译：《狂热分子：群众运动圣经》，广西师范大学出版社 2011 年第 2 版，第 90 页。

② ［法］塞奇·莫斯科维奇著，许列民、薛丹云、李继红译：《群氓的时代》，江苏人民出版社 2006 年版，第 28 页。

③ ［美］约书亚·梅罗维茨著，肖志军译：《消失的地域：电子媒介对社会行为的影响》，清华大学出版社 2002 年版，第 48 页。

④ ［美］里克·莱文、克里斯托弗·洛克、道克·希尔斯、戴维·温伯格著，江唐、丁康吉译：《线车宣言：互联网的 95 条军规》，中国青年出版社 2010 年版，第 127 页。

⑤ ［英］安德鲁·查德威克著，任孟山译：《互联网政治学：国家、公民与新传播技术》，华夏出版社 2010 年版，第 53 页。

"计算不再只和计算机有关，它决定我们的生存。""我们经由电脑网络相连时，民族国家的许多价值观将会改变，让位于大大小小的电子社区的价值观。我们将拥有数字化的邻居，在这一交往环境中，物理空间变得无关紧要，而时间所扮演的角色也会迥然不同。"[①] 与现实宣传教育固定封闭的物理环境相比，在开放的网络环境中，网络宣传教育的活动场阈主要是通过网络论坛、微博等平台进行的。这些网络平台的开放性特征使得教育者很难形成一个固定封闭的教育主题。同时，网络平台进出的匿名性与自由性又使得教育者很难形成一个稳定的教育对象群体。特别是"当舆论潮流形成后，公众组合的条件越来越不依靠身体的邻近。目击舆论这种社会之河诞生和发展，不再依靠人们在大街或公共广场上的相会。这种河流是巨大的冲动，很快将征服最坚强的心、最顽固的头脑，政府和议会正在把它们制订成政令或法律。奇怪的是，这些卷进洪流中的人相互劝说，或者说从上到下传递建议——可是他们并不接触，并不每天见面、每天交谈，而是坐在自己的家庭里，分散在很大的一块土地上，读同样的报纸。那么他们的纽带是什么呢？这个纽带存在于他们同步的信念或激情之中，存在于同时与许多人共享一个思想或愿望之中"。[②]

可以说，网络虚拟空间的形成，使得宣传教育的开展失去了得以强制推行的组织环境，面临着环境的开放性和角色身份的模糊性的新情况、新问题。正如乔伊斯所言："一般来说人们在因特网上建立的往往是弱联系，而在现实生活中建立的则往往是强联系。强联系以'频繁的接触、深厚的感情和彼此的承诺为特点……一般来说，这种联系可以缓解人们的生活压力，而且会带来更好的社会和心理影响'；相反，网络上的弱联系则以'浅显的和容易解除的联系、偶然的接触和狭隘的兴趣中心为特点'。因此，虽然因特网的主要用途是人际交流，但是维系人们交流的纽带是弱的，由此可见，因特网也就不能提供与强联系纽带相同的心理支持。"[③] 因此，宣传教育主—客体关系的深刻转变，要求网络党组织必须改变以教育者自居的身份傲慢，正视网民把握自身的理性力量。

---

① ［美］尼葛庞洛帝著，胡泳、范海燕译：《数字化生存》，海南出版社1997年版，第15—16页。

② ［法］加布里埃尔·塔尔德著，何道宽译：《传播与社会影响》，中国人民大学出版社2005年版，第214页。

③ ［英］亚当·乔伊斯著，任衍具、魏玲译：《网络行为心理学——虚拟世界与真实生活》，商务印书馆2010年版，第90页。

三、媒介交流环境的转变，形成了虚拟环境中身心分离的新规范

媒介交流环境的转变，改变了现实媒介交流中身体在场的潜性要求，形成了虚拟环境中的身心分离的伦理规范。这是因为，“我们的思考方式、认知方式和行为方式既不是完全由基因决定的，也不是完全由童年经历决定的。我们通过自己的生活方式，……也通过我们所使用的工具，来改变上述三种方式”。[①] 可以说，以互联网为代表的信息技术形成的伦理规范带来的是深刻的意识形态变革。“新技术和旧技术的竞争，是为争夺时间、注意力、金钱和威望而竞争，主要是为自己的世界观夺取主导地位而进行斗争。一旦认识到每一种媒介都有一种意识形态偏向，我们就知道，媒介之间的竞争是隐而不显的。这样的竞争是激烈的竞争，这是意识形态竞争特有的激烈竞争。这样的竞争不仅仅是工具对工具的竞争，不仅仅是字母表对会意文字的攻击、印刷机对插图手抄本的攻击、摄影术对绘画艺术的攻击、留声机对印刷术的攻击、电视对印刷词语的攻击。在媒介互相争斗杀伐时，它们的竞争还是不同世界观的冲突。”[②]

现实宣传教育遵循组织系统内部的规范要求，即在开展宣传教育活动时，组织成员必须身体在场。按照戈夫曼的戏剧理论，身体在场其实强调的是社会的前台角色。前台作为个体在表演期间有意无意使用的、标准的表达性准备，所要传达信息的一个重要特征，即它的抽象性和一般性。也就是说，一种特定的社会前台，往往随着它所引起的刻板形式的期待而变得制度化，它倾向于在以此名义进行的当下具体工作之外，另具有一种意义和稳定性。前台变成了一种“集体表象”和自身独立的事实。“当某个行动者扮演一种已被制定的社会角色时，他通常都会发现，一种特定的前台已经为他设置好了。不管他扮演这个角色的主要动机是想完成特定工作的意愿，还是想维持相应的前台，行动者会发现，这两件事他都必须去做。”[③] 哪怕他的表演总是倾向于迎合并体现那些在社会中得到正式承认的

---

① ［美］尼古拉斯·卡尔著，刘纯毅译：《浅薄——互联网如何毒化了我们的大脑》，中信出版社 2010 年版，第 33 页。

② ［美］尼尔·波斯曼著，何道宽译：《技术垄断：文化向技术投降》，北京大学出版社 2007 年版，第 8 页。

③ ［美］欧文·戈夫曼著，冯钢译：《日常生活中的自我呈现》，北京大学出版社 2008 年版，第 23 页。

价值，而实际上他的全部行为却并不具备这种价值。“对于这种方式，即表演显著地表现了它所在社会的普遍、正式的价值标准，在此意义上，我们可以用涂尔干和拉德克利夫—布朗的办法，把它看成是一种仪式——看成是对共同体道德价值的表达性复原和重申。”① 在组织宣传教育的共同物理空间内，身体在场要求教育双方都要保持这种标准化的剧班形象。“每一位参与者通常都会努力认清并保持自己的位置，维持各种出于互动目的而建立的正式和非正式的平衡，甚至会把这种处理方式扩展为对自己剧班同伴的要求。同时，每个剧班都倾向于抑制对自己和对其他剧班的真诚坦率；而尽量提供一种让对方相对更能接受的自我概念和他人概念。”② 可以说，对身体在场的强制要求，这是现实宣传教育活动得以维系的主要原因。由此决定了现实宣传教育的潜在规范就是突出强调组织成员个体数量的硬性要求，而对组织成员接受教育的效果则表现出弱要求的软性特征。

但是，网络虚拟空间的形成及其发生作用表明，网络传播绝不只是一项普通的电子技术的运用，它的出现，除了带来前所未有的“方便”以外，还将把人类带入一个全新的电子虚拟生活空间。在这个空间中，以往种种阻隔人们沟通的障碍已经并将进一步得到革命性的消除，人类社会因此已经并将进一步形成全新的交流和运动关系。网络把人类社会极其多样复杂的各个部分连成了一个网上新世界，使人类的连接方式和社会关系发生了巨大的变化。人类发展史表明，每当一种社会关系出现时，人类的道德伦理也必将发生相应的连动变化，一些新的道德伦理必然会随之出现。③在现实生活中，人们的交往基本上是身心合一的，面对面的互动是现实生活中的主要交往形式。然而，在网络上，交往是身心分离的，纯粹的精神互动是网络生活中的主要交往形式。网络交往使人们逐渐学会把身心分开，这也成为网络社会化的一大内容。④ 因此，网络虚拟环境中的宣传教育由于网络的虚拟性而形成了新的规范要求，主要表现为三个方面的

---

① ［美］欧文·戈夫曼著，冯钢译：《日常生活中的自我呈现》，北京大学出版社2008年版，第29页。

② ［美］欧文·戈夫曼著，冯钢译：《日常生活中的自我呈现》，北京大学出版社2008年版，第143页。

③ 戴永明、蒋恩铭主编：《网络伦理与法规》，福建人民出版社2005年版，第3—4页。

④ 上官木子：《网络交往与社会变迁》，社会科学文献出版社2010年版，第218页。

特征：

一是教育主题的自主性。在网络虚拟环境中，宣传教育的主题选择失去了现实物理环境中主题确定的强制性，表现出根据网民关注焦点进行主题选择的自主性。这种主题的自主性，一方面，来源于信息网络技术带来的个人认知经验的物理突破。“事实上，在我们的意见和信念的形成过程中，还必须提到另一个重要的因素，即经验本身的中介性。个体自己的经验范围总是非常狭隘的，和从社会、经济、政治各种上层建筑所产生的庞大的、强加于人的各种过程，这两者之间必然要有第三种成分的干预，即‘第二手的经验’。”[①] 因为“第一手的经验必定是不可充分的，而它的缺乏就必须由规范式的内容来充实，至少当问题足够重要而又有足够的压力要对它们采取某种立场的时候。没有这类舆论就行不通，因为在今天广阔无涯的事实世界里，我们是被投入到第二手的材料之上的，它们以文字并以图像呈现在我们面前，各有不同程度的可信性。我们仅需要在这不确定性的大海中有一种可以获得 bienfaisante certitude（有好处的可靠性）的舆论”。[②] 另一方面，则来源于个人的信息获取能力。这种能力借助于信息网络技术而得到了极大提升，从而能够在预知信息的情况下独立而理性地表达自己的思考。“电子媒介曾经暴露了许多群体的传统的后台行为。过去只有群体成员才能获取的信息现在群体外的人员也得到。正如前面所述，电子讯息与印刷讯息的一个主要区别在于，电子媒介如电视，它们所展示的‘表情’信息过去只有在面对面的亲密交往中才能得到。……有了电子媒介，群体就失去了对自己后台情况的独有接触，并能看到其他群体的后台行为。”[③]

二是教育方式的交互性。在网络虚拟环境中，由于教育者与被教育者之间的模糊角色，从而使宣传教育的方式更多地体现为互动性。这种互动性，根源于网络。“电力媒介的趋向，是在一切社会制度中造成一种有机的相互依赖性。”[④] 尼古拉斯·卡尔对这种互动性做了生动描述。“互联网

---

① ［德］阿诺德·盖伦著，何兆武、何冰译：《技术时代的人类心灵——工业社会的社会心理问题》，世纪出版集团、上海科技教育出版社 2008 年版，第 58 页。

② ［德］阿诺德·盖伦著，何兆武、何冰译：《技术时代的人类心灵——工业社会的社会心理问题》，世纪出版集团、上海科技教育出版社 2008 年版，第 58—59 页。

③ ［美］约书亚·梅罗维茨著，肖志军译：《消失的地域：电子媒介对社会行为的影响》，清华大学出版社 2002 年版，第 115 页。

④ ［加拿大］马歇尔·麦克卢汉著，何道宽译：《理解媒介：论人的延伸》，译林出版社 2011 年版，第 279—280 页。

的不同之处是显而易见而又极其重要的：网络是双向交互的。我们可以通过网络发送信息，同时也能通过网络接收信息。这就使得网络系统更加有用。信息既可以上传，也可以下载，这种信息交换能力使互联网变成了一个承载商务和贸易的宽阔大道。只需点击几下鼠标，人们就能查看商品目录，发出订单，跟踪物流，更新企业数据库里的相关信息。而且，互联网不仅把我们和商务联系起来，它也让我们彼此联系起来。互联网既是商务传媒，也是个人传媒。亿万网民利用互联网发表自己的数字化作品，其形式可以是博客、视频、照片、歌曲、网帖，也可以是对他人作品的批评、校正或修改。完全由志愿者自行撰写的大型网络百科全书‘维基百科’，基本上由业余人士制作的视频网站 YouTube，规模庞大的照片收集库 Flickr，著名的政治类博客网站《赫芬顿邮报》，所有这些大受追捧的传媒服务在网页出现之前是根本无法想象的。互联网具有的传媒交互性也使它变成了全世界的大会堂，人们聚集在网络上，聊天、吹牛、争论或炫耀，也通过 Facebook、Twitter、MySpace 及其他五花八门的社交（有时候是逃避社会交往的）网络搔首弄姿，卖弄风情。”① 另一方面，则在于交流模式的改变。“互联网与其他形式的大众传播形式（报纸、广播与电视）和个体传播形式（电报与电话）非常不同。考察建立在旧技术上的传播媒介类型，可以发现，报纸、广播和电视在万维网开始改变它们的运作形式之前，主要是‘一对多’的媒介。信息产品的制造被限定在范围相对狭窄的人群（记者、节目制作者），然后分发给数量巨大的人群（读者、听众和观众）。而电报与电话主要是‘一对一’的媒介形式。通常情况下，与另外一个建立联系是通过电话进行对话。这些媒介形式也有很多例外。报纸有来信版，广播和电视很久就有了通过电话参与的节目，以及借助于数字电缆和卫星技术的其他互动类型。电话甚至也可以被几个人用来开会。但是，对于前互联网时代的媒介形式加以简洁描述的话，‘一对多’与‘一对一’是很合适的。”② “媒体通常被分为同步性交流媒体（如电话）和异步性交流媒体（如信件）。然而由于电子邮件和短信系统之类的更新的交流技术的出现，这种确切的界限变得越来越模糊，这些更新的交流技术通

① ［美］尼古拉斯·卡尔著，刘纯毅译：《浅薄——互联网如何毒化了我们的大脑》，中信出版社 2010 年版，第 91 页。

② ［英］安德鲁·查德威克著，任孟山译：《互联网政治学：国家、公民与新传播技术》，华夏出版社 2010 年版，第 5 页。

常被看作是异步的，但在某些情况下，由于网络和回复的速度很快，却呈现出同步性交流的特性。”[①] 因此，网络虚拟空间中的宣传教育，必须高度重视互动方式的运用。

三是教育效果的影响性。在网络虚拟环境中，教育效果改变了现实宣传教育有定性而无定量的评判标准，具有了明确而简单的定性定量评定标准，即教育者吸引的网民数量。吸引的网民越多，引起的关注越多，说明教育的效果越有效。同时，这种效果的反应是及时性。“网页就是对话，这一事实尚未深入人心，这是因为它们看起来像是出版物。但其实，网页就是对话：它们是个人声音的表达，在寻求着回应。我们访问的网页往往带有回应机制，在收到反馈之后的一段时间里，网页就会有所变化。更进一步说，它们的变化必须是显而易见的，否则人们就不回来在此访问了。我们期待改变、回应，对我们意见的采纳结果和反馈。”[②] 可以说，宣传教育环境从物理空间向虚拟空间的转变，突破了现实环境下身体在场的硬性要求，形成了虚拟环境中身心分离的新规范。因此，宣传教育环境的深刻转变，使得如何吸引网民、增强宣传教育的说服力成为执政党必须解决的迫切问题。

第三节　提升媒介交流能力的途径

信息网络技术具有深刻的社会变革性。“当代的信息革命涉及通信生态学的深刻变革，这场变革对那些已适应了过时的通信方式的组织和机构而言，具有相当大的影响。这一革命不仅仅是信息量的增加，或哲学家伯格曼所谓的‘信息的咆哮’。它还是定性的，因为所有种类的信息都变得更为廉价，其结构也变得前所未有的复杂和非线性，而且其分布与过去任何时代相比都更为对称。”[③] 这一变革促进了信息交换成本的降低以及交流方式的变化。因此，面对这一新的媒介环境，执政党必须具备与之相适应

---

① ［英］亚当·乔伊斯著，任衍具、魏玲译：《网络行为心理学——虚拟世界与真实生活》，商务印书馆2010年版，第23页。

② ［美］里克·莱文、克里斯托弗·洛克、道克·希尔斯、戴维·温伯格著，江唐、丁康吉译：《线车宣言：互联网的95条军规》，中国青年出版社2010年版，第149页。

③ ［美］宾柏著，刘钢等译：《信息与美国民主：技术在政治权力演化中的作用》，科学出版社2011年版，第13页。

的媒介交流能力。具体来说，要提升网络党组织媒介交流能力可以从四个方面着手。

一、树立平等、开放、包容的交流态度

“交谈是绝对权力的克星。”[①]

要提升执政党在网络空间领域的媒介交流能力，网络党组织必须树立平等、开放、包容的态度。这主要是由以下三个方面的因素决定的。

一是从网络自媒体的本质来看，网络改变了受众和媒介的关系，完全打破了两者之间的区隔。以博客、维基等新形态为代表的信息交互模式，从根本上改变了传播者与受众之间的关系，即互联网有效地提升了公民政治参与的能力，使得“公民在交流的自主领域中能够自由参与理性辩论，远离国家、大媒体公司以及侵犯他们日常生活的社会不平等结构的控制与影响”。[②] 作为个体的受众已不仅是被动享受媒介提供传播内容的接受者，更是传媒资源和内容的提供者、制造者和传播者。“身份的变化与获取新的信息的关系，解释了社会通道和物质通道的传统联系。一个群体共享而特殊的信息曾经主要是由那些处于这一地点中的人所获取。因此，社会化进入某个新的群体，在传统上是与群体领地及其知识和其具有的信息的新的接触相联系的。”[③] 交流过程中获取信息的平等性以及由此带来的身份变化，使传播者和受众处于一个平等地位，共享自由发表意见的权利。正如马克·波斯特在《第二媒介时代》中所言，在互联网出现之后，媒体进入了新时代，特征是消灭了传播中心，使传播者可以成为散点的交流。因此，没有对网络自媒体这一平等性质的深刻洞识，就不可能进行有效沟通。

二是从网络党组织的活动场阈来看，由于互联网具有虚拟性、隐蔽性、发散性、渗透性和随意性等特点，各大网站并不强求网民在发表意见时提供真实的个人信息和明确的身份认证。互联网的这一特质一方面反映了人们对于相互之间无障碍交流的渴望。“网络首先是这样一片空间：我

① ［法］塞奇·莫斯科维奇著，许列民、薛丹云、李继红译：《群氓的时代》，江苏人民出版社 2006 年版，第 250 页。

② ［英］安德鲁·查德威克著，任孟山译：《互联网政治学：国家、公民与新传播技术》，华夏出版社 2010 年版，第 117 页。

③ ［美］约书亚·梅罗维茨著，肖志军译：《消失的地域：电子媒介对社会行为的影响》，清华大学出版社 2002 年版，第 51—52 页。

们可以在里面用自己的声音，相互谈论与自己有重大关系的事情。全世界的人之所以迅速接纳了网络这一古怪的新科技，并不是因为我们受到这一前景——我们可以用电子分类目录购物——的鼓舞。同样，其原因也不宜归结为，全世界的人热情空前高涨，争着成为研究馆员。《线车宣言》说，这些说法都不对，真正的原因是，网络接触了我们最古老的需要——彼此联系的需要。”[①] 因此，无论是谁，不管你有什么样的政治背景，从属于哪个党派集团，信仰何种宗教文化，都可以在网上发布信息、展开讨论、表达意见。另一方面，则是互联网对传统等级官僚制的组织交流身份的颠覆和重构。“等级制度角色与信息和知识的关系不同于群体身份和社会化角色与信息和知识的关系。群体身份和社会化依赖于对信息和知识的公开控制。我们许多人都意识到一个群体的成员或者社会化成为其中一员的人，可以获得对‘外人’保密的知识和经验。当然这种特殊渠道对于高地位的人同样如此，等级制度也常常涉及‘超级控制’，也就是对控制需求的控制。等级制度角色比群体身份或者社会化角色更加需要超物质的方面，也就是他们需要外表是超越人性和道德的天生品质。高层人员——特别是很高地位的高层人员，与下属之间形成的鸿沟看起来不仅仅是知识和经验的差别。很高地位的人所拥有的信息必须显得是‘别人不知道的’，而且不是‘别人不可能知道的’。从这个意义上说，等级制度的角色同时了神秘和‘神秘化’。”[②]这种意见主体的自由分散性和由于交流场景的虚拟化，使得网络党组织必须以平等的态度作为双方对话交流的基石。否则，只会让人敬而远之，双方既不能接触，更何谈有效沟通！

三是从网络党组织的交流对象来看，网民年轻化与知识化水平的提高，需要树立平等的交流态度。以党内成员的年龄构成和知识水平来看，年轻化和高学历化的趋势已经越来越明显。据中组部统计显示，2000 年，35 岁及以下党员总数为 1439.1 万人，占党员总数的 22.3%。[③] 2010 年，35 岁以下的党员为 1951.1 万名，占党员总数的 24.3%。[④] 与此同时，党员

---

① ［美］里克·莱文、克里斯托弗·洛克、道克·希尔斯、戴维·温伯格著，江唐、丁康吉译：《线车宣言：互联网的 95 条军规》，中国青年出版社 2010 年版，第 22 页。

② ［美］约书亚·梅罗维茨著，肖志军译：《消失的地域：电子媒介对社会行为的影响》，清华大学出版社 2002 年版，第 56 页。

③ 《全国党组织、党员队伍、干部队伍统计资料》，《党建》，2001 年第 7 期。

④ 《中国共产党党员总数 8026.9 万名》，人民网，2011 年 6 月 24 日。

的知识水平不断提高。2000年，全国党员中，大学本、专科文化程度者占17.4%。[①] 截至2010年底，全国具有大专以上学历的党员为2977.5万名，占党员总数的37.1%，[②] 同比有较大增长。截至2009年，上海具有大专及以上学历的党员82.72万名，占党员总数的比例达到48.56%。[③] 无论是党员年龄的年轻化还是党员知识水平的高学历化，都要求党组织在进行传统的教育管理时，必须适应这一主体的平等诉求，一味地灌输式教育，往往只能使其"身服"而"心不服"。特别是在网络虚拟空间领域，这种由于网民的年轻化、理智化倾向的增强，更需要网络党组织以平等的态度与网民进行真诚对话，通过自身的言行实践，赢得网民的尊重和亲近，才能真正使党的思想理论在网络虚拟空间中落地生根。否则，"在群众面前把你的资格摆得越老，越像个'英雄'，越要出卖这一套，群众就越不买你的账"。[④]

二、突出"精、实、新、快"语言风格

语言是思维的体现，是情感的表达。"每一种媒介都为思考、表达思想和抒发情感的方式提供了新的定位，从而创造出独特的话语符号。"[⑤] 在印刷时代，"公众话语往往是事实和观点明确而有序的组合，大众通常都有能力进行这样的话语活动。在这样的文化中，如果作者撒谎、自相矛盾、无法证明自己的观点或滥用逻辑，他就会犯错误。在这样的文化中，如果读者没有判断力，他也会犯错误，如果他对一切漠不关心，情况则会更糟"。[⑥] 但是，在网络时代，这种严谨理性的语言表达常常被碎片化的行文风格所打破，一套独立于官方之外的"在野的话语体系与行为方式"开始形成。"原先庄重的主流政治话语时常退缩为纸媒体上的自说自话，而

---

① 《全国党组织、党员队伍、干部队伍统计资料》，《党建》，2001年第7期。

② 《中国共产党党员总数8026.9万名》，人民网，2011年6月24日。

③ 《上海每百人中有中共党员8.82名》，《解放日报》，2010年7月8日。

④ 毛泽东：《在延安文艺座谈会上的讲话》（1942年），《毛泽东选集》第3卷，人民出版社1991年版，第851页。

⑤ ［美］尼尔·波兹曼著，章艳、吴燕莛译：《娱乐至死》，广西师范大学出版社2009年版，第11页。

⑥ ［美］尼尔·波兹曼著，章艳、吴燕莛译：《娱乐至死》，广西师范大学出版社2009年版，第48页。

在互联网中，民众则以俏皮甚至恶搞的方式消解崇高。”[①] 网络党组织要进行交流，只有掌握了与网络环境相适应的新语言，才能被网民所接受。正如毛泽东在《延安文艺座谈会上的讲话》中所言：“我们的文艺工作者不熟悉工人，不熟悉农民，不熟悉士兵，也不熟悉他们的干部。什么是不懂？语言不懂，就是说，对于人民群众的丰富的生动的语言，缺乏充分的知识。许多文艺工作者由于自己脱离群众、生活空虚，当然也不熟悉人民的语言，因此他们的作品不但显得语言无味，而且里面常常夹着一些生造出来的和人民的语言相对立的不三不四的词句。许多同志爱说‘大众化’，但是什么叫做大众化呢？就是我们的文艺工作者的思想感情和工农兵大众的思想感情打成一片。而要打成一片，就应当认真学习群众的语言。如果连群众的语言都有许多不懂，还讲什么文艺创造呢？”[②]

一般来说，网络语言具备“短、平、快”等特点，富有创造性，娱乐性强。造成这一特点的因素主要有：一是网络信息流通具有“瞬时性”特征。海量信息迅捷涌入，往往会不断掩盖旧的信息。在这种情况下，鸿篇巨制往往不能追踪时效，抓住眼球。二是网络具有“娱乐性”特征。对于很多网民来说，上网的需求很多，但是娱乐仍然是主要目的。“娱乐节目的好处不仅是有利于销售，它还是隐含的意识形态信息的有效载体。进一步说，在一个日益恶化的极不平等的体系中，娱乐就是罗马斗兽场的游戏的代名词——它将人们导离政治，并生成一种有利于保持现状的政治冷漠。”[③] 三是网络具有“个性化”特征。网民的多元化分布，使主体越来越呈现出个性化的特征。正是这种个性化特点，使得网络变得愈来愈精彩。可以说，网络语言“减少语言形式和表征反思，抽象、发展、矛盾的符号；用形象取代概念。这种语言否定或者吞没超越性术语，它不探究而只是确认真理和谬误，并把它们强加于人”。[④] 因此，网络党组织要想创造出一种喜闻乐见、适应网络生存环境、为广大网民所接受的语言形式，必须

① 李永刚：《我们的防火墙：网络时代的表达与监管》，广西师范大学出版社 2009 年版，第 151 页。

② 毛泽东：《在延安文艺座谈会上的讲话》（1942 年），《毛泽东选集》第 3 卷，人民出版社 1991 年版，第 850—851 页。

③ ［美］爱德华·S. 赫尔曼、诺姆·乔姆斯基著，邵红松译：《制造共识：大众传媒的政治经济学》，北京大学出版社 2011 年版，导论，第 7 页。

④ ［美］赫伯特·马尔库塞：《单向度的人》，上海译文出版社 1989 年版，第 94 页。

突出语言的“精、实、新、快”等特点。具体来说，就是：

“精”，就是指讲话要力求简短精炼、直截了当，要言不烦、意尽言止，观点鲜明、重点突出。古人云：“删繁就简三秋树。”能够三言两语说清楚的事绝不拖泥带水，能够用短小篇幅阐明的道理绝不绕弯子。毛泽东为人民英雄纪念碑起草的碑文，只有114个字，却反映了一部中国近代史。习近平总书记就善于用一些高度凝炼的几个字或关键词，把思想浓缩其中，让人能听懂、能明白、能记住。比如，他深刻地指出改革开放的30多年，大体每10年是一个段落，每一个段落又有一个共同特点：开头都充满机遇挑战或危机，之后又转危为安，这就是对规律的总结，给人以很强的历史纵横感和现实深邃感。[①]

“实”，就是要讲真话。列宁指出，正视真实情况，在政治上永远是最好的和唯一正确的原则。[②] 而马克思主义者可能犯的最大的、最致命的错误就是把空谈当作事实，把虚假的表面现象当作实质或某种重要的东西。[③] 用美好的词句掩饰令人不快的真相，对无产阶级事业来说，对劳动群众的事业来说，是最有害、最危险的事情。不管现实如何令人痛心，必须正视现实。吹牛、撒谎是道义上的灭亡，它势必引向政治上的灭亡。不符合这一条件的政策是自取灭亡的政策。因此，我们应当说真话，因为这是我们的力量所在，而群众、人民、大众将在事实上即在斗争后做出究竟有没有力量的解答。[④] 具体来说，就是要讲符合实际的话、不讲脱离实际的话，讲管用的话、不讲虚话，讲有感而发的话、不讲无病呻吟的话，讲反映自己判断的话、不讲照本宣科的话，讲明白通俗的话、不讲故作高深的话。要实事求是，有一说一、有二说二，是则是、非则非，不夸大成绩、不掩饰问题。要深入浅出，用朴实的语言阐述深刻的理论。要有感而发，情真意切。习近平总书记讲话最鲜明的一个语言特色就是口语化、接地气。他经常用一些很直朴、很简单的大白话、大实话，特别是一些普通干部群众听得懂、记得住，有浓郁生活气息的话来表达思想，包括还经常会用一些

① 文秀：《习近平讲话的语言风格及特点》，新华网，2013年12月9日。

② 列宁：《再论政治危机》（1914年），《列宁全集》第25卷，人民出版社1974年版，第138页。

③ 列宁：《波拿巴主义的开始》（1917年），《列宁全集》第32卷，人民出版社1974年版，第211页。

④ 列宁：《决不要撒谎！我们的力量在于说真话！》（1905年），《列宁全集》第11卷，人民出版社1962年版，第333页。

大家耳熟能详的民间谚语、歇后语、网络用语，会用一些形象化的比喻，等等，这样的大白话俯拾皆是。比如，他用“国家好，民族好，大家才会好”这样朴实无华的话来阐明每个人的前途命运与国家和民族的前途命运紧密相连；用“块头大不等于强，体重大不等于壮，有时是虚胖”来比喻说明只有经济总量而没有先进科学技术支撑是不够的；用“益智补脑”来比喻学习；用“缺钙”“软骨病”来比喻理想信念的缺失；用“玻璃门”“弹簧门”来形容阻碍民间投资的体制障碍；用“墙头草”“推拉门”来描述干部队伍中的“好人主义”，等等。这些很接地气的群众语言，轻松自然、通俗易懂，口语化味道很浓，它一扫人们反感的大话、套话、空话和“官话”，与大众话语体系很对接、很吻合，似春水一般清澈，令人耳目一新。①

“新”，就是力求思想深刻、富有新意。如果一个文件、一篇讲话毫无新意，那么制定这样的文件、作这样的讲话还有多少意义呢？可以说，能不能讲出新意，反映一个领导干部的思想水平、理论水平、经验水平以及语言表达能力。这里所说的新意，既包括在探索规律、认识真理上有新发现、前人没有讲过的话，又包括把中央精神和上级要求与本地区、本部门、本单位实际结合起来，在解决问题上有新理念、新思路、新举措的话；既包括角度新、材料新、语言表达新的话，又包括富有个性、特色鲜明、生动活泼的话。需要指出的是，讲出新意，并不是要去刻意求新，甚至搞文字游戏。更不能背离马克思主义立场观点方法，背离党的路线方针政策去标新立异。②

“快”，就是要求在网络交流的过程中进行迅速回应，不能拖沓敷衍从而影响交流效果。之所以有这一要求，主要是因为，在“140 个字的世界”里，不再给你选择的余地，“由于信息的大量繁殖与传播，人们与媒体希望一切都简洁明了、通俗易懂。但是，有些复杂的问题是不能简单化的。这是一个严峻的挑战”。③ 总之，在网络空间，“人们相互认同、组建群体

---

① 文秀：《习近平讲话的语言风格及特点》，新华网，2013 年 12 月 9 日。

② 习近平：《努力克服不良文风，积极倡导优良文风》。这是习近平同志 2010 年 5 月 12 日在中央党校 2010 年春季学期第二批入学学员开学典礼上的讲话。

③ ［美］艾瑞克·奎尔曼著，刘吉熙译：《颠覆：社会化媒体改变世界》，人民邮电出版社 2010 年版，第 99 页。

的基础，是对话交流——是针对人们所关心的问题而发表的有人情味的言论”。[①] 因此，无论我们喜欢与否，也不管正确与否，我们都必须调整自己去适应简洁明了的交流。

三、投入真挚情感以满足网民精神需求

在网络虚拟空间领域开展党的活动，尤其要注重真挚感情的投入。这主要是由两个方面因素决定的。

一方面，网络虚拟空间中的“人”的生存状态摆脱了传统地理接近的限制，使得人与人之间的交往更多地体现为一种情感交往和精神交往。这来源于互联网创造了一个不同于现实社会的生态环境和人际关系。曼纽尔·卡斯特指出：“虚拟社群并非其他生活形式的模仿，而拥有自身的动态——互联网就是互联网。互联网超越了距离，成本低廉，通常不具有同时性，它们结合了大众媒介的快速传播，以及个人沟通的广泛特性，并且容许在局部性的社群里拥有多重成员身份。此外，它们并未与其他社会交往形式分离。它们巩固了朝向‘社会交往的私有化’趋势，亦即以个人为中心来重建社会网络，发展个人社群，实质的与线上的社群都包括在内。电脑联接为那些原本可能社会生活狭隘的人提供了社会联系的机会，因为那些联接在空间日益分散。”[②] 只有满足并能提供一种心理上的交往需求和情感需求，网络党组织才能真正发挥作用。因此，网络党组织要想介入网络社会并成为网络舆情的有效治理力量，必须首先从网民的这一心理体验和需求开始。正如毛泽东所言：“那时，我觉得世界上干净的人只有知识分子，工人农民总是比较脏的。知识分子的衣服，别人的我可以穿，以为是干净的；工人农民的衣服，我就不愿意穿，以为是脏的。革命了，同工人农民和革命军的战士在一起了，我逐渐熟悉他们，他们也逐渐熟悉了我。这时，只是在这时，我才根本地改变了资产阶级学校所教给我的那种资产阶级的和小资产阶级的感情。这时，拿未曾改造的知识分子和工人农民比较，就觉得知识分子不干净了，最干净的还是工人农民，尽管他们手是黑的，脚上有牛屎，还是比资产阶级和小资产阶级知识分子都干净。这

① ［美］里克·莱文、克里斯托弗·洛克、道克·希尔斯、戴维·温伯格著，江唐、丁康吉译：《线车宣言：互联网的95条军规》，中国青年出版社2010年版，第14页。

② ［美］曼纽尔·卡斯特著，夏铸九等译：《网络社会的崛起》，社会科学文献出版社2001年版，第446页。

就叫做感情起了变化，由一个阶级变到另一个阶级。我们知识分子出身的文艺工作者，要使自己的作品为群众所欢迎，就得把自己的思想感情来一个变化，来一番改造。没有这个变化，没有这个改造，什么事情都是做不好的，都是格格不入的。”①

另一方面，则在于网络舆情事件的情感动员特征。网络舆情事件之所以能够在短时间内引起社会的普遍关注，就在于它激起了人们的内心情感。杨国斌认为，简单的论坛发帖和互动，通过什么样的过程演变为网络事件？除论坛的名气、影响力和编辑的作用之外，帖子本身的因素是关键。触及普遍关心的现实问题，能给人道德震撼、引起共鸣、唤起同情与良知的帖子，容易引发网络事件。这个过程，可视为网络事件的动员过程。动员的过程，从根本上说，则是网上的互动。这种互动，与其说是资源动员，不如说是情感动员。互动的过程就是情感表达和交流的过程。比如2007年山西的黑砖窑事件，② 就是一个典型的情感动员案例，代表了悲情的情感动员风格。悲情动员常见于网络社会事件，事件多涉及弱势群体、社会不公和官僚腐败。当人们看到少年儿童被拐卖和奴役，而地方公安部门竟视若无睹的时候，他们的心灵被震撼，良知受到拷问，于是在悲痛和愤怒中发出抗议。社会的不公正触及人们的道德底线，使网民感到必须发出他们的声音。③ 执政党在处理这一类型的舆情事件时所秉持的交流态度，首先就是要表达对民众愤怒情感的理解和支持，然后在调查的基础上公开真相，以获取民众的谅解。

四、运用灵活、互动的多点式交流方式

现实世界里的党组织在组织传统的活动时，主要采用的是自上而下的层级灌输方式。这种教育模式往往在一开始就把受众放在需要被先进思想改造的被动位置，忽视了受众的主体意愿和个体认知，从而使宣传呈现出

---

① 毛泽东：《在延安文艺座谈会上的讲话》（1942年），《毛泽东选集》第3卷，人民出版社1991年版，第851页。

② 2007年5月，山西洪洞警方破获一起黑砖场虐工案，解救出31名民工，其中有部分童工。之后，数百失踪儿童的父母在网上联名发帖寻子。案件引起中央重视，胡锦涛等做出批示。逃逸工头衡庭汉落网。山西省长于幼军道歉。此事件被媒体称为“黑砖窑事件”。

③ 杨国斌：《悲情与戏谑：网络事件中的情感动员》，参见邱林川、陈韬文主编：《新媒体事件研究》，中国人民大学出版社2011年版，第58页。

一种单一灌输的“海报张贴式”特点。而网络传播的散点交流特性体现的是一种双向互动交流方式。互联网的发明，在“某个程度上，它是毛泽东主义战略在电子领域的对等物，在广大的领域中分布游击力量，利用容易变通和对地域的熟悉来对抗敌人的力量。发展结果是一种网络结构，符合发明者的需要，无法由任何中心控制，而是由好几千个自主的电脑网络组成，可以绕过电子障碍，以无数种方式连接”。[①] 交流各方根据议题的设定，通过共同的探讨，在思想的碰撞交锋之中达到共识，从而促进某一主张或思想的广泛传播。在这一交流模式中，摒除了现实因素的影响，没有谁能够真正成为传播的主体。

事实上，这也是由网民的特点决定的。一是网民认知水平的提升和自主选择意愿的加强。根据中国互联网络信息中心（CNNIC）发布的《第29次中国互联网络发展状况统计报告》显示，截至2011年12月底，中国网民规模突破5亿。网民数量与知识水平的不断提高，在相当程度上使其对事物的选择表现出更强的互动性、更大的自主性。“在互动的背后，一个根本性的概念是个人的自主。首先，个人可以不必经他人允许或与他人合作而自行独立做很多事情。他们可以创造自己的表达，寻求自己需要的信息，大幅度减少对20世纪的商业性大众媒体的依赖。其次，同样重要的是，个人可以同他人结成松散的联系以从事更多的活动，这种联系不必是正式组织中的那种稳定持久的关系，但它绝非不能达成有效的合作。随着相距遥远的个人之间形成的合作越来越普遍，共同开展网络事业的想法有了良好的实践可能，个人自己能够选择的项目范围也大幅度增加了。”[②] 这就要求网络党组织的沟通体现出一种说服，而不是强制性的灌输。二是网民“多疑”的网络生存状态要求在沟通交流中不断“去疑”。据《2009世界互联网项目报告》[③]（The World Internet Project Report 2009）分析，在调查所涉及的10个国家和地区中，超过40%的网民认为，网络信息中只有一半甚至更少的信息是可信的。而中

---

① ［美］曼纽尔·卡斯特著，夏铸九等译：《网络社会的崛起》，社会科学文献出版社2001年版，第8页。

② 胡泳：《众声喧哗：网络时代的个人表达与公共讨论》，广西师范大学出版社2008年版，第84页。

③ 该报告是美国南加州大学安南堡通信学院（Annenberg School for Communication）数字未来研究中心（The Center for the Digital Future）创建并组织的“世界互联网项目”（The World Internet Project，简称WIP）中的年度报告。

国网民最为“多疑”，约有 70% 的中国网民认为一半或超过一半的网络信息不可信。在这一网络生存状态下，要使思想政治教育的内容被广大网民接受，只能通过这种交流倾听的方式，通过对社会现实问题的有力解释，才能使双方在交流的过程中不断“去疑”，从而使思想政治教育理论被人们广泛接受。否则，以整齐一律的要求去约束限制，就会出现马克思所说的指定表情的“强颜欢笑”。“法律允许我写作，但是不允许我用自己的风格去写，我只能用另一种风格去写！我有权利表露自己的精神面貌，但是首先必须使这种面貌具有一种指定的表情！哪一个正直的人不为这种无理的要求脸红，而宁愿把自己的脑袋藏到罗马式长袍里去呢？至少可以预料在那长袍下面有一个丘必特的脑袋。指定的表情只不过意味着‘强颜欢笑’而已。”①

第四节　案例解析

漫画形象：“习主席的时间都去哪儿了？”

2014 年 2 月 19 日中午，千龙网图表新闻发表的一组漫画版“习主席的时间都去哪儿了”的图表新闻成为舆论焦点，这是媒体首次发布习近平的漫画形象。

这组漫画是由千龙网动漫事业部承担。制作灵感来源于习近平主席在俄罗斯索契冬奥会上接受采访时的回应。2014 年 2 月 7 日，在俄罗斯接受媒体采访时，习近平主席引用春晚上一首歌曲的歌名“时间都去哪儿了”说：“我个人的时间都去哪儿了？当然是都被工作占去了。”千龙网总编辑黄庭满说，习近平总书记的这句话给了编辑团队灵感，“习主席在接受采访中用大白话，这是很亲民的形象”。于是他们决定使用原创的卡通动漫形象，把习近平自履职以来的出访、会议和调研等情况展现出来，“比文字稿深入人心，也适应读者的新阅读需求”。

在漫画中，习近平主席穿着灰色夹克和蓝色裤子。这样的服装风格，是参考了习近平主席的日常着装。漫画里习近平主席的脚朝向两边，对于这样的设计，千龙网动漫事业部主任，也是此次习近平漫画的负责人杨明

---

① 马克思：《评普鲁士最后的书报检查令》，《马克思恩格斯全集》第 1 卷上，人民出版社 1957 年版，第 111 页。

星说："站姿是卡通形象惯有的设计，让习主席的形象更亲民。"

经过该网站编辑团队自主策划、自主创意，历时一周，数次修改后，漫画完成。一经发布，便立即登上各大网站的头条并在微博上被大量转发，数个手机新闻客户端也在第一时间推送了该消息。微博上，这幅漫画也"萌倒"了众多网友。漫画发布后，诸如"习大大好萌""习主席辛苦了"的网友回复多次出现在相关新闻里。

可以说，通过卡通式的漫画形象设计，不仅拉近了习主席与老百姓的距离，打破了领导人给社会民众的神秘感，更是中国社会自信、开放姿态的展示。

第四章

意见表达能力

传播的目的是按照社会阶层的变化和现实力量的对比关系来营造文化和意识形态的合法性。互联网的高速发展带来了没有制度构成的、表面的、潜在的意识形态。“具有高速度、灵活性以及空间距离缩短的网络，培育了一个新的、激进的、以个人权力核心的思想体系，人们对专业权力开始怀疑。这种思想体系作为一条纽带和一个跳板，服务于那些患有慢性病的人们进行政策讨论。”[①] 在这种新型的意识形态挑战面前，基于传统社会治理的现实意识形态往往由于对这一新情况的不了解、不熟悉而出现了暂时性的“失声”。这个信息力量蕴含着巨大的变革作用。“它在我们使用的传播技术里流动，并使之激活。这个力量就是信息，信息是每一种刚性物质媒介流通和存在的理由，这样的媒介包括纸媒书、电视机和 iPad 平板电脑。凡是理解媒介属性、演化及其对生活各方面影响的人，无不胜人一筹，多一优势。凡是不如此了解媒介的人都身处危崖之边，难免坠入万丈深渊。”[②] 因此，培育和增加执政党的网络意见表达能力，就是为了解决党在网络虚拟空间领域的“失声”现象，力图通过对这一“轻盈、透明、无质无形连人手也难以把握的力量”和网络党组织的各种活动，使党的声音能够在网络空间传播扩散，扩大党在网络空间的影响力和吸引力。

第一节　把握意见表达能力的内涵

意见表达能力在本质上是一种话语权，即谁的意见表达能力强，就表示谁所掌握的话语权占据主动地位。作为话语权的能力体现，意见表达能力是指某些组织、群体或个人在公共空间领域能够进行有效的观点宣示，吸引、获取其他群体或个人的关注与赞同，从而在事实上引导舆论导向的

① ［英］安德鲁·查德威克著，任孟山译：《互联网政治学：国家、公民与新传播技术》，华夏出版社 2010 年版，第 181 页。

② ［美］莱文森著，何道宽译：《软利器：信息革命的自然历史与未来》，复旦大学出版社 2011 年版，中文版序言，第 1 页。

一种能力。信息网络技术的发展，使得在网络空间领域，“主流话语”作为理性主体的中心权力有可能被“边缘话语”所解构。“网络带来了‘话语平权’，它在使权威阶层更方便实施数据监控和规训的同时，也给‘边缘话语’的建构提供了一席之地，从而推动两种话语之间相互交错。‘主流话语’不再能够一手遮天，权力结构越来越呈现出多元化和离散的取向。”[①] 失去了现实空间强力结构的支撑，执政党的意见表达就是在这样一个崭新的意见空间展开的。因此，执政党的意见表达能力就是指政党组织在网络虚拟空间领域中，通过政党的意见表达，吸引、团结广大网民，使党的政治主张能够被网民广泛接受，扩大党在虚拟空间领域的影响力，进而与现实生活中党的主流舆论导向互相配合，使党成为社会意见的主导者、引领者。具体来说，意见表达能力主要包含四个方面的核心内容：立场、态度、意涵和机制。

一、表达立场

意见表达的立场实质上反映的是意见背后的利益取向。网络党组织作为中国共产党在网络虚拟空间领域的组织延伸和功能拓展，其意见表达的根本立场就是中国共产党在现实政治生活中的根本立场，即代表最广大人民群众的根本利益，全心全意为人民服务。应该说，网络党组织要想在网络空间有所作为，必须采取切实有效的措施，来维护和体现党组织的根本立场。不过，网络党组织要想坚持根本立场，就必须思考网络空间中意见表达应该如何进行代表的问题。在现实政治环境中，党作为执政党，通过制定路线方针政策，形成法律意志和政府行为，用一系列具体实在的社会改善履行党的根本政治立场，赢得广大人民群众的信赖与支持。那么，网络虚拟空间中网络党组织应该如何代表和体现全心全意为人民服务的根本政治立场呢？或者说，在网络虚拟空间中，政党能否成为网络民众立场的唯一代表？这一问题之所以提出，主要是由网络虚拟空间的场阈特点决定。

从网络空间的权力特质来看，互联网生成和发展了一种不同于现实社会生活的新权力——信息权。“权威基于信息控制。高地位角色通常依赖

① 喻国明主编：《中国社会舆情年度报告（2012）》，人民日报出版社2012年版，第2页。

于对当时主要信息渠道的接触和控制。"[①] 在现实社会环境中，信息权力主要是通过政党或国家的制度性安排来实现的。也就是，信息权力是由相应的组织结构形成的，同时又是通过相应的组织机制来使用的。"信息不仅是一种工业必需品或商品，由于各种形式的权力、包括公众的生活都一天比一天更加依赖于信息，对信息的了解与掌握也就成了民主政治的生命线。在互联网出现以前，大型计算机及其对信息的垄断处理方式是权威、组织技术精英统治的有力象征。"[②] 但是，在网络虚拟空间领域，权力的生成却有着自身成长规律。从宏观层面而论，"电子媒介不仅通过使等级制度阶梯的下层的人们获得了更多的信息接触，使得权威被削弱，而且也通过越来越多的横向共享信息的机会而使权威被削弱"，[③] 从而导致旧的线性政党机器正在失去其重要性，因为信息不再沿着政党等级制度固定的顺序传递。从微观层面论，互联网"通过'改变谁在讲，讲了什么，讲给谁听'这种网络的动员形式已经重构了政治行动"。[④] 其结果就是：强制性的硬权力在其中发挥的作用比较有限，而代表着说服、引导的软权力则可以在润物细无声中发挥着积极的作用。

从网络民众的角色特质来看，互联网塑造了一个不同于现实社会生活的新"人"——网络民众。在现实社会生活中，个体的角色特征是通过各种不同的组织渠道而获得了确定的身份认证和社会等级安排。抑或如梅罗维茨所言，过去所有媒介的变化都是通过改变信息流和信息控制，而影响了社会等级制度。"过去领地直接与权威角色相联系，不仅因为土地的控制展示了财富和权力，而且因为过去的领地控制形成了当时领地内部信息的控制，并且以其作为一种屏障，不让其他人仔细观察到。这种安全的领地形成了私人后台演练和放松的场所，因此它支持了高地位角色的台上表演。"[⑤] 但是，网络民众与现实生活的社会公民最大的区别就在于：网络民

---

① ［美］约书亚·梅罗维茨著，肖志军译：《消失的地域：电子媒介对社会行为的影响》，清华大学出版社 2002 年版，第 137 页。

② 李永刚：《我们的防火墙：网络时代的表达与监督》，广西师范大学出版社 2009 年版，第 57 页。

③ ［美］约书亚·梅罗维茨著，肖志军译：《消失的地域：电子媒介对社会行为的影响》，清华大学出版社 2002 年版，第 282 页。

④ ［英］安德鲁·查德威克著，任孟山译：《互联网政治学：国家、公民与新传播技术》，华夏出版社 2010 年版，第 190 页。

⑤ ［美］约书亚·梅罗维茨著，肖志军译：《消失的地域：电子媒介对社会行为的影响》，清华大学出版社 2002 年版，第 145 页。

众没有现实物理空间中的严格限制，其行为的自主性、自由性被瞬间放大。“规模如此庞大的新式人群，从主权国家的户籍管制和身份识别系统中局部剥离出来，他们以更加模糊、更加多元的面孔在互联网上游弋，既可以轻易跨越信息化的领土边界，又能在瞬间聚集起群情激奋的议事广场；既可以冷静理性表达对单个议题的个人见解，也能快速促成地面集体行动。”① 因此，在相当意义上讲，“电子媒介可能最好地支持了‘人民的等级制度’。因为电子媒介给了普通人显著的优势。普通人现在可以接触到过去他们无法接触的社会信息。另外，他们拥有了关于高地位触角扮演者的信息。结果，围绕高地位角色的距离、神秘和神秘化都谈到了最小。虽然仍有许多具有专门知识和经过训练的‘不平常’的人，但是普通人现在知道的东西比这些专门人才以及高地位的人作为‘人’所知道的东西要多”。②

从网络事件的舆情特质来看，网络舆情是网络虚拟空间领域的热点和焦点问题，既构成了网络生活的常态，又成为影响现实生活的强大力量。“互联网所产生的现实或潜在影响，早已超越单纯的技术范围而波及社会生活的各个层面。就政治效应论，由于互联网的开放、自由、匿名、加密等技术特征为各种话语和行动找到了新的突破口，所以，它也就给传统意义的政治参与和政治控制模式等，增添了一些新的技术性变量和制约性因素。诸如虚拟政治动员、网络政治集结、大规模‘卧室抗议’等，都是传统国家从未遭遇的新难题。在历经数百年发展的西方发达国家，公民政治参与的途径比较广泛，网民在互联网上‘纵欲’的快感并不十分强烈，国家因此感受到的冲击也不明显；倒是在中国这样的后发展国家，出于历史和现实的诸多原因，政治参与的途径受到局限，互联网上相对宽松的自由就让人欣喜不已，长期处于喑哑状态的各种民间话语和民间力量突然间找到了它们的出口。结果是，在某些地方，互联网不过是既有媒体和生活方式的补充和延展；而在另一些地方，互联网则成为民意涌流的巨大管理，成为网民介入现实政治生活的神兵利器。”③ 网络舆情的治理，既要靠法律

① 李永刚：《我们的防火墙：网络时代的表达与监督》，广西师范大学出版社2009年版，第45页。

② ［美］约书亚·梅罗维茨著，肖志军译：《消失的地域：电子媒介对社会行为的影响》，清华大学出版社2002年版，第283页。

③ 李永刚：《我们的防火墙：网络时代的表达与监督》，广西师范大学出版社2009年版，第1—2页。

的运用来维护社会秩序，同时更要靠提升网络党组织在舆情治理中的意见表达能力来积极引导。

总之，“政治必须架构在以电子为基础的媒体语言上，这个事实对政治过程、政治行动者与政治制度的特性、组织和目标都有深刻影响。从根本上说，媒体网络里的权力与体现于这些网络的结构和语言里的流动之权力相比较，乃是第二位的。在更深的层次上，社会、空间与时间的物质化基础正在转化，并环绕着流动空间和无时间之时间而组织起来”。[①] 在网络这一新的权力场阈中，网络党组织要在网络虚拟空间代表和反映党的根本政治立场，就必须着力提升自己的意见表达能力，积极引导网络秩序的理性发展。

二、表达态度

态度是立场的直接话语反映。网络党组织的意见表达，实质上反映的就是党和政府在网民关注的相关问题上的根本态度。从党和政府的网络治理管治的角度来看，其实从技术与思维两个层面表现了政府的作为：一是从治理管治的技术层面而言，政府的态度表明了政府在认知层面上对事件性质、过程与影响的事实认定；二是从治理管治的思维层面而言，党和政府的态度反映了政府对公权力来源及其使用的认识、对与公众关系的理解等政府治理正当性与合法性的核心问题。可以说，党和政府的态度是一个融合了“信息集合”和“情绪集合”的复杂综合体。

所谓“信息集合”是指党和政府态度的背后往往包含着各种复杂的信息。这其中既有正规制度性的信息，比如中央文件和法律对政府行为的相关规定，这属于“公”范畴；同时又容纳了很多非制度性信息，比如政府官员背后的人际交往、社会背景等，这属于“私”范畴。制度性信息与非制度性信息，“公”与“私”信息的相互掺杂，都会对政府态度产生或多或少，或明或暗的影响。由于这种信息源的复杂性及其难辩解性，再加上政府与公众之间缺乏良好的对话机制，往往会使公众很难把握政府形成态度的真实原因。就网络舆情事件而言，这种网上冲突既是现实社会冲突的延伸，也是一种折射。人们在职业、权力等方面的差异构成了不同的地位群体，也构成了在人际互动中产生冲突的诱因。现实社会中社会成员的等

---

① ［美］曼纽尔·卡斯特著，夏铸九等译：《网络社会的崛起》，社会科学文献出版社2001年版，第411页。

级分布、不同阶层间的利益对立等因素，都是构成网上冲突的基本要素。[①]作为对现实矛盾的折射，在对网络舆情事件的关注中，不同的阶层、不同的群体、不同的人，由于各自的利益角度不同，其从政府处置的态度表现而获取、分析与理解的信息也就有所不同。这种主观认识上的差异，往往会造成主观行为选择的不同。正如俄国学者穆尔扎所言："传统社会面对某些公民社会对之毫无反应的影响，却是脆弱的，毫无自卫能力的。只要群众意识对思想专制社会所组织的生活的公正性产生怀疑，或者对国家政权的公正性产生怀疑，政治秩序的全部基础便会动摇，瞬间便会崩塌。"[②]

所谓"情绪集合"是指在泛化的政府概念中，党和政府的态度是通过相关政府工作人员的个体化行为表现出来的。在现有的强政府弱社会的格局之下，受中国传统社会中存在的"官大民小""官强民弱"的传统政治心理，以及建国以后在革命性意识形态下所营造出来的政治社会话语氛围——政府代表人民，是革命的象征，凡是与之对立的，就是反革命——的影响，公众，特别是社会弱势群体一般都会把"民不与官斗"作为处置利益问题的心理习惯与行为规避。在对待与自身利益相关的问题时，如果能够避免与政府的直接对抗，一般不会选择对抗性的斗争方式来表达自身的利益诉求。相反，如果选择了比较激烈的非制度抗争方式来实现自己的利益表达权利，那么，原因往往是出在政府自身行为的不当上。政府行为的不当，最突出的表现就是政府工作人员的态度。政府工作人员态度的好与坏，对事态发展常常起着引导或者激化的作用。如果态度良好，有可能将事态向和缓的方向引导；如果态度强硬，有可能激化事态向尖锐对抗的方向发展。事实上，仔细分析当前的网络事件之所以在后续发展成为一种舆情风潮，一个关键要素就在于事件本身蕴含的道德良知和政府个别工作人员处置时的态度不当而引起的"道德批评"造成的。杨国斌认为，网络事件的发生不依赖资源动员，也不依赖政治机会。在网站和社区基本正常运作的条件下，网络事件发生的关键因素，是事件本身的震撼性以及描述事件的方式。能给人以"道德震撼"的帖子，能够激发网民的情感，调动他们的力量，从而刺激网络互动，酿成网络事件。这说明，网络事件之所

① 上官木子：《网络交往与社会变迁》，社会科学文献出版社 2010 年版，第 177 页。

② ［俄］谢·卡拉—穆尔扎著，徐昌翰等译：《论意识操纵》，社会科学文献出版社 2004 年版，第 56 页。

以成为“事件”，吸引大量网民的参与，是因为他们从情感上打动了网民。而只有从道德上给人震撼，才能从情感上让人感动。越是触及公民道德底线的事件，越具有震撼力，也就越能激发人们的情感，形成网络事件的可能性越大。[①]

作为信息与情绪集合的党和政府的态度，往往会对因群体利益冲突事件而引发的网络舆情产生直接的影响力。仔细分析近年来频发的“网络群体性事件”形成的原因，很重要的一个因素就在于政府与公众之间缺乏良好的信息共享平台，从而导致信息失真，引发社会各方的猜疑，不仅激化了现存矛盾，而且给党和政府的后续工作造成很大的被动。贵州瓮安事件发生的原因之一就是政府在信息披露方面存在缺陷，对社会各界，特别是参与群体获取事件真相的需求不能及时满足。可见，信息的不畅和利益的分歧，导致了各方对同一文本故事的解释歧义，进而影响到公众对政府态度的变化。“对无论是小说、电影、故事及其他等等的解释的评价不应该建立在作者的意图、实质的发现或任何其他的基本标准上。一个解释如果探讨的是读者/听众和文本之间存在的分裂现象，那么它的有效性则要强得多。解释行为是一种解构和抵制行为，一个与文本试图强加于人的世界框架斗争的行为。读者/听众和文本之间的这一产生意义的辩证关系从根本上来说和解释行为一样是政治性的。正是通过解释过程，我们使得我们的世界有了意义，也正是通过这同一过程，我们的社会世界得以再现。”[②]因此，执政党的意见表达往往是在直面矛盾的过程中，重构和形塑着社会的态度和立场。

三、表达意涵

表达意涵是指执政党为社会提供的观察、评判社会的意识形态内涵。从普遍意义上讲，任何一种主流意识形态都有按照其所坚持的理想原则来改造社会现实的内在规定性。“不管意识形态还意味着什么，至少它宣告了作为其传道者的意图：参与他所从属的社会，自视为其中的一员。这也是一种社会责任感的自我要求，表明准备承担或分担这种责任。最后，也

---

① 杨国斌：《悲情与戏谑：网络事件中的情感动员》，参见邱林川、陈韬文主编：《新媒体事件研究》，中国人民大学出版社 2011 年版，第 59 页。

② ［美］丹尼斯·K. 姆贝著，陈德民、陶庆、薛梅译：《组织中的传播和权力：话语、意识形态和统治》，中国社会科学出版社 2000 年版，第 4 页。

是最重要的，意识形态标志着对世界的不满，标志着对当下事态的批判态度，渴望对之进行改良或彻底改造。即便是最保守的意识形态，也会尖锐地表现出对现实世界的排斥，就好像后者的当下存在纯属偶然：它们是异教，尽管乔装成正统，一些 noch - nicht - geworden 的观念激发了它们的热情。简言之，认识到并非一切社会现实都是如其所应是，必须对当前状况进行纠正，必须要以一种系统一贯的方式进行，这就是要编织意识形态的布篷的主要原因。所有意识形态都源于对现状的拒绝，首先是源于不相信现实本身具有自我矫正的能力。所有意识形态都作为一种主动而统一的实践纲领而诞生——尽管它们根据臆想中的过去设想未来，把创新视为回归，把革新看作复兴。"① 正是这一内在规定性要求，主流意识形态的话语表达必须具有唯一性、主导性。不过，随着全球化、市场化的深入发展以及网络虚拟空间的形成，执政党所能提供的意识形态内涵也随之发生了深刻嬗变。"在现代化的意识形态和强势的全球媒体力量使得全世界都臣服于一种文化同质性的情况下，语言，作为文化的最直接表现，就成了文化抗拒的战壕、自我控制的最后堡垒，以及可确认的意义的避难所。"② 这一变化使意识形态呈现出复杂而多样的表达意涵。概括起来，这种新的社会文化价值观念表现为：民众自我意识的觉醒，个人价值、个人成就、个人利益得到了社会承认；理想主义变化，务实主义成为普遍的个人选择；消极保守的观念淡化，人们普遍从思想上接受了改革创新的观念；市场经济意识强化，张扬个性积极参与竞争的意识得到普及；要求得到尊重、崇高平等、追求个人权利等意识不断提高；法律意识得到加强，个人行动趋于理性化；疾恶如仇，对等级观念、特权观念以及任人唯亲、贪污腐败等现象难以容忍，等等。③ 而就网络虚拟空间的表达意涵而言，在折射现实文化价值观念的同时，又具备了网络虚拟空间的自身特点，尤其使主流意识形态的网络表达受到极大影响。具体来说，集中体现在以下五个方面。

一是平和性与欺骗性。这是由网络的社会性特点决定的。网络虚拟社会是一个"陌生人的社会"。从社会心理学的角度来讲，网络虚拟社会的"陌生人"社会属性为人们提供了一个放松心情、释放压力、表达幻想的

① ［英］齐格蒙·鲍曼著，洪涛、周顺、郭台辉译：《寻找政治》，世纪出版集团、上海人民出版社 2006 年版，第 115 页。

② ［美］曼纽尔·卡斯特著，曹荣湘译：《认同的力量》，社会科学文献出版社 2006 年版，第 56 页。

③ 陈方勐：《转型社会中的中国共产党》，中央编译出版社 2010 年版，第 11 页。

场阈。与现实生活相比，网络虚拟社会仿佛远离了现实的矛盾与冲突，在这样一个陌生人的虚拟环境中，每一个人都能够去掉现实中的伪装，而以自己的另一面在网络中肆意表演而不用为他人承担相应的社会责任。由此，网络虚拟社会为人们营造了一个表面上远离争斗、繁花似锦的“桃花源”。网络的这一社会心理，遮蔽了意识形态的敌我本质。莫斯科维奇认为，意识操纵的涵义在于：“我们不强迫你去做，我们要潜入你的心灵，进入你的潜意识，达到你自己愿意去做。”[①] 再加上网络意识形态在表现形式与运用手法上的多样性，也使人们在网络空间的活动易受到潜移默化的影响，从而放松警惕，成为敌对势力进行意识形态斗争的主要的不设防对象。

二是隐蔽性与突发性。这是由网络的娱乐性特点决定的。网络娱乐性的实质就是眼球经济。对于任何一个组织或个人而言，网络生存的首要条件就是争夺眼球，赢取更多关注。没有网民的关注和点击，网络上的组织或个人就会真正成为孤家寡人！“信息经济弥漫着在金钱运动上下赌注的思想——这一思想深受新教徒道德的憎恶。信息经济中不存在新教徒道德的禁欲主义。更确切地说，这意味着一种人们希望享用他们的金钱的文化；更极端地说，它是一种人们期望能够立即得到满足的消费文化。”[②] 因此，娱乐性既是组织或个人网络生存的首要条件，又是为数众多的网民的基本网络生活方式。对于大多数网民来说，上网的目的除了必要的通讯和信息搜集外，就是满足自身的娱乐需求（比如看电影、玩游戏等等）。而物质经济的快速发展和消费主义的大行其道，更加彰显了网络的娱乐性。意识形态斗争正是在迎合网民内在娱乐需求的条件下，借助于形式多样的网上娱乐活动（主要是游戏和电影），不知不觉中向网民灌输西方的价值标准，培养西方意识形态的信众。正如席勒所言：“美国的消费主义思想宣传在破坏前国家社会主义的全球部门的过程中发挥了重大作用，这种观点并非夸大其词。它成功地超越了美国在冷战期间信息战的武士们的疯狂梦想。”[③] 一旦网上意识形态斗争激烈，就能在网民中制造思想混乱，误导

---

① ［俄］谢·卡拉—穆尔扎著，徐昌翰等译：《论意识操纵》，社会科学文献出版社2004年版，第52页。

② ［美］曼纽尔·卡斯特著，周凯译：《网络社会——跨文化的视角》，社会科学文献出版社2009年版，第470页。

③ ［美］赫伯特·席勒著，刘晓红译：《二十五年来的回顾》，《大众传播与美利坚帝国》，上海译文出版社2006年版，第15页。

网民，达到斗争力量聚成的突发性。

三是分散性与集中性。这是由网络的技术性特点决定的。互联网与其他媒介的最大区别就在于它是由各个独立的节点构成的。每一个节点都能够成为一个单独的信息工作源。互联网这一独立、分散的节点结构降低了主权国家或政党的意识形态管控能力，因为你不可能通过行政的强制力量封杀所有网络节点。只要仍然有若干节点存在，意识形态斗争的相关信息就会一直在网络上流通。况且，即使封杀了政府行政管辖范围内的若干节点，但是，通过境外代理服务器的跳板作用，整个网络仍然能够获取外界源源不断的信息资源。除非关闭整个国家的互联网，而这一做法在现今时代又是行不通的。因此，建立在这一技术特性之上的网络结构，使得网上意识形态斗争参与力量的分散性更加明显。同时又由于信息传输的迅捷性，使得分散与集中成为瞬时可能，时间空间已经不能成为集中的障碍。由此，增强了网上意识形态斗争敌方的生存能力，降低了网上意识形态我方的管控能力。

四是开放性与多元性。这是由网络的生存性特点决定的。没有开放，就没有网络的生存。这一特点决定了网上意识形态斗争不再局限于旗帜鲜明的敌我双方，而是有了更多社会力量的参与。网络信息传播的散点式分布，使得传统意识形态斗争中党和政府通过有效控制报纸、电台、电视等信息渠道的方法已经无法适应网络环境中意识形态斗争的现状。“一人一媒体”式的网络传播特点，在理论上使得每一个人都能成为信息传播的独立信息源，都有可能成为意识形态斗争的参与者。因此，网上意识形态的参与力量越来越呈现出多元性的趋势。这就要求我们必须着眼于网上意识形态的这一特点规律，对传统意识形态斗争中非黑即白的敌我二元判断在网络环境中需要做深入细致的分析，以团结一切可以团结的积极因素，壮大自身的意识形态力量。

五是虚拟性与现实性。这是由网络的融合性特点决定的。网络空间作为一个虚拟社会的存在，不仅是对现实社会的镜像反应，而且也能积极影响现实社会。可以说，以互联网为核心的信息通讯技术的社会性特征正日益显现，网络虚拟社会与现实社会的融合也日益增强。网络社会发展的这一基本趋势使得网上意识形态斗争具有了虚拟性与现实性的双重特点。网上意识形态斗争的虚拟性是就网络虚拟环境而言，网上意识形态斗争的现实性则包含两个方面的内容：一是网上意识形态斗争是来源于现实意识形态斗争的，不是凭空产生的；二是网上意识形态斗争虽然是在网络虚拟环境中进行的，但是，随着信息化社会的加速发展以及网民数量的不断增加，网上网下的衔接与转换已经成为可能。因此，网上意识形态斗争必将由虚拟空间的“坐而论”转向现实社会的“起而行”，从而影响和波及现实社会，给稳固的现实社会带来潜在的冲击。

四、表达机制

意见表达是在一定的组织机制运作下才能变成现实的话语力量。传统媒体条件下的舆论形态主要由媒体直接报道的内容和借由媒体报道体现出的社会个体的意见组成，传媒媒介的“把关人”身份严格限制了议题的出现和传播，社会个体真实、集中的意见事实上无法完全由舆论气候表达出来。因此，什么样的议题可以形成舆论，与议题本身的性质并没有太大关系，而主要是由主流舆论引导的规则所决定。[①] 通过主流舆论的控制和引导，形成和营造了社会意见的主流表达。“沉默的螺旋”理论的创建者诺埃勒—诺伊曼就认为，大众传播通过营造“意见气候”来影响和制约舆论，舆论的形成不是社会公众“理性讨论”的结果，而是“意见气候”的压力作用于人们惧怕孤立的心理，强制人们对“优势意见”采取趋同行动这一非合理过程的产物。[②] 同时，现实社会严格明确的身份认定，也使得个体的意见往往在社会群体中受到无所不在的影响。群体对个人的影响包括感染性影响和暗示感受性。这意味着，群体中的个人会处于一种集团心理的控制之下，这种集团心理使个体在感情、思维以及行动上会采取一种与他们各自在孤身独处时截然不同的方式。也就是说，同质的东西淹没了异质的东西。[③]

从社会传播技术的角度而言，传统媒体条件下的舆论形态的严格限定性，主要是由报纸、电台、电视等媒介的现实可控性决定的。“在印刷时代，国家容易形成政府舆论本位、对民众造成沉默的螺旋。”[④] 但是，以互

① 崔蕴芳：《网络舆论形成机制研究》，中国传媒大学出版社2012年版，第68页。

② ［英］安德鲁·查德威克著，任孟山译：《互联网政治学：国家、公民与新传播技术》，华夏出版社2010年版，序言，第5页。

③ 上官木子：《网络交往与社会变迁》，社会科学文献出版社2010年版，第182页。

④ ［英］安德鲁·查德威克著，任孟山译：《互联网政治学：国家、公民与新传播技术》，华夏出版社2010年版，序言，第5页。

联网为代表的信息网络技术的发展却打破了政府对社会传播技术的控制，松动了政府对信息场阈的严格管理。“由墙、门和铁丝网所标记的，以及由法律、警卫和受训的狗所维护的边界，总是通过接纳或排除参与者来确定场景。但是现在这些边界对确定社会场景的职能只是：通过限制物质上的接触来限制信息扩散。虽然许多社会信息仍然只能通过到特定的地点或与人面对面相遇才能获取，但是过去的信息获取与地点接触的协调关系，由于传播媒介近来的变化，有了很大的削弱。”① 可以说，在网络媒体时代，信息的公开性和透明性得到前所未有的提高。“信息丰富削弱了传统大众媒体守门人的功能。对在新的信息环境中公众留意的那些故事，大众传媒机构也越来越不能发挥其编辑和战略掌控的功能。……传统的守门人的功能正在侵蚀直到消失，包括媒体来源的倍增和膨胀，它们创造了守门人的竞争；24 小时滚动新闻的增长，为编辑掌控哪些故事被覆盖了而哪些故事没有被覆盖，提供了越来越少的机会；同时却提供了越来越多的互动性以及非建制性的市民分享信息的手段。其结果就是门的数量倍增，而接下来却是守门功能的垮塌。通过类似的机制，媒体其他的主要政治功能——议程设置和启动效应——也可能受到侵蚀。”② 传统媒体时代的那种传播—受众之间的地位被彻底改变，网民不仅是信息的接受者，同时也是信息的发布者，“把关”的界限也变得越来越模糊，网络监管的范围与传统媒体时期相比更为宽松。因此，网络舆论的兴起带有很大程度的自发性，即网友对议题的自发讨论以及在此基础上的意见集中成为主要的舆论兴起模式。可以说，互联网至少也已经部分而不可逆地改变了媒体“意见气候”、改变了社会公众和“理性讨论”的定义，改变了国家政治的文化形态，这其间，甚至也包括我们的国家和我们自身。③ 在这种情况下，议题本身的性质及特点就成了网络舆论议题出现期的重要影响因素。究其根源，则在于：互联网技术大大降低了人们了解社会的信息成本，从而在降低对社会中介力量深度依赖的同时，“消费者过滤所读所看所听的力量随

---

① ［美］约书亚·梅罗维茨著，肖志军译：《消失的地域：电子媒介对社会行为的影响》，清华大学出版社 2002 年版，第 100 页。

② ［美］宾柏著，刘钢等译：《信息与美国民主：技术在政治权力演化中的作用》，科学出版社 2011 年版，第 99—100 页。

③ ［英］安德鲁·查德威克著，任孟山译：《互联网政治学：国家、公民与新传播技术》，华夏出版社 2010 年版，序言，第 5 页。

之越来越强大”。[①] 这种力量可以大大地产生改进的功能，为消费者与公民所能接收的内容带来巨大变化。这种变化主要表现在四个方面：“第一，数字科技与互联网可以降低拷贝与传输材料的成本，这也就减少了消费者的成本。第二，任何人若想要查询，然后挑选并储存收藏在计算机的信息，难度（或成本）将可减低。第三，这些技术条件可以让传媒专业人士在创造内容时，以更方便（便宜）的方式，搜集、组合与操弄相关元素，并将这些元素转为这些专业人员想要（或被雇佣来）创造的东西。第四，目前的内容生产遭遇了两种瓶颈，一是必须取得总编辑或发行人的同意，一是发行与传输成本。有了数字科技后，可望降低这些瓶颈所造成的限制。许多守门问题为此而减少，有些时候，这就使得先前消费者或者想要，但却无由取得之信息，可以手到擒来；同时，先前没有渠道销售其内容，现在却可以通过互联网而兜售了，或者，愿意创造并免费提供内容的人，如今也有渠道了”。[②]

互联网所导致的信息场阈的开放性，大大降低了现实社会的舆论控制。“在网络时代，自由出版、匿名发表促使舆论本位分散而不确定，社会对舆论的控制力在与日俱增。”[③] 同时，又启发了越来越多的人开始利用互联网的这一舆论生成特点。“可以认为，电子动员在媒体和政治行动者之间起到了去中介化作用，使草根活跃分子可以超越政治精英和现在机构程序脱颖而出，越来越多的成功案例让人们意识到了利用网络为传统媒体设置议程的价值。”[④] 因此，网络党组织要想增强自身的意见表达能力，赢得网络民众的支持，必须借助于一定的表现形式才能实现。从近年来网络舆情发生发展的原因来看，通过提升网络党组织的意见表达能力，使之成为网络空间领域的“意见领袖”不失为一种好的尝试。所谓“意见领袖”又称“舆论领袖”，是美国传播学者保罗·拉扎斯费尔德在20世纪40年代提出的概念。拉扎斯费尔德认为：对于媒介所播的信息和观点，有部分

---

① ［美］凯斯·桑斯坦著，黄维明译：《网络共和国：网络社会中的民主问题》，世纪出版集团、上海人民出版社2003年版，第4页。

② ［美］查尔斯·埃德温·贝克著，冯建兰、陈卫星译：《媒体、市场与民主》，世纪出版集团、上海人民出版社2008年版，第357页。

③ ［英］安德鲁·查德威克著，任孟山译：《互联网政治学：国家、公民与新传播技术》，华夏出版社2010年版，序言，第5页。

④ ［英］安德鲁·查德威克著，任孟山译：《互联网政治学：国家、公民与新传播技术》，华夏出版社2010年版，第183页。

受众会积极接受，并加以再传播，这些人即为“意见领袖”；而另一部分人则主要依靠与这些“意见领袖”的接触来指导自己的行动。由此概念生发出一种观点，即大众传播对受众的影响不是直接的、及时的，而是通过“意见领袖”这些中介人物的作用而影响到广大受众的。网络党组织之所以能够成为“意见领袖”，主要是基于以下三个方面的原因：

首先，从网络舆情的现状来讲，具有发展性。就当前网络舆情发展现状来看，能够自觉担当起网络舆情引导的“意见领袖”的网络组织尚且不多，在一定程度上呈现出真空状态。因此，对于分布于全国的网络党组织力量而言，其发展大有空间、大有作为。其次，从网络党组织功能来讲，具有试验性。开展网络党组织活动，不仅是网络党建的一个重要内容，而且可以成为执政党执政方式转变的一块“试验田”。网络环境所具备的无中心、公开、公正、透明的特点，其对社会政治生活的影响绝对不止于网络虚拟环境。应该看到，随着网络的普及以及我国政治民主化进程的不断深入，探索一种新型的执政领导方式已经成为执政党需要考虑的一个迫切问题。这种新型执政方式最突出的特点就是如何发挥执政党的政治参与与领导能力。可以说，与现实政治生活需要承担的巨大风险相比，网络环境无疑可以为执政党执政方式的转变提供一个实践的新场阈。最后，从“意见领袖”生成看，具有可控性。在虚拟的网络社区中，“意见领袖”对网络舆情的影响可以通过以下技术和管理机制来实现：第一，有见地的帖子往往能得到很多人的回复，并吸引大量的点击，迅速成为论坛上的热点；第二，如果帖子被“加精”，就会与普通帖区别对待；第三，通过“置顶”功能，以突出那些引发深入或长久争鸣的精华帖；第四，有些帖子被其他论坛或媒体所转载，获得广泛的社会关注。从传播学的角度来看，网络论坛的这一机制实际上就是一种“人为的议程设置”。通过网站的头条或前十条新闻、博客的“十大”排名、BBS每日的“十大”等具体的议程设置形式，实现对网民意见的影响。可以说，通过这一机制的运作，可以实现对舆情的有效引导。

因此，将网络党组织打造成为引领网络舆情健康发展的“意见领袖”，应该可以成为一个明确而有效的组织目标。

第二节　增强意见表达能力的意义

尼尔·波斯曼认为，社会传播技术的变革所引发的最难以预料的后果是意识形态变革。“技术引起的变革即使并非绝对神秘，也至少是难以细察的，甚至可以说是难以预料的。最难以预料的后果可以说是技术引起的意识形态变革。……新技术改变我们的‘知识’观念和‘真理’观念，改变深藏于内心的思维习惯，一种文化对世界的感觉就是这种思维习惯赋予的。这种感觉是何为自然秩序、何为合理、何为必需、何为必然、何为真实等等的感觉。”① 以互联网为代表的信息技术给现实政治环境中的意识形态统治带来了巨大冲击。它冲决了意识形态生成的现实“藩篱”，塑造了一个迥异于现实物理空间的网络虚拟空间，使得政党传统的社会治理方式方法无法达成预期的目标。因此，在这一新形势下，增强网络党组织的意见表达能力，就成为政党在网络空间领域尝试治理的一种新的举措，具有重要的现实意义。具体来说，主要表现在以下三个方面。

一、网络声音的“多语”，需要执政党网络意见表达的“存在彰显”

网络声音的“多语”，既是指网络表达的嘈杂喧嚣，又是指党和政府网络表达的弱化。

从网络表达的嘈杂喧嚣来看，主要体现在两个方面：第一是网络意见表达主体的个体多元。由于网络空间在本质上是一个无权威的虚拟领域，网络表达工具的迅捷性又使得网络民众的表达诉求能够得到直接实现。正是由于这一原因，网络空间声音表达的突出特点就是“人自为王”。每一个人都是以自己的为中心，强调的是自己的个体意见的淋漓宣泄，从而在事实上营造出一个观点纷呈、意见不一的繁杂景象。第二是网络意见表达形式的泛娱乐化。网络在为社会公众提供海量信息的同时，又能够极大地满足不同类型网民的休闲娱乐需求。可以说，娱乐性是网络吸引社会公众的主要原因。造成网络娱乐性特质的原因在于：一是网络提供了大量可以随时满足网民需求的娱乐内容，如电影、音乐、游戏等。二是消费主义思潮在网络的催化下更加蔓延开来，更加凸显了网络的娱乐特质。“20 世纪的工业主义已经创造了一种新的心理类型——‘消费人’，这主要是由于经济原因促成的，例如，受广告刺激和操纵的大众消费的需要。但是，这种性格类型一旦形成，也会影响经济并使不断增加的满意原则看上去是合

① ［美］尼尔·波斯曼著，何道宽译：《技术垄断：文化向技术投降》，北京大学出版社 2007 年版，第 6 页。

理的、现实的。这样，当代人就会产生对消费的无限渴望。”[①] 三是现实社会的生活压力使得网络成为舒缓、宣泄压力的重要场所，“痛并快乐式”的生活成为社会大众留连于网络的社会心理原因。正是由于这种娱乐需求的不断泛化，就产生和形成了网络空间的政治祛魅。严肃政治话题的网络讨论既非治理者所愿，又是网络把关者的首要职责。在这种情况下，党和政府的声音就在娱乐化的情绪性氛围中被不断弱化。

从党和政府在网络空间意见表达的弱化来看，有两个重要因素不可忽视：

一是网络虚拟空间的开放性、无国界性，使得党的意识形态宣传面临着西方发达国家的挑战，形成了西强东弱的态势。具体而言，这一态势主要是由两个因素决定的：一方面是网络的技术规则。由于互联网诞生于美国，借助于经济全球化的迅猛发展而成为当今世界信息联络的主要工具和平台。互联网虽然标榜自由、平等与开放，但是，互联网运行的一系列根本性的技术规则无疑是由以美国为首的西方发达国家所决定的。中国虽拥有顶级域名“.CN”，但是这一域名分配却是由1998年成立的互联网域名和地址管理机构（ICANN）来决定的。ICANN负责全球互联网IP地址的分配、顶级域名系统的管理等互联网国际管理事务。虽名为非营利机构，但却改变不了其隶属于美国商务部的政府背景。作为支持互联网运行的最核心技术结构根服务器来说，目前互联网只能容纳13台根服务器，其中有10台在美国，[②] 另外3台分别在瑞典、荷兰和日本。可以说，一旦发生突发事件，中国无法阻止美国把“.CN”从域名系统中删除，从而把中国排除在国际主干网之外。因此，互联网运行的这一根本性的技术规则决定了美国在意识形态传播上的优势。另一方面是网络的信息规则。互联网之所以能够成为全球共享的平台，其核心就在于信息的自由流动。可以说，没

① ［美］赫伯特·席勒著，刘晓红译：《大众传播与美利坚帝国》，上海译文出版社2006年版，第93页。

② 在全球13台根服务器中，10台位于美国，其中2台直接被美国军方控制。其一为H服务器，位于美国东部马里兰州的阿伯丁武器试验场，属于美国陆军实验室；其二为G服务器，受控于五角大楼网络信息中心。而且，管理这13台根服务器内容的互联网域名与地址管理机构（ICANN）也由美国政府掌控着。ICANN成立于1998年9月。美国商务部原来承诺，在2006年9月与ICANN的合同到期时，把互联网根服务器的控制权转移给国际组织。但在2005年6月30日，美国商务部突然宣布，“不管ICANN是否满足条件，美国都将继续控制互联网根服务器。”见石海明、刘杨钺、张茜：《适应者死亡：媒体狂欢时代的全球战略博弈》，武汉出版社2011年版，第89页。

有信息的自由流动，就没有互联网的存在。但是，我们必须看到互联网自由流动的信息规则的潜性政治要求，即各国政府不能人为地设置障碍来阻碍信息的自由流通。这就使得占据了全球四分之一IP资源的美国在信息的传播方面具有了道义与政治上的优势，表现出强势的单向度输出，使美国成为全球互联网的主要信息源。“如果自由贸易是一种经济强国用来渗透和支配经济弱国的手段，那么‘信息自由流动’原则——顺便提一下，它被指定为联合国教科文组织的目标——就是一种将生活方式和价值观强加于弱小国家的渠道。如果说人们已经充分地认识到自由贸易对于发展中国家的危害，那么，信息流动作为国际控制的要素的重要性却几乎没有引起人们的重视，甚至在美国也是如此。……传播已成为互相连接着的美国权力联合体决策制定过程中的重要因素。自40年代前无线电广播出现开始，企业已经认识到并且充分利用了大众传媒，而如今行政及军事官僚结构已经狂热地抓住了信息控制所提供的各种机会。”① 同时，由于互联网信息的通行用语为英语，这决定了西方发达国家的信息资源能够迅速流通，并为世界使用英语的民众所接受，从而在客观上使西方发达国家在网上意识形态斗争方面具有极强的话语主导权。正如席勒所言：“英语成为世界科技语言，但这种优势并不是人们普遍认可该语言具有优越性或中立性的结果，而主要是美国军方在二战以后的巨额开支所造成的后果，即通过投资设立科研机构来扩大美国在军事、科技和金融领域的势力”，“英语的这种发展绝不代表着向参与的、共享的、公正无私的世界共同语言的发展。倘若目前民族国家内部以及国家之间存在的政治经济不平等保持不变，那么，英语就会变成一种渠道，通过这一渠道将霸权主义国家的模式、观点以及价值观不知不觉地传递给接受它的国家、群体和个人”。② 可以说，全球化进程的日益深入和信息技术的迅猛发展带来的社会传播意义在于：“炮舰外交已经成为历史，传播外交正成为当前的一种非常重要的手段，日益红火的业务。伴随着广播和电视机构正在工业基础薄弱的国家的建立，文化操纵具有了极大的可能性”。③ 西方国家凭借其发达的国家力量和

---

① ［美］赫伯特·席勒著，刘晓红译：《大众传播与美利坚帝国》，上海译文出版社2006年版，第8页。

② ［美］赫伯特·席勒著，刘晓红译：《二十五年来的回顾》，《大众传播与美利坚帝国》，上海译文出版社2006年版，第31—32页。

③ ［美］赫伯特·席勒著，刘晓红译：《大众传播与美利坚帝国》，上海译文出版社2006年版，第105页。

意识形态影响，往往使得第三世界国家的民众在思维上受到影响甚至控制。“大众传播目前已经成为正在浮现的美帝国的支柱。‘美国制造’的讯息在全球传播，发挥着作为美国国家权力以及扩张主义的神经中枢的作用。‘贫穷’国家的意识形态的形象越来越受到美国的信息媒介的监管。”① 这一发展趋势，形成了以美国为首的西方发达国家在全球互联网结构体系中占据顶层，主导着互联网运行的核心权力格局，从而使我国与西方在网络虚拟空间领域的意识形态斗争处于敌强我弱的总体态势。

二是由于网络的去权威性、无中心化的特点，使得党和政府在现实物理世界所形成的政治权威资源无法有效地移植到网络虚拟空间，从而造成党和政府在网络空间领域的暂时性失声。当然，造成这种暂时性失声的原因很多，大致有以下两个方面的因素：一方面是在对待网络的态度上仍然存在着“网络就是谣言的滋生地”的偏见，从而在主观思想上就将网络拒之门外，因而在实际上采取的是“鸵鸟政策”。具体来说，主要体现为四个特征：一是“模糊”，往往对公众需要特别关注的问题一笔带过，草草了事；二是“主观”，不见广泛的调查取证，听取群众意见，就自觉以辖区群众为代表，掀起“轰轰烈烈的群众声势”；三是“强势”，对各方的质疑，特别是相关利益者关心的话题，不是给予耐心的解释，而是常常居高临下，以自己的意志代替他人的意志；四是“漠视”，对社会上的质疑声音置之不理，不予反驳，从而造成舆论上的被动，引起更大范围和程度上的群众抵触。造成暂时性失声的另一方面因素则在于缺乏意见表达的正确方法。党和政府往往习惯于现实物理世界的公文式表达，以程式化的思维来应对网络民众，造成的结果就是距离网络民众越来越远，最后被敬而远之，无法在网络空间扎根立足。

因此，如何在网络空间无国界、网络表达娱乐化的虚拟空间中，使党和政府的声音能够被网民所听见，并接受和理解，就成为网络党组织发挥意见表达能力时必须要考虑的重要问题。

二、网络空间的“多元”，需要执政党网络意见表达的“能力重塑”

网络空间的“多元”，主要包含四个方面的内涵：网络空间活动主体

① ［美］赫伯特·席勒著，刘晓红译：《大众传播与美利坚帝国》，上海译文出版社 2006 年版，第 142 页。

的多元、网络舆情参与力量的多元、网络舆情表达方法的多元和网络舆情波及范围的多元。

第一，网络空间活动主体的多元。网络的匿名性以及网民身份的模糊性，[①] 导致活动于网络空间的网络民众来源繁多，身份复杂，要想通过实名登记的手段来一一核对网民身份信息，无疑是一件耗时费力而又不能得到网民支持的事情。因此，在网络身份隐匿的情况下，网民的个人表达常常会因为失去了现实世界的物理控制而得到反弹与宣泄，从而使得政党和政府对于网络空间领域的舆情治理无法像在现实世界那样，通过强而有力的组织和行政力量进行直接干预和控制。

第二，网络舆情参与力量的多元。网络舆情的发展，往往具有突发性，并会在发展的过程中不断得到新的力量的补充而不断扩大，形成网络风潮。具体来说，主要表现为：在多元社会结构下，网上意识形态斗争的力量表现为多样分布。随着我国改革开放的深入进行，多元社会结构日益形成。中国社会转型的这一结构性特征使得社会阶层日益分化、利益诉求日益增强，从而使网上意识形态斗争的参与力量大大增加，表现出强烈的多样分布特征。就敌方而言，既有国际反华势力的精心策划，又有受到国际反华势力支持的一部分组织（比如“法轮功”“民运”）的兴风作浪。就我方而言，既有党和政府相关部门的主动作为，又有社会民众的自发参与。这里需要注意的是，对于国内社会民众的意识形态参与行为必须做细致分析。目前来看，社会民众的意识形态行为大致可以分为两种类型：一是独立思考型的意识形态参与者。社会的日益发展与分化，使得我国在意识形态领域逐步形成了党的指导思想的主导性与社会思想的多元性并存的现状，从而使得越来越多具有独立思考能力的社会力量开始介入意识形态领域，并因其独具个性的社会批评性而产生了相当影响。二是就事论事型的意识形态参与者。这一类型的参与力量在网上意识形态斗争中往往只是针对某一具体事件而发表自己的观点和看法，属于被动型参与。大多数网民就属于此种类型。但是，一旦意识形态斗争趋于尖锐化，这一类型的参与力量也可能迅速由被动转为主动，从而成为意识形态斗争的主要力量。可以说，社会发展的多元性，使得执政党通过组织上的制度管理和信息渠道上的传播控制能力大大削弱，

---

① 尽管要求网上注册实名登记，但是，在多数场合（如论坛）下，对网民的具体的个人身份的追寻并不是时常发生。

网上意识形态斗争的力量日益多样。

第三，网络意见表达方法的多元。以互联网为核心的信息通讯技术的飞速发展，使当代社会越来越呈现出媒介化的趋向，也使网上意识形态斗争的形式与内容更为复杂多样。具体来说，表现为两个方面：一是形式载体多样复杂。网络技术的发展融合了传统媒介与网络媒介，从而使“融媒体”成为网络的主要表现形式。“直到互联网出现以前，传媒发展史一直都是一个支离破碎的故事。不同的技术沿着不同的路径向前发展，从而导致了专用工具的激增。图书和报纸可以呈现文字和图像，但是无法处理声音和视频。电影和电视之类的可视化传媒不适合展示文字，除非是数量极少的文字信息。广播、电话、留声机和录音机的作用仅限于传播声音。如果你想对数字进行运算，你可以使用计算器。如果你想探寻真相，你可以查阅百科全书或世界年鉴。企业的产品及其消费都是支离破碎的。如果一家公司想销售文字，它可以将其印在纸上。如果一家公司想出售电影，它可以将其录制在胶片上。如果一家公司想出售歌曲，它可以将其制作成唱片或录制成磁带。如果一家公司想发布电视节目，它可以通过大型天线在空中实现，也可以利用很粗的黑色同轴电缆来传输”，“一旦信息实现了数字化，媒体之间的边界就消失了。我们以通用工具取代了专用工具”。[①] 这一特征就决定了网上意识形态斗争的形式不再仅仅局限于单薄的文字与静止的图像，而且更多地通过对音频、影像、图片、动画等形式的综合运用（比如通过 PS 等技术达到以假乱真、迷惑群众的目的），大大增强了意识形态宣传的欺骗性。二是形式内涵涉及广泛。网上意识形态斗争所包含的内容涉及到方方面面，不仅包括宏观层面上对党和政府形象的肆意歪曲，也包括微观层面上对国内社会现象的借题发挥。特别是后一趋势由于网络的开放性而表现得越来越明显，也更能迎合国内国外社会民众的心理，使网上意识形态斗争直接面向普通社会民众，从而具备了“星星之火”的能力，稍有不慎，就将出现“燎原”之势。可以说，媒介社会的媒介化特质，使得网上意识形态斗争的形势更加复杂，谁能掌握媒介，谁就得吸引民众。

第四，网络舆情影响范围的多元。经济全球化为互联网的全球分布奠定了物质基础，也使互联网真正具备了信息流动的全球性，也使意识形态

① ［美］尼古拉斯·卡尔著，刘纯毅译：《浅薄——互联网如何毒化了我们的大脑》，中信出版社 2010 年版，第 94 页。

斗争通过互联网而具备了无国界性的特征。具体来说，这一特征是由三个方面的因素决定的。一是技术规则的开放性。网络技术的开放性规则使得网上意识形态斗争具有了国际性。因为任何一个国家都不可能通过随意关闭网络来进行意识形态的控制。“在发达国家，特别是美国，由于互联网与言论自由的宪政要素具有天然耦合性，而获得了极其宽阔的发展空间。并且，由于它后来被发觉和发掘出来的政治动员力量，在被草根人士大量使用的同时，也被政治精英作为动员手段和募捐渠道，来进行政治包装和资源聚合。”① 二是信息流通的迅捷性。互联网的运行，带来了信息流通的迅捷性，而信息流通的迅捷性又使一域而为全局成为现实。“这种境况极不同于过去的‘硬件’时代，在那时，权力与知识，正如其对象一样，本质上依然是‘地方性的’，附属于地域。囿于厂区的工业、囿于营房的军队、囿于校园的教育，所有这些使权力之拥有者与权力之臣属者面对面地聚集于同一处。权力和知识、资本和信息，与劳动力、军队和民众一样，扎根于地域、依赖于空间、受制于距离，它们雇佣、管理和监督那些受其教导、训练、监督的民众。资本被牢牢束缚于重型机械与高大厚重的工厂围墙，同样，也被束缚于当地、受到严密保护的劳动力与商品市场，与工人或等待被雇佣的人一样，不能自由移动。”② 可见，信息网络的发展，使得意识形态斗争不可能再仅仅局限于一国的行政管辖范围，而具有了全球性的可能。三是意见表达的全球性。当国内事件被互联网逐步放大的时候，就不再是一件孤立的国内事件，而会立刻成为全球瞩目的国际事件。代表各种利益的意见表达开始借助互联网平台而使国内国际势力联为一体。“我们正进入一个‘后参与’时代。资本与知识都从地方性限制中解放出来。一旦创造99%的财富的金融交易，不再囿于物质商品的流动，一旦信息之传递基本限于电脑网络空间，资本与知识拥有者的地缘位置便毫无意义。今天，经济权力与文化权力的拥有者已无需画地为牢；他们完全切断了与‘民众’的联系，而民众依然是地方性的，一如现代产业化与民族建设的繁荣时期。权力持有者占据了电脑空间，与其他人相隔离；相对于依然被牢牢控制的其他人，他们没有任何约束。精英之自我建构和自我

① ［英］安德鲁·查德威克著，任孟山译：《互联网政治学：国家、公民与新传播技术》，华夏出版社2010年版，序言，第7页。

② ［英］齐格蒙·鲍曼著，洪涛、周顺、郭台辉译：《寻找政治》，附录一“后现代世界之意识形态”，世纪出版集团、上海人民出版社2006年版，第112页。

再生产与地方毫无关系，即便某些时候与地方有某种联系，这种联系也不再是与地方毫无关系，即便某些时候与地方有某种联系，这种联系也不再是不可或缺与不可替代的了。无怪乎今天的知识分子话语中，‘人民’这一概念甚少出现；只有政治修辞才是这一概念惟一藏身之所，而政治修辞在现代权力中是最后一个‘地方’。”[①] 席卷中东诸国的“阿拉伯之春”就是一个明显的案例。

可以说，网络虚拟空间的形成，使得现实执政党的意见表达在一个变动不定的“流动空间”中，面临着国内与国外、线上与线下、内部与外部的严峻挑战，必须通过提升执政党的意见表达能力，发挥网络虚拟空间的意见引领。

三、网络民众的“多疑”，需要执政党网络意见表达的“理性关怀”

网络群体的“多疑”，既是指网络民众所持有的怀疑心理，同时又关涉到党和政府的公信力问题。

从网络民众的多疑来看，这是网民一个比较普遍的心理状态。造成这种多疑心理的原因有两个：一方面是源于现实社会生活诚信缺失所引发的普遍性的道德危机，使得个体常常是用一种戒备的心态去处理与他人的关系。这种持续性的非正常心理状态，在网络空间更是被加倍放大。由于网络的匿名性特征，使得个体的年龄、性别、姓氏、职业、家庭等个体存在的表征都被隐匿起来，人与人之间的交往失去了现实物理空间明确的信息判断能力，从而进一步加剧了这种怀疑心理。这是网民多疑心理的另一方面原因。有观察家就“华南虎”事件所引发的社会普遍猜疑中认识到，“对于这种‘猜疑一切’的舆论氛围，我过去曾认为这是一种社会信任制度缺失下的制度性焦虑：由于社会在透明度、法治化、规范性、诚信度等基础秩序上非常差，在看惯了一个个黑幕和丑闻后，在遭受过一次次的权力排挤和关系暗算后，人们总感觉每件事后必有一双罪恶的双手在操纵着一切。所谓‘一朝遭蛇咬，十年怕井绳’，猜疑，是缺乏制度预期下公众对现实一种悲观的过度防卫”，“后来经过了‘华南虎’事件，质疑越来越多，猜疑思维越来越普遍化，甚至毫无根据地怀疑‘嫦娥’失踪和月球图

---

① ［英］齐格蒙·鲍曼著，洪涛、周顺、郭台辉译：《寻找政治》，附录一“后现代世界之意识形态”，世纪出版集团、上海人民出版社2006年版，第113页。

片造假，我感觉问题并非都出在制度上，‘猜疑一切’中也有人们自身的毛病和网络的弊病。作为一种吸引关注和制造轰动的姿态，怀疑越来无厘头和娱乐化，已经成为一种大众狂欢的方式。”[①]

不过，事物总是具有两面性。网络多疑心理的另一面就是轻信。对一些不加证实的信息盲目轻信，又反过来加剧了怀疑的心理。而这种轻信心理背后隐藏的群体思维则是感性的形象思维而非理性的逻辑思维。在形象思维的习惯下，“一些可以轻易在群体中流传的神话之所以能够产生，不仅是因为他们极端轻易，也是事件在人群的想象中经过了奇妙曲解之后造成的结果。在群体众目睽睽之下发生的最简单的事情，不久就会变得面目全非。群体是用形象来思维的，而形象本身又会立刻引起与它毫无逻辑关系的一系列形象。我们只要想一下，有时我们会因为在头脑中想到的任何事实而产生一连串幻觉，就很容易理解这种状态。我们的理性告诉我们，它们之间没有任何关系。但是群体对这个事实却视若无睹，把歪曲性的想象力所引起的幻觉和真实事件混为一谈。群体很少对主观和客观加以区分，它把头脑中产生的景象也当作现实，尽管这个景象同观察到的事实几乎总是只有微乎其微的关系”。[②]

从政府公信力的角度来看，公信力的下降与社会怀疑心理的增长，其实是一个事物的正反两方面。两者之间互为因果，互相影响。正如蒂利所言：“政权的政治品质在很大程度上是由民众的基本信任网络（basic trust networks）与统治者的统治策略（strategic of ruke）之间的关系决定的。就此意义而言，公共政治包含了所有显而易见的存在于所涉之政治角色和政府代理人之间的交互行为。”[③] 但是，从根本上来说，政府自身的消极作为是主要原因。从近年来发生的一系列网络舆情事件来看，一个重要的现象就是，网络舆情之所以风潮迭起，其导火索往往就是政府不能对事件信息进行及时的公开，在对事件解释时缺乏诚恳，敷衍塞责。“一些地方发生重大生产安全事故和食品安全事故给人民群众生命财产造成重大损失。从这些事件中反映出，一些干部缺乏宗旨意识、大局意识、忧患意识、责任

① 曹林：《虎照事件，怀疑一切或许也不是好事》，《今日快报》，2007年12月3日。

② ［法］古斯塔夫·勒庞著，冯克利译：《乌合之众——大众心理研究》，广西师范大学出版社2007年版，第59页。

③ ［美］查尔斯·蒂利著，胡位钧译：《信任与统治》，世纪出版集团、上海人民出版社2010年版，第6页。

意识，作风飘浮、管理松弛、工作不扎实，有的甚至对群众呼声和疾苦置若罔闻，对关系群众生命安全这样的重大问题麻木不仁”，[①] 以致类似事件屡屡出现，让社会公众大失所望，由此造成政府公信力的不断下降。

而另一方面，造成政府公信力下降的原因就在于政府职能定位的模糊性。作为一个良治政府，政府的最大功能与意义在于为社会提供公共服务。这种面向全社会的公共服务特性要求政府必须处在一种超脱、超越的位置上，在社会各方利益博弈过程中担任规则的制定者、矛盾的协调者与问题的裁判者，以体现良治政府的超越性与公正性。当前我国经济生活中的利益关系失衡，以及由此引发的群体性事件，往往与一些地方政府和部门直接介入市场活动甚至成为市场中的利益主体有直接关系，如征地、拆迁等事务中存在的利益冲突与矛盾。政府介入市场并在相当程度上成为利益主体，损害了政府在各方利益博弈中的超越性与公正性，不仅影响到政府处理群体利益冲突事件的公信力，而且往往使政府成为利益冲突的标的，不得不为社会秩序的局部失范和干群关系恶化吃下苦果。哈耶克指出，尽管每个人可能都希望国家以某种方式采取行动，但在政府应该干什么的问题上，几乎是有多少种不同的人，就有多少种不同的看法。因此，随着我国经济政治改革的逐步深入，政府必须在科学执政、民主执政的执政理念下，重新定位自身功能，要加快推进政企分开、政资分开、政事分开、政府与市场中介组织分开，规范行政行为，加强行政执法部门建设，减少和规范行政审批，减少政府对微观经济运行的干预，努力建设服务型政府。

因此，作为网络党组织而言，在面对网民多疑的情况下，必须坚持实事求是的理性精神，通过信息公开、事实说明和道德重塑来提升公众对政府的公信力，从而真正增强党和政府在网络意见表达上的引领能力。

第三节 提升意见表达能力的途径

网络党组织的意见表达能力作为执政党网络话语权的集中表现形式，是通过意见表达的准确性、有效性，而不是通过组织权力的威压来实现对话语的争夺的。莫斯科维奇在分析研究西方发达国家的意识形态控制时指

---

① 胡锦涛在2008年9月19日中央党校举办的“全党深入学习实践科学发展观活动动员大会暨省部级主要领导干部专题研讨班”上的讲话。

出，它们依靠的不是对生产手段的控制，而是对信息手段的控制，并将其作为神经系统加以利用："它们可以把自己的分支伸展到人们聚合、相会和工作的所有地方。它们渗入到每个街区的条条小巷，每个家庭的个个角落，以便把人们关进上边设定的种种形象的牢笼，向他们灌输为所有的人设定的共同现实画面。东方专制符合经济、农田灌溉和获取劳动能力的需要。而西方专制则首先符合政治的需要。它蓄意攫取可进行影响和诱导的工具，而学校、报刊、广播等正是这样的工具。所有事情都是这样发生的，正好像一种事物发展到另一种事物：由外部迫使群众服从让位于由内心使群众服从，看得见的统治被不知不觉地换成看不见的精神统治，而这种精神统治是无法抵御的。"① 因此，如何在一个观点多元、意见分歧、利益分殊、身份虚拟的网络空间领域，实现党对网络民众的思想引领，就是一个迫切需要解决的理论和现实问题。具体来说，要提升网络党组织的意见表达能力，应该注重以下四个方面的着力点。

一、增强意见表达的解释力

所谓解释力，是就意见表达分析的科学性与准确性而言的。从根本上来说，这一能力是由执政党的理论资源塑造而成的。具体就中国共产党而言，要增强党的意见表达的解释力，其实有一个不得不面对的现实理论问题，即执政党的理论资源流失。这是导致党的意见表达能力下降的一个重要因素。

随着社会主义建设和改革的不断深入发展，党必须根据变化了的社会现实，以马克思主义实事求是、与时俱进的科学态度，对无产阶级的革命理论进行创造性的创新发展，使之能够而且应当成为转型时期当代中国社会发展的主导性指导思想和理论源泉。在这一理论的创造性发展过程中，适应于计划经济时代的党执政的某些理论资源必然会被新的理论、新的理念、新的思维所代替。丹尼斯·姆贝认为，"从组织文化的角度看，传播是形成组织现实的过程的一个内在部分；在实际意义上，传播就是文化。……对传播的符号体系作出定义不是一个简单的任务。但它指的显然不仅仅是信息的交换。我把'符号'用来指某种信号（无论是言语的、行为的还是物质的）指称事物的能力而不是其本身。一个特定的符号体系的

① ［俄］谢·卡拉—穆尔扎著，徐昌翰等译：《论意识操纵》，社会科学文献出版社2004年版，第44页。

意义是通过某一语言社区形成交感意义的能力而来的。”[①] 通过新的理念的提出和象征内涵的再解释，一种新的理论体系得以建构起来。比如，改革开放以来，中国共产党根据变化了的党情、国情、社情，不断丰富和完善极具时代内涵的执政理念，提出了诸如人权、[②] 民主、法治、政治文明、和谐社会、市场经济、财产权、[③] 以人为本、生态文明、和谐世界、公平正义等新的价值理念。[④] 而在面对世界范围思想文化交流交融交锋形势下价值观较量的新态势，面对改革开放和发展社会主义市场经济条件下思想意识多元、多样、多变的新特点，中国共产党提出的社会主义核心价值观更是这一理论发展的集中体现。在这 24 字中，“富强、民主、文明、和谐”是国家层面的价值目标，“自由、平等、公正、法治”是社会层面的价值取向，“爱国、敬业、诚信、友善”是公民个人层面的价值准则。[⑤] 这种情况下的资源整合是一种理论创新本身的内化行为，是任何一种科学理论发展过程中的自我扬弃。

不过，现阶段党执政的理论资源的流失，固然包括上述这一情况，但更为重要、更具深远意义的则是后一种情况，即在传统的执政理论资源由于无法对活生生的现实生活进行有效解释而逐步流失，新的具有阐释能力的理论又需要经过实践的不断检验、不断完善之后才能为人们所接受并运用于生活的情况下，党执政的理论资源处于暂时性的“休克”状态，这一

---

① ［美］丹尼斯·K. 姆贝著，陈德民、陶庆、薛梅译：《组织中的传播和权力：话语、意识形态和统治》，中国社会科学出版社 2000 年版，第 18 页。

② 1989 年，针对西方指责，江泽民提出要从思想上解决“如何用马克思主义观点来看待‘民主、自由、人权’问题”。1991 年 11 月 1 日，国务院新闻办发表《中国的人权状况》白皮书，这是中国政府发表的第一份以“人权”为主题的官方文件。1997 年 9 月党的十五大和 2002 年 11 月党的十六大进一步将“人权”概念写入党的全国代表大会的政治报告。2004 年 3 月，第十届全国人民代表大会第二次会议审议通过了宪法修正案，首次将“人权”概念引入宪法，明确规定“国家尊重和保障人权”。2007 年，党的十七大将“尊重和保障人权”写入《中国共产党章程》。

③ 2003 年中共中央提交的修改宪法建议中，明确提出了“国家保护公民合法的私有财产”的条款。2004 年十届全国人大第一次全体会议将这一建议正式转变为宪法条文。2007 年 3 月 16 日通过的《物权法》明确规定：“国家、集体、私人的物权和其他权利人的物权受法律保护，任何单位和个人不得侵犯。”

④ 陈方勐：《转型社会中的中国共产党》，中央编译出版社 2010 年版，第 76—89 页。

⑤ 中共中央办公厅印发《关于培育和践行社会主义核心价值观的意见》，《人民日报》，2013 年 12 月 24 日第 1 版。

状态存在的时间长短将直接影响到党执政的理论资源流失情况的严重与否。如果新的理论能够迅速成为社会公众对纷繁复杂的社会现实进行有效的、正面的解释的话，那么，党执政的理论资源就会得到巩固性的长足发展；如果新的理论对变化了的社会现实仍然无法进行有效的说明和解释，那么，党执政的理论资源就会受到其他非主流思想的影响，从而使社会公众对现实产生各种非主流的理解。且一旦形成固结不解之势，要想消除和纠正公众的这种理解，难度是非常大的。这种情况才是现阶段党执政的理论资源面临流失的最大问题。

这种现实理论资源的流失与重新整合，反映在网络舆情事件的治理上就造成了党和政府意见表达的无力感。治理网络舆情，是党和政府在信息网络时代面临的一个主要问题。作为这一职责的主要承担者，网络党组织要想真正发挥舆情治理的力量，必须通过提升意见表达的科学性和准确性，即必须在尊重事实的基础上，以人民群众的根本利益出发来分析问题。以“网络群体性事件”为例。此类事件中有一个突出的现象就是“无直接利益现象”，其典型特点就是参与群体虽然不是事件的直接利益相关者，但却有其自身的利益诉求。一般来说，参与群体的利益表达需求可以分为两个层面：一是显性需求，就是事件激发主体获取直接利益的诉求。在“无直接利益冲突现象”中，显性需求主要是指直接利益相关者的利益诉求。一般来说，显性需求容易激发社会的心理共振，是无直接利益各方参与行为选择的“心理诱发剂”。事实上，很多群体性事件之所以发生，往往就是由于事件的直接相关者所提出的利益诉求能够获得其他社会群体的肯定与支持。二是隐性需求，就是事件参与各方的利益弥补与期望。如果说，显性利益需求是群体事件的促发剂，那么，隐性利益需求则是推动群体事件深入发展的主要动力，其实质是隐性动机导致显性行为。在“无直接利益冲突现象”中，隐性利益需求是诱导各方参与的深层原因。可以说，隐性需求表达了参与各方的利益弥补与期望。对于无直接利益的参与各方来讲，他们之所以能够主动参与并由此形成群体事件，很大一部分原因就是他们自身的利益受损而得不到有效解决，或是对维护自身利益的未来期望值比较低引起的。

可以说，在“网络群体性事件”中，事件激发主体的显性利益需求是群体事件得以发生的促发因素；事件参与群体的隐性利益需求则是构成群体事件扩大化、深度化的动力群，是群体事件发生发展的关键因素。因此，要提升网络党组织意见表达能力的解释力，就必须正视网络舆情发生发展中的社会利益诉求。忽视、轻视甚至无视公众的利益，必将破坏党和群众的血肉联系，使党和政府的公信力下降，从而影响党和政府在人民群众中的形象。

二、提升意见表达的亲和力

所谓亲和力，是就意见表达态度的大众性与亲民性而言的。所谓大众性，是指意见表达要遵循常识，符合人们的日常社会实践。丹尼斯·姆贝认为，成功的意识形态秘诀就在于它来源于人们生产生活实践，是社会常识的凝练。“我反对把意识形态视为纯粹表意（即只是由个人的信念和价值观所构成）的看法，我认为它是扎根于社会行为者的日常实践活动中的。我把意识形态视为这样一个过程，在其中社会行为者受到质询（对话），他们对社会世界形成意识的手段得以构成。意识形态的功能是形成一种关于世界的意识，在这之中矛盾和统治结构被模糊了，统治群体的特别旨趣被视为是普遍的旨趣，并得到积极支持，甚至包括被压迫群体的支持（葛兰西的‘霸权’概念）。”① 所谓亲民性，是指意见表达要富有感情，满足人们的日常社会心理。勒庞认为，一种思想本身是没有什么力量的，只有在具备了支持它的情感之后，它才会发挥作用。“除了理性逻辑这一向来被我们视为行为之惟一指南的逻辑之外，还存在着与之截然不同的其他形式的逻辑：情感逻辑、集体逻辑和神秘主义逻辑。这三种逻辑常常能够颠覆理性，而成为我们行为的深层动机。”②

之所以强调意见表达的亲和力，从社会心理的角度而言，就如谢·卡拉—穆尔扎在《论意识操纵》一书中所言，任何情感均适用于操纵——如果这些情感哪怕暂时有助于切断健全理智。但是操纵者总是从动摇社会意识中具有现实意义的情感开始。“究竟为了什么微薄的福利和嗜好竟引起愤怒，而对暴发户们无耻的奢华和私有化经理们的不明收入却表现出如此容忍呢？问题出在意识深处，就是在许多人的潜意识中存在着一个隐秘的信条，即社会主义应该是一个公正和平等的王国，是那种人皆兄弟大家平等的乌托邦。这一理想的破灭，加之处处过分夸大，意识又受到粗暴的伤

---

① ［美］丹尼斯·K. 姆贝著，陈德民、陶庆、薛梅译：《组织中的传播和权力：话语、意识形态和统治》，中国社会科学出版社 2000 年版，第 3 页。

② ［法］古斯塔夫·勒庞著，佟德志、刘训练译：《革命心理学》，吉林人民出版社 2001 年版，导言，第 4 页。

害，引发了理性论据无法补偿的愤怒（而且论据也不让说出来）。苏联的设计方案照是建立在乌托邦基础之上的，人们相信，区党委书记应当是我们的兄弟，而不是雇佣来的经理。把家偷偷吃光喝穷的兄弟比街上的小偷更可恨，因为他是叛徒。他受到的完全是另一个标准的审判。整个改革正好利用了这一乌托邦和脆弱的情感基础。本来应该呼吁人们正确理解并告诉人们说：英雄的时代已成过去，让区委书记成为我们的普通管理者吧。可是却在人们的心中煽起了兄弟背叛的感觉。”① 而就其社会原因来说，则主要出于两个方面的考虑：

一是基于转型社会治理的需要。改革开放以来中国社会发生剧烈变化，党执政的政治资源不可避免地面临着流失和整合的要求，从而影响到党的意见表达的叙述风格与叙述能力。丹尼斯·K. 姆贝指出：“故事讲述的行为本身并不具有内在的意识形态属性，而是叙述的结构本身大大有助于某些意义形成的维持和再现。当这样的意义形成起到使某些群体的利益再现同时却排除其他群体的利益时，于是叙述便在意识形态上发挥了功能。……故事讲述的行为是一种政治行为，它对组织现实的再现具有重要意义。”② 在改革开放之前，中国的社会基本上是一个浑整不分的总体性或中心化社会。其最显著的特征就是一元性和政治性。政治、经济、文化被高度强制性地统一在一起，一切都是政治的不同侧面而已。这一时期的中国社会，是国家对社会的和经济的各种资源的高度垄断，进而实现了政治、经济和意识形态的一体化，因而形成了一个低分化的社会。这一意识形态叙述风格用法国社会学家布尔迪厄的术语来说，这种“低分化”状态，就是各个相对独立的“场”尚未形成，所有的价值和活动都高度依附于政治场，而且是无中介的。③

但是，改革开放和社会主义市场经济的深入发展，在破坏了计划经济体制下板结一体的社会结构的同时，使各个基于社会主体利益的“亚场阈”开始形成。其结果就是党执政的政治资源流失。具体表现在两个方面：第一，关于党执政的政治形象问题。党的政治形象的问题是指，党由于长期执政，在政治权力的实际运行过程中，不可避免地会出现个别党员

① ［俄］谢·卡拉—穆尔扎著，徐昌翰等译：《论意识操纵》，社会科学文献出版社 2004 年版，第 181—182 页。

② ［美］丹尼斯·K. 姆贝著，陈德民、陶庆、薛梅译：《组织中的传播和权力：话语、意识形态和统治》，中国社会科学出版社 2000 年版，第 3 页。

③ 周宪：《文化表征与文化研究》，北京大学出版社 2007 年版，第 11—12 页。

干部滥用权力，并造成贪污腐化、以权谋私、权钱交易现象的发生，使党的政治形象在社会公众面前受到严重损坏，从而影响到社会对党执政为民理念的公信度，并进而恶化到对党执政地位的质疑。第二，关于党执政的政治参与问题。党执政的政治参与问题包含两层意思：一方面是作为执政党如何在党内普通党员民主意识日益增强的情况下，通过建立有效的民主机制和渠道，发挥普通党员在党内事务的作用，以凝聚党心；另一方面则是随着社会各阶层业日益分化并且其参政意识日益增强的情况下，作为执政党的中国共产党应该逐步改变现行政治参与机制，发挥公众在国家政治生活中的作用，以凝聚民心。因此，党执政的政治参与问题，从根本上来说，就是要求执政党正确处理好权力的执政主导性与社会共享性之间的矛盾，即如何在保持中国共产党执政地位的前提下，通过对现存政治权力体制的渐进改革，使党、政府和社会之间达到一种和谐的权力共享，从而内聚党心，外结民心，使全党、全社会同心同德，共同为社会主义事业和中华民族的伟大复兴而努力。作为这一新的政治生态的社会需要，要求执政党必须形成一种新的意识形态叙述风格。

二是基于网络舆情治理的需要。网络舆情属于典型的“抗争性谈话”。网络事件发生在网上社区和 BBS 论坛，主要形式是发帖和回帖，因此，“抗争性谈话”在网络事件中的重要性格外突出。甚至可以说没有“抗争性谈话”，就没有网络事件。主帖发出后，能否酿成有社会影响的网络事件，要看“抗争性谈话”如何发展。一般来说，不能调动情感的“抗争性谈话”难以发展成网络事件。反之，能让人感动，给人震撼的“谈话”，容易发展成有影响的网络事件。[①]

当前部分基层政权在网络事件中的决策失当、处置失措，就在于忽视了这种情感动员事件的内在特征。而从根本原因上来看，则主要在于传统执政思维的僵化与惯性与现实经济社会生活发展的错位。在传统的执政思维视野中，对社会冲突认识更多的是从政治意义上来理解，突出的是革命性的意识形态色彩，从而将正常的社会冲突视为社会病态的表现，抹杀了社会冲突对维护社会系统所发挥的正功能。但是，随着我国改革开放的深入发展，建国以后确立的全能主义的国家—社会关系开始解体，社会的独立性逐步增强，社会自治的范围逐步扩大，公众的民主意识和独立意识有

---

① 杨国斌：《悲情与戏谑：网络事件中的情感动员》，参见邱林川、陈韬文主编：《新媒体事件研究》，中国人民大学出版社 2011 年版，第 50 页。

了极大的增强。再以革命性的意识形态说教来理解现实生活的利益冲突，试图压制群体间的利益冲突，不仅不能降低冲突的总能量，“只能使冲突没入表层之下，在那里，它酝酿着、积累着，长期不被人们察觉。然而不管怎样，被浸没的冲突总要周期性地爆发出来。当它爆发出来的时候，往往采取暴力革命的形式”。[①] 正如李永刚指出的那样，“革命式思维在执政者那里难以根治，或许有一种深刻的两难。一方面，革命曾经导致的改天换日的巨大成功，为革命手段的频繁使用提供了正向激励；另一方面，对坚守这一成功的某种不自信则导致对‘敌人’的近乎夸张的警惕与敏感，担忧外在或内在的力量也以革命之名重演历史悲情。公众心灵的集体化在多大程度上是一个真实，我们并无把握。但大众时代常见的群体狂欢与迷乱确实说明，被某种共通情感整合的‘乌合之众’在偶然事件中是有爆发能力的；而在平静的日常生活中，多数人的沉默也许正是犬儒主义的普遍感染症状。”[②] 因此，必须转变治理思维，树立科学执政、民主执政、依法执政的新的执政理念，以一种务实、理性的态度对待当前我国社会发生的群体利益矛盾和冲突，以及由此引发的“网络群体性事件”。就事论事，而不是无限上纲，动辄扣帽子，以强力的手段去压制压服，结果只能是适得其反。正如卢梭所言：“向强力屈服，只是一种必要的行为，而不是一种意志的行为，它最多也不过是一种明智的行为而已”，它不可能使人们产生义务感，因为“强力并不构成权利，而人们只对合法的权力才有服从的义务”。[③]

因此，提高意见表达的亲和力，必须建立理性的冲突化解机制，以法律规范为基本准则对社会利益进行分配、协调和化解，坚持以理服人，慎用强力。尤其要严格界定警务活动和非警务活动的界限，做到有法可依、有章可循、出警有据，对必须动用警力的非警务活动，在行为上进行规范。尤其是在处置群体性事件中，要明确公安机关的主要任务是维护现场秩序，化解矛盾，制止过激行为，防止局势失控。工作中，必须讲究政策、讲究策略、讲究方法，坚持“三个慎用”（慎用警力、慎用武器警械、慎用强制措施），坚决防止因用警不当、定位不准、处置不妥而激化矛盾，

---

① ［美］D. P. 约翰逊：《社会学原理》，国际文化出版公司 1988 年版，第 608 页。

② 李永刚：《我们的防火墙：网络时代的表达与监督》，广西师范大学出版社 2009 年版，第 189 页。

③ ［法］卢梭：《社会契约论》，商务印书馆 1980 年版，第 13—14 页。

坚决防止发生流血伤亡事件。要严格请求报告制度，凡调用警力参与重大非警务活动，必须逐渐上报、严格审批；情况特别紧急，不及时果断采取措施难以有效控制事态时，要边出警、边处置、边报告。与此同时，就是要在意见表达的过程中，通过调动人们日常的情感生活入手，培育和增强社会公众对政府的信赖。

三、强化意见表达的组织力

所谓组织力，是就意见表达的力量构成和机制运行而言的。尼尔·波斯曼指出："每一种技术都有一套制度，这些制度的组织结构反映了该技术促进的世界观，其生存竞争反映出来的世界观的竞争就更不用说了。因此，一种新技术向一种旧技术发起攻击时，围绕旧技术的制度就受到威胁。制度受威胁时，文化就处在危机之中。"[①] 无论是计划经济时代高度集中体制下的泛政治化意见表达结构，还是在社会主义市场经济已经深入发展的当下环境，执政党依托现实物理结构的意见表达方式已经受到极大影响。

一是意见表达的传统组织资源遭遇流失风险。组织资源的流失主要包含三个问题：一是在党员的成分结构上，随着社会阶层的日益分化和新时期党的任务的提出，党在吸收社会各方面优秀人才以扩大党的社会基础的同时，过去计划经济时代的以工人、农民、知识分子、军人和干部为主要成分的党员队伍结构发生了巨大变化。应该看到，这种结构上的变化是党组织在面对新形势下的一种自我完善，对保持党的长期执政和组织活力具有深远而积极的意义。但是，我们也应该看到，这种党员成分结构上的变化，事实上显示了工农成分党员在政治上的逐渐边缘化和弱势化，如何在吸收新鲜血液的同时，继续保持这一部分党员对党的信任就成为现在及今后一段时间必须迫切解决的问题。二是在党员的组织管理上，一方面由于社会主义市场经济的发展和产业结构的不断调整，在党员的组织管理上已经突破了原来的单位化管理模式，如何对流动党员实施有效管理，以避免因频繁流动而带来的组织松懈问题；另一方面，在一些新型经济组织（比如外企、私企）和新的社会组织中如何建立党组织，如何开展正常的党内生活，都是对党的现存组织管理模式的严峻挑战。因此，面对这些挑战，

---

① ［美］尼尔·波斯曼著，何道宽译：《技术垄断：文化向技术投降》，北京大学出版社 2007 年版，第 10 页。

解决好了，党的组织资源就会更加丰富；解决不好，党的组织就会涣散流失。三是党内出现的个别异质分子，把党组织作为谋取自身私利的敲门砖和进身阶，腐化堕落，极大地损害了党组织的威信和党的政治形象。

二是意见表达的社会主流文化呈现多元格局。学者周宪指出，市场经济的蓬勃发展，在导致文化的市场化的时候，使得传统上起作用的许多文化“游戏规则”失去了效力，取而代之的是新的“游戏规则”，即按照市场交换原则来介入文化活动（即使不是所有文化活动，其范围也是相当广泛的）。市场化的文化以交换关系为“游戏规则”，这样的规则自然而然地打碎了以往处心积虑建立起来的文化壁垒，而过去那种以政治地位和意识形态倾向为区分标准的文化排斥，已经丧失了作用。政治权力所导致的文化上的不平等，让位于在金钱面前的文化拥有的相对平等。任何人，只要能承担起文化消费所需的费用，他们就可以享有文化。所谓的“内部发行”或“内部观摩”已经消失，内部与外部的身份区别被市场的同一化过程所取代。[①] 这一深刻的主流文化危机，又由于信息网络技术的广泛运用而更为加剧。“与几十年前相比，今天的信息权分布得广泛得多。与编辑和节目主持人控制的收音机、电视和报纸不同，国际互联网创造的是无限制的沟通，它可以是个人与个人之间的沟通（通过电子邮件）、个人与群体的沟通（通过个人主页、博客和微博）、群体与个人的沟通（如维基百科），也可以是可能最重要的群体与群体的沟通（如在网络聊天室或社交网站的沟通）。通过对新老通讯技术的比较，我们可以看到其区别在于，‘网络信息的流动更远、更快，中间介质更少’。信息常常能够提供关键的权力资源，而现在更多人有机会接触到比以往更多的信息。”[②] 信息收取发送成本的急剧下降，使得人人都能根据自身的利益对主流意见进行自己的利益表达。

因此，强化意见表达的组织力，就要根据上述变化的社会情况，依托现实强大的组织力量，充分利用信息网络技术，着力加强三个方面的建设工作：

一是加强基层党建手机信息平台建设。基层党建工作手机信息系统，是充分发挥信息传递的瞬时性、信息接收的直接性、信息覆盖的全面性等

---

① 周宪：《文化表征与文化研究》，北京大学出版社 2007 年版，第 138 页。

② ［美］约瑟夫·奈著，王吉美译：《权力大未来》，中信出版社 2012 年版，第 161 页。

特征，强化组织内部沟通联系的重要系统。从中央层面来讲，2009 年 9 月，由中央组织部和中国移动通信集团公司联合建设的全国基层党建工作手机信息系统建成并投入运行。该系统收集汇总了全国 100 万名基层党组织书记、大学生“村官”及省、市、县党委组织部长的手机号码，通过手机短信互动，实现了中央组织部、省区市党委组织部与基层党组织书记、大学生“村官”之间快捷、及时、双向、安全的联系沟通，是运用现代化手段加强党的建设的一项创新举措。2010 年 1 月 5 日，全国基层党建工作手机信息系统正式开通，中共中央政治局常委、中央书记处书记、国家副主席习近平出席开通仪式。建设全国基层党建工作手机信息系统，“拓宽了党委组织部门与基层的沟通联系渠道，丰富了党员教育、党建宣传的形式和手段，是基层党建工作中一件新事、一件好事、一件大事，对于推进基层党组织工作信息化，畅通党内信息上下互通渠道，促进党内基层民主建设，扩大党的工作的影响力和覆盖面，具有十分重要的意义”。[①] 从地方层面来讲，上海市自 2006 年以来，已经收集汇总了上海 8 万多名基层党组织书记的手机号码，并与专用电子邮箱捆绑。通过手机短信互动，加强了上级党组织与基层党组织之间的沟通联系。同时，上海市静安区委组织部在 2010 年 9 月 15 日正式开通“党务通·静安共同行动手机报”。到 2011 年 2 月，已成功发送“共同行动 静安党务通手机报”46 期，专题报道 6 期，发送党员学习教育以及生活服务类信息 1000 余次，受教育党员达到 40 余万人次，为区域内 15000 名党员搭建起集教育、管理、服务为一体的“拇指平台”，使党建知识和信息的传播更加快捷方便、党建工作更加丰富生动。[②]

二是大力加强网络评论员的建设工作。2005 年 4 月，江苏省宿迁市第一支网络评论员队伍成立，首批 26 名网上评论员分别来自宿迁市委宣传部、宿迁市各区县宣传部门和市直属大机关，而市直属大机关的人选基本为机关新闻科长或新闻发言人。评论员以普通网友的身份，在互联网上积极发言，开展舆论引导工作。按照“积极发展，加强管理，趋利避害，为我所用”的要求，该市市委宣传部还将成立“网评管理办公室”和“网络新闻管理处”，对网上评论员队伍进行日常协调管理和年终考评。媒体还报道指出，设立网络评论员，宿迁并非孤案，来自各省区市纪检监察机关

① 高骥、虞志灏：《基层党建 e 时代》，上海人民出版社 2012 年版，第 74 页。

② 高骥、虞志灏：《基层党建 e 时代》，上海人民出版社 2012 年版，第 34 页。

以及中央纪律监察部机关的127名网络评论员此前就已经在北京完成了培训。[①] 此后，各级党政机关都纷纷开始了网络评论员的建设工作。

这一系列举动表明：政府开始意识到互联网作为信息基础设施在国家发展中的作用，同时注意到在内容领域要加强管理，从而走出“垃圾桶”无序困境，确立起“分类主导”的模式，即在互联网的不同应用领域启用不同的主导策略：一方面对互联网的经济和科技功能强势扶持，另一方面对互联网的内容表达和信息传播则控制引导。[②]

四、扩大意见表达的影响力

所谓影响力，是就意见表达效度的广泛性和有效性而言的。要扩大网络党组织意见表达在网络领域的影响力，就必须在培养网民的法治精神和理性精神下工夫。迈克尔·沃尔泽指出：“对公共事务的关注和对公共事业的投入是公民美德的关键标志。”[③] 因此，网络党组织必须将强化主流意识形态的主导作用、增强公民的法治精神和培育公民利益诉求的理性妥协精神作为扩大党和政府在网络空间影响力和领导力的重要内容。

一是要整合资源，强化主流意识形态的主导作用。意识形态资源的流失主要指的就是在实际的政治生活甚至经济社会生活中，党将自身作为政党的意识形态和国家意识形态、公众意识形态混为一体，这样的结果就是以表面的一律掩盖了实质的差别，使党与公众之间在思想上的沟通人为地设置了障碍，从而在如何对待公众意识形态之时，往往是以简单的行政命令手段将存在于公众之间的思想斥之为“异端”而封杀之，从而使公众对主流意识形态产生反感疏离情绪，甚至以怀疑一切的极端心态发泄对主流意识形态的不信任。据调查，随着市场经济和改革的逐步深入，意识形态话语主体已经逐渐由前意识形态时期的党政官员向知识精英位移。在关于“对你思想行为影响最大的群体是什么?”的问卷中，“知识精英”占48.0%、“政府官员”占25.2%、“工商界精英”占17.4%、“明星”占4.6%。[④] 造成这一资源流失的原因主要是党未能正确科学地分析党的意识

---

① 《宿迁：引导网络舆论实践》，《南方周末》，2005年5月19日。

② 李永刚：《我们的防火墙：网络时代的表达与监督》，广西师范大学出版社2009年版，第126页。

③ Walzer：CivilityandCivicVirtue，p. 64.

④ 樊浩等：《中国大众意识形态报告》，中国社会科学出版社2012年版，第18页。

形态、国家意识形态和公众意识形态三个层面的差别。所谓党的意识形态，是从现代政党的一般性而言的。意识形态作为现代政治生活的有机组成，在政治生活中发挥着极其重要的作用。政党在国家政治生活中展开活动，就必须具有自己的鲜明旗帜——意识形态。所谓国家的意识形态，是从国家的角度而言的。国家的意识形态是一个内涵丰富的概念，在当代中国，这一概念具化为社会主义国家与资本主义国家意识形态的差别。所谓公众的意识形态，是从公众的角度而言的。在现代政治生活中，由于民主程度的提升和各种通讯手段的发展，公众不再是被动地接受政党或执政党意识形态的影响，而是在一定程度上有了公众自己对政治生活的理解，并逐渐形成一种或多种思潮，从而对现代政治生活发挥着越来越大的影响。当前党执政的意识形态资源流失主要是指党意识形态与公众意识形态之间存在的问题，即党如何采取有效措施吸纳公众意识形态中的有益成分以完善自己。其实说到底，这就是一个主导与引导的问题。所谓“主导”，是指在实际的政治生活中，中国共产党作为执政党，必然要将自身的意识形态上升为国家的意识形态，从而在意识形态领域确立主导地位，这是符合现代政党政治的一般规律的。所谓“引导”，是指随着市场经济的进一步确立和深化发展，原来计划经济时代党的意识形态统领统一一切的局面已经发生了深刻变化，公众开始对当代中国的政治、经济和社会发展有了自己独立的理性思考。在这种情况下，党应该在确立自身意识形态主导地位的同时，对公众之间的各种思想展开沟通和对话，而不是用强制手段进行压制，从而使党的意识形态在与公众意识形态的良性互动之间，取长补短，完善和丰富自身内涵，进而实现对公众意识形态的正确引导。

二是要倡导理性，认真做好法律法规的宣传教育。从当前我国发生的“网络群体性事件”来看，参与群体的绝大多数人是出于一种义愤而参与其间，但情绪的义愤往往在受到刺激后会转变成为对现存法治秩序的破坏，从而导致社会秩序的局部失落，表明当前我国公民的公民意识，特别是其中的法治意识并不成熟，还有待进一步的提高。所谓公民意识，即是意味着作为个体的公民，享有公民权利，有强烈的自我意识、人权意识，承担由公民权利引发的责任与义务，为自己的行为负责，遵守法律，以维护法制为己任。健康理性的公民意识既是教育熏陶的结果，同时也是在法制建设的实践中磨练出来的。因此，建设一个法制社会既是防止群体利益冲突事件的需要，也是构建和谐社会之必需。具体来说，一是要加强群体利益事件的相关立法工作，规范群体利益的博弈行为，避免暴力化倾向的滋生蔓延。一方面，就当前的相关法律现状来讲，应该以《国家应对突发事件总体应急预案》为总纲，规范各级政府的处置行为；另一方面，要进一步加强和完善群体利益表达程序的法制化建设，使表达机制常规化、合法化。二是要加大治理政府寻租、官员腐败等问题，增强政府的合法性与公信力。不得不说，当前我国很多群体利益冲突事件中，之所以参与群众对政府抱有怀疑甚至敌对心理，很大一部分原因就是由于腐败现象的存在造成的。最高人民法院院长王胜俊向全国人大常委会做工作报告时透露，2003 年至 2008 年上半年，全国法院判处的罪犯中，原县、处级以上公务人员 4525 人，同比上升 77.52%。五年来，全国法院从严惩处贪污贿赂、渎职等职务犯罪，判处罪犯 12 万余人，同比上升 12.15%。[①] 这两组数据显示，滥用公权资源导致的犯罪呈急剧攀升态势，其对公众利益的伤害不可谓不广泛，其对政府公信力的危害不可谓不深重。所以，要倡导全社会形成理性平和的利益博弈态度和行为，没有对政治生态环境的根本改善，只能是本末倒置。

三是要培育妥协，大力构建社会主义的和谐文化。和谐文化及和谐社会的构建，本质上要求社会各方的利益能够以一种“共赢”而非“零和”的态度达到利益博弈与问题解决。因此，培育社会的政治经济利益的妥协精神，不仅能够折射出政府治理理念的转变，也标志着一个成熟文明、现代理性的公民社会的形成。所谓妥协，意味着对利益冲突各方特别是少数一方权利的尊重，妥协的达成也依赖于各方的积极参与、平等协商与同意，因此，就其实质价值来看，妥协是与人民的同意这一民主政治的核心理念相一致的。[②] 在我们过去的生活中，一旦发生了分歧和冲突，往往总是用全胜全负的方式来解决。在这样的一种冲突模式中，总是将冲突看作是正确与错误的斗争，总是期待正确全胜而错误全负的结局。实际上，在这样的利益矛盾和利益冲突中，关键的问题往往不是正确与错误的对立，而是一种利益的博弈。[③] 就当前我国出现的“网络群体性事件”中的利益冲突而言，参与各方的利益诉求目的是利益博弈和解决问题，冲突的结果

---

① 《报刊文摘》，2008 年 11 月 5 日。

② 龙太江：《理解妥协——对一种政治现象与政治精神的学理分析》，陈明明：《革命后社会的政治与现代化》，参见《复旦政治学评论》，上海辞书出版社 2002 年版，第 138 页。

③ 孙立平：《博弈——断裂社会的利益冲突与和谐》，社会科学文献出版社 2006 年版，第 232 页。

往往不是哪一方的彻底胜利，而是妥协和让步。构建和谐文化的精神实质在于社会各方力量的相互让步与妥协，而其物质诉求则在于要求这种让步与妥协心理和行为的制度化，以形成制度性依赖和忠诚，从而有助于利益冲突的体制性解决。正如罗尔斯在《正义论》中所指出的，“给予不宽容者以自由可以说服他们信奉自由，这种说服是基于下述心理原则而起作用的：如果其他情况相同的话，那么其自由受到一种正义宪法保护并且自己能从这种宪法中获利的人，会在一段时间后变得忠诚于这种宪法。”① 如果人们能够通过制度性的参与、协商来实现其利益诉求，那么，即便最终结果并非全如所愿，“公平”感的心理获得与尊重，会使人们对体制性的问题处理程序和方法更有信心，并引导人们付出加倍的努力在合法规则下竞争，从而实现群体利益诉求的规范、合法、有序。正如英克尔斯所言：“如果一个国家的公民缺乏一种能赋予这些制度以真实生命力的广泛的现代心理基础，如果执行和运用这些现代制度的人，自身还没有从心理、思想、态度和行为方式上都经历一个向现代化的转变，失败和畸形发展的悲剧结局是不可避免的。”②

总之，网络空间领域虚实结合的特点，以及网络空间所孕育的社会能量，要求网络党组织必须肩负起团结、凝聚广大网民的任务，使党的执政基础深深扎根于网络之间。正如蒂利所说：“民主的未来取决于信任网络与政权体系的关系，倘若信任网络广泛地脱离了公共政治，那么，其发生之日便是民主受损之时；此外，社会保障或医疗保健的私营化、社会精英或少数群体不再进入公立学校、电子通讯取代了政治行为人的面对面沟通，凡此种种均潜在地导致了当今民主制度下既有信任网络与公共政治的破坏性分离，并进而败坏了民主。”③

① ［美］约翰·罗尔斯：《正义论》，中国社会科学出版社 1988 年版，第 209 页。

② 殷陆君编译：《人的现代化》，四川人民出版社 1985 年版，第 4 页。

③ ［美］查尔斯·蒂利著，胡位钧译：《信任与统治》，世纪出版集团、上海人民出版社 2010 年版，第 14 页。

第四节　案例解析

“上海阿健”的博客[1]

上海浦东新区航头镇的年轻人，几乎都知道镇长沈健有个博客叫“上海阿健”。沈健不搞“潜伏”，2006 年 9 月开通博客伊始，一篇《当选镇长后的讲话》就主动“暴露”身份。从开设博客到 2009 年 10 月博客关闭以来的三年时间里，博客点击量一路攀升，浏览量已突破 18 万人次，最热的一个帖子评论多达 86 条。

沈健说：“最初开博，只是个人兴趣，并没想做成一个与群众交流的平台。”但是无心插柳柳成荫，当发现有关航头工作的帖子总能得到众多点击和回帖询问时，他意识到这是一个很好的沟通平台。“上海阿健”被网友们称为“航头的新闻会客厅”，因为信息丰富、互动及时。镇长工作虽忙，但他的博客更新很快，对网友留言提问的回复也快。

由于内容贴近老百姓生活，“上海阿健”很快在航头各业主论坛上流传开来。“好事”的网友纷纷过来“踩一踩”。他们发现，“上海阿健”博文中，不仅有自己关心的身边事，还有镇长个人的日常生活描写：《我替母亲找到了吴老师夫妇》《爸，我想对你说》《谢谢女儿的鼓励》，无一不是个人情感的流露。除了发布航头有关的新闻和个人经历外，“上海阿健”还经常和网友互动。“阿健，航鹤路航三路上的红绿灯什么时候能装?”“镇长，沪南公路转弯处菜场边上的一大片装潢建材市场什么时候动迁?请回答!”……网友就自己关心的问题在“评论”中向阿健提问。而镇长会选择其中普遍性的问题开帖“答网友问”，比如“关于长达佳苑开业经营”，“关于从航头镇到 8 号线航天公园间开通区间巴士事宜”，“关于应届航头籍大学生就业的举措”……“阿健”以《就网友关心的问题回复》为题，回复了 20 余条大家关心的话题。而在众多网民心目中，镇长是一镇之主，最能为百姓“作主”。

在博客点击率接近 12 万人次时，“阿健”写道：“这个平台，给广大网友提供了信息，提供了航头的数据、发展动态……大家也提出了很多的

---

① 此处相关资料分别来源于：《上海浦东航头镇探索“零距离党群互动”》，新民网，2009 年 10 月 26 日；《上海一镇长博客成“新闻会客厅”，自称会坚持下去》，新民网，2009 年 9 月 16 日；新浪博客“上海阿健”。

希望和期待，更让我了解了很多从别的渠道了解不到的信息、反应、反响和呼声……很多事情就是通过这个平台，让我们了解情况后，改进了政府工作，听取了大家的意见，调整了具体细节。”

随着博客越来越火热，群众“扔”来的问题也越来越多，有些需要“阿健”回答，有些希望“阿健”解决。有网友提议：“阿健，给个 QQ 或 MSN 号码吧，彻底来个即时互动。”还有网友这样写道：阿健是领导，有事找阿健最有效。然而，伴随着超高的人气，对“上海阿健”的争议从未停止。“我一直在默默关注您的博客，我支持您，支持航头的发展！”“现代的镇长，你做得很现代派！”……有人大声叫好，然而留言中“板砖”也不少。有的网友直言不讳地在“阿健”的博客中写道：“哗众取宠，作秀而已！”“少写东西，多去下面基层走走吧！”

面对这两种截然不同的声音，沈健有些招架不住了。在某篇博客中，他接连用了三个“很”形容自己的心情：“很甜”“很累”“很沉”。他在博客中写道：“很多人都不理解，骂人的、牢骚的、指责的。我真的想过要关闭它，但我真的不忍心看到，那些虽然从未谋面但却一直以来关注‘上海阿健’的网友们，因它的关闭而感到失望。因为，让他们感到失望的，将不仅仅是‘上海阿健’。”对于这些尖锐的批评性留言，“阿健”没有删除，而是一直保留着。

但是，与热火朝天的“镇长博客”相比，镇政府的门户网站却是冷冷清清。当初，由政府部门统一制作的街道（镇）网站板式单一、内容枯燥，有时候新闻几个月都不更新，网友们都不爱上，这个沟通渠道也就形同虚设。复旦大学社会学家顾晓鸣教授认为：类似政府网站这样的沟通渠道，有的形式单一、互动性差，甚至形同虚设，这些老百姓反映问题的通道无法做到畅通无阻。而镇长博客的形式却让这种沟通变得更加容易，而且沟通的双方角色呈对等化。

不过，“上海阿健”从头到尾都只是镇长的私人博客，只是由于一开始就透露了真实身份，所以吸引了大量的网友。镇长也在博客中或回答、或解决了部分大家关注的信息和问题。但是，个人始终代替不了政府职能。在“镇长开博”事件中，最值得欣喜的是，它促使镇政府网站开始重视起互动性及服务性。群众真正需要的是更多、更完善的沟通渠道，而不是一两个“某长博客”。

正是出于这一考虑，沈健和航头镇政府吸收总结了“镇长博客”人气火爆的经验，决定升级镇政府网站。根据职能设定几大板块，开设互动栏目，让网友们畅所欲言。等升级后的镇政府网站走上正轨后，“上海阿健”就将关闭。沈健在博文中向网友承诺：“航头是个大镇，有10万人口。面对众多要求答复、解决的留言，我没有这么多的时间和精力去一一回复，实在是力不从心。我建议，大家通过航头镇人民政府网站，向包括镇长、副镇长在内的航头镇领导信箱发信。我们对所有邮箱的来信，承诺100%回复（广告类除外）。”

第五章

舆情引导能力

网络舆情引导能力是指执政党能够对网络舆情发展态势进行有效引导的能力。近年来网络舆情特别是"网络群体性事件"① 的频频发生表明：当前中国社会转型期间暴露出来的一些现实问题和矛盾，借助于网络舆论获得全新的社会动员条件和机会，不仅使网络成为"民间舆论"的强大集散地，而且能够通过网络舆论的影响力在一定程度上影响社会现实问题的解决。可以说，在人自为媒体的"大众麦克风时代"，公众的意见表达变得更为便捷、更为有效，由此而引发的网络舆情危机也更难以防范和控制。因此，积极培育执政党的网络舆情能力就成为网络社会治理的重要能力要求。

第一节　把握舆情引导能力的内涵

中国共产党第十七届四中全会指出："实现党组织和党的工作全社会覆盖，做到哪里有群众哪里就有党的工作、哪里有党员哪里就有党组织、哪里有党组织哪里就有健全的组织生活和党组织作用的充分发挥"，并特别指出要"注重分析网络舆情"。② 在网络已经成为当代中国社会政治生活

---

① 按照《瞭望新闻周刊》文章的解释，"网络群体性事件"，是指通过对社会热点焦点问题和现实矛盾等的关注和揭露，借助网络这一表达渠道，形成具有规模大、影响广、舆论强的网上事件。笔者以为，所谓"网络群体性事件"，就其实质而言，就是网络舆情。"网络群体性事件"不过是网络舆情的一种特殊类型或是特殊的表现形式而已。只不过在规模、影响、强度等方面使网络舆情表现出危机状态，迫切需要进行及时有效的危机管理。因此，"网络群体性事件"是指民众以网络为平台，借助网络论坛（BBS）、网络聊天（Chatting）、博客（Blog）、维客（Wiki）、电子邮件（E－mail）及网络新闻组（Usenet）等网络工具，以即将发生或已经发生的社会热点焦点问题为关注对象，通过发布信息以表达自己的意见倾向，并在各方意见争执中形成强大的舆论场，从而促使关注对象的相关方采取有效措施来缓和舆论，平息事态，解决问题。应该说，从这一意义上讲，"网络群体性事件"的发生具有积极的建设性意义，在一定程度上代表和反映了民意。

② 《中国共产党十七届四中全会公报》，2009 年 9 月 18 日。

的重要组成部分的形势下，如何在网络环境中健全党组织的组织生活和发挥党组织的作用，是党组织创新发展必须面对和解决的一个重要问题。从党组织建设的未来发展趋势来看，哪里思想最激荡，党组织就应该延伸到哪里；哪里集聚的人气最旺，党组织就应该影响到哪里；哪里矛盾最复杂，党组织就应该发挥作用到哪里。具体来说，执政党的网络舆情引导能力的内涵主要包括观念认识、能力素质和组织机制三个方面。

一、观念认识

认识，是指各级党委政府职能部门对网络舆情的根本看法。从2009年大规模网络舆情危机爆发以来，各级党委政府职能部门对网络舆情的认识有一个逐步演变的过程。这一演变过程主要是职能部门对网络舆情在两个效度上的看法演进过程。一是对网络舆情是否构成舆情危机的看法。从一般的网络言论到群起呼应的网络舆情，再进一步发展成为影响网络秩序的舆情危机，既是一个逐步发酵又是一个骤然爆发的复杂过程。网络舆情发展的渐进性与突变性的双重特征，使得对网络舆情的认识往往很难在时间的节点上进行准确判断，由此导致无法采取有效的预防措施。二是对网络舆情是否影响社会现实的看法。以互联网为主要代表的信息网络技术造就了一个日渐庞大的虚拟空间，在为人们提供了张扬个体意志的自我表达空间的同时，又因为利益、派别和情感的分歧而形成了喧嚣嘈杂的“众声喧哗”，往往使人无法辨别其中的真假，从而忽略了声音背后的现实折射。因此，在最初的网络舆情形成风潮之时，涉及到的各个地方职能部门往往由于对新事物认识的滞后而进退失据，饱受批评。

2009年6月24日的《人民日报》发表“石首事件”评论，批评了地方政府在处理突发“群体性事件”时“缺席、失语、妄语”，“甚至想要遏制网上的‘众声喧哗’，则既不能缓和事态、化解矛盾，也不符合十七大提出的保障人民知情权、参与权、表达权、监督权的精神”。其就“网络群体事件”的治理现状而言，各级政府相关职能部门的表现往往是乏善可称，存在着认识上三重困境：一是在治理的态度上，存在着“不信任”的问题。当前“网络群体性事件”之所以能够频频发生，很重要的一个原因就在于相关职能部门对网络的“不信任”态度。认为来自网络的声音或现象主观臆测多于客观真实，跟风起哄多于理性分析、私心名利多于公平正义；认为网络就是一个麻烦的制造者！二是在治理的思维上，存在着“不接触”的问题。正是因这种对网络的“不信任”态度，使得对“网络群体性事件”的治理上表现出强烈的“不接触”思维，置汹汹舆情于不顾。这主要是因为：(1) 对网络的不信任。(2) 缺乏与网络等新媒体打交道和对“网络群体性事件”的治理缺乏应对经验：先是漠然置之，视而不见，任由网民的不满情绪放大；继而仓促上阵，胡乱解释，意图掩盖真相；最后在网民步步追问下，不得不重新处理——进退失据，手足无措，让政府部门公信力一再受损。于是，与其言多必失，授人以柄，不如闭口不言，沉默是金。三是在治理的方式上，存在着“不回应”的问题。具体表现为：(1) 不主动回应“网络群体性事件”所暴露出来的相关问题和要求，能拖则拖，能捂则捂；(2) 在被动回应网络舆情要求时闪烁其辞、顾左右而言他。在实际的治理上，就人为地割裂了“网络群体性事件”的舆情诉求渠道，人为地构筑了社会现实场阈与网络虚拟场阈之间的深沟壁垒。

在对网络舆情的认识上之所以会出现上述问题，究其根源在于：在一段时间内各职能部门并没有真正认识到信息网络构建的虚拟空间是一个蕴含着强大力量的权力场阈。在这一场阈中，对政府来说，虚拟场阈破坏了政府实施社会管理的物理基础，迫使政府必须寻求一种新的社会治理方式。对民众来说，这一摆脱了现实身份束缚的虚拟场阈能够使他无所顾忌地伸张自己的意志，从而掌握了话语的表达权，并在网络热点、焦点问题的刺激争论下，形成了新的网络动员方式——无组织的动员，[①] 推动了网络舆情的频频发生，并对现实社会生活产生影响。可以说，网络舆情治理实质上是一个政府相关职能部门与网络舆情力量之间的利益博弈问题。从当前两者的力量及关系来看，政府相关职能部门无疑具有强大的社会政治权力及影响力，其所以赖以获取的权力是由当前中国社会的政治、经济社会的基本结构所赋予的。这一基本结构既是现实权力赖为存在的基础，同时也是网络生成发展的根本基础。世界上没有能够完全脱离现实社会的政治经济条件而“真空”存在的网络社会，哪怕它是所谓的“虚拟空间”。因此，从权力的构成及其衍生的社会影响力而言，政府相关职能部门在网络舆情力量的博弈中，是强势的一方，因为它拥有管治社会的权力。但是，这并不是说与之相对的网络舆情力量就毫无交锋力量可言。近年来频发的“网络群体性事件”表明，网络舆情力量的发生发展，在一定程度上已经成为一支可以与政府相关职能部门进行对话的主体。尽管这一主体在

---

① 主要是指基于情感的网络动员。与现实的组织动员相比，网络动员侧重于通过对某一事件的情感激发而获取网民的情感认同和主动参与。

当下的环境中还存在诸多不足，比如力量分散、议题过多、激情过盛等，但并不影响其在与政府相关职能部门的交涉中实现其某种程度的利益诉求。政府相关职能部门与网络舆情力量的两方博弈，虽然可以在某些问题上达到有效协议，但是，由于双方都存在经验不足、渠道不畅、机制不健全等问题，往往会由于些许的不合而造成双方的直接对立，使事件的处理陷入无法转寰的困境。因此，网络虚拟场阈中政府与民众之间的权力转移，或者说是权力运作方式的变化，要求作为社会管理主体的政府职能部门必须在根源上更新认知，树立网络时代舆情治理的新观念。

二、能力素质

能力素质是指各级职能部门能够进行舆情引导所必备的能力和素养，这是网络舆情引导能力的核心要求。具体来说，构成这种能力素质的要素主要包括：

一是知识理论素质。提升网络舆情引导能力，必须具备相应的知识理论修养。理论坚定是政治坚定的基础。讲政治，绝不是简单重复一些政治口号，而是要掌握党和国家的大政方针政策，把握好工作方向，紧密联系实际，把党的基本理论、基本路线、基本方针和基本政治原则贯彻落实到各项工作中去，从而不断充实自己、完善自己，丰厚思想底蕴，切实增强自身的政治素质、战略素质和科学文化素质，努力提高领导科学发展能力、驾驭复杂局面能力、协调利益关系能力和务实创新能力。与此同时，还必须适应信息网络时代的发展，不断更新固有的知识理论，培养与新的社会环境相适应的新权力观。网络传播技术的迅猛发展以及网民群体的扩大，使一种有异于“第四种权力”的新的媒介权力形式——“第五种权力”顺势崛起，迅速成长。所谓“第五种权力”，是指相对于“第四种权力”[①] 的依托于各种网络平台的网民舆论权，或网络话语权。“第五种权力”的形成，固然是有赖于网络技术的成熟运用，但是，拥有独立信息源则是支撑这一权力的关键因素。据《2009 年中国互联网舆情分析报告》调查，在 2009 年 77 件影响力较大的社会热点事件中，由网络爆料而引发公

---

① “第四等级”（Fourth Estate）或“第四种权力”（Fourth Power），是欧美西方社会对于新闻媒体在社会中地位的表述，是指在立法、行政、司法这三种权力之外一种独立的社会力量，其社会职能是“监法”，即对上述三种社会权力进行舆论监督，以保证这三种权力的运作透明，以及社会肌体的健康运行。

众关注的有23件，约占全部事件的30%。也就是说，约三成的社会舆论因互联网而兴起。特别是在传统媒体因为种种顾虑而缺席或反应迟钝的情况下，互联网孤军深入，成为网民自发爆料和集结舆论的平台。互联网已经成为新闻舆论独立源头。[①] 正是在这一独立信息源的支持下，在中国公民社会日益成长的基础之上，“第五种权力”开始逐步走向成熟，并在媒介独立、舆论监督方面发挥主要作用，补充了“第四种权力”之不足，从而促进了社会的进步与发展。据《人民日报》与人民网2009年1月初的民调显示：当被问到“你是否关注网络监督”时，参与调查的网民中有87.9%选择“非常关注”，仅有2.8%的网友表示“不关注”。当被问到“当你遇到社会不良现象时，是否会选择网络曝光”时，93.3%的网民选择“网络揭发社会不公”。在对网络监督的必要性的判断上，有50.6%的网友认为“非常必要，是对传统舆论监督的有力补充”。而在公众最愿意用什么渠道参与反腐的问题调查时，排在首位的是“网络曝光”，75.5%的人选择此项。接下来依次是：举报、媒体曝光、信息公开、信访、审计。[②]“第五种权力”的监督作用，也得到了党和政府的高度重视。党的十七届四中全会提出，“健全反腐倡廉网络举报和受理机制、网络信息收集和处置机制”。2009年5月再版发行的《中共党建辞典》收录了一个新词条：“网络反腐”，这是互联网时代的一种群众监督新形式，借互联网人多力量大的特点，携方便快捷、低成本、低风险的技术优势，更容易形成舆论热点，成为行政监督和司法监督的有力补充。2009年5月4日，最高人民检察院公布了修订后的《人民检察院举报工作规定》，明确将网络纳入举报渠道。这一规定中特别指出，对网上举报，要通过网络进行答复。对使用真实姓名或者单位名称的举报，除通讯地址不详的以外，应当将处理情况和办理结果及时答复举报人，自觉接受群众监督。中央纪委、监察部于2009年10月28日统一开通全国纪检监察举报网站，受理群众对党员、党组织和行政监察对象违反党纪政纪行为的检举控告，开通之初一度因访问过多而导致服务器无法承受。中组部“12380”举报网站、最高人民法院法官违法违纪举报中心网站、最高人民检察院举报网站（12309）等也相继开通。因此，不断提高信息网络时代的知识理论，才能更加有利于增强网络舆情的引导能力。

① 祝华新、单学刚、胡江春：《2009年中国互联网舆情分析报告》。

② 《中国青年报》，2009年10月27日。

二是表达交流素质。进行网络传情引导，必须改变“话语平庸”的刻板风格，树立“说实话、办实事”的踏实作风，切实提升表达交流的效能。从当前网络舆情的发展现状而言，存在着两个舆论场：一种是各级党和政府通过权威发布和权威解读等方式，自上而下主动释放信息而形成的“官方网络舆论场”，报纸、电视、广播等传统媒体是信息的主要来源，网络等新媒体只是传播载体；另一种是依靠网民自下而上的“发帖、灌水、加精、置顶”而形成的“民间网络舆论场”，“草根网民”和论坛版主是这种传播模式的主体。两个舆论场的分离甚至割裂，虽然源于中国社会的深刻转型所带来的社会结构的碎片化和利益分化，但是，传统话语体系下的官员表达方式的刻板、模糊，面对网络的不会说话，导致民众对官员丧失信心，进而损害政府在百姓心目的形象，却也是造成两个舆论场疏离的主要原因。在处置以“网络群体性事件”为代表的网络舆情危机中，我们不难发现一个细节问题，即网络舆情的发展往往会由某一个官员“不小心”（比如“替老百姓说话还是替党说话”）的一句话而起到推波助澜的作用，从而使网络舆情恶化发展，增加了处置成本，以至于不仅出现“三进不去”，还会出现“三说不下去”（“与新社会群体说话，说不上去；与困难群众说话，说不下去；与青年学生说话，说不进去；与老同志说话，给顶了回去”）的尴尬。这种尴尬情况要求担任宣传思想部门领导工作的，除政治上可靠之外，还需要在理论上、笔头上、口才上或其他专长上有“几把刷子”。一个道理能深入浅出阐释清楚，走到哪里能很快同群众打成一片，讲的话群众喜欢听，写的文章群众喜欢看，这样才主动，才能得心应手。各级宣传思想部门领导干部要加强学习、加强实践，真正成为让人信服的行家里手，不断提高宣传思想工作能力和水平。因此，要修复政府的公信力，提高民众对政府的信心，必须首先从改变话语体系开始，以“说实话、办实事”的务实作风，提升官方舆论场的表达效能，培育政府与社会、与网民的彼此信任。

三是分析研判素质。分析研判，是对收集到的网络舆情进行认识、研究和甄别。在网络舆情进行分析研判的过程中，要重点分析网络舆情的内容和特点，弄清要表达的主要观点、传播范围和影响度，揭示背景原因和发展趋势，并善于提出针对性强的对策建议。[①] 分析研判素质是网络舆情

① 中共中央宣传部舆情信息局：《网络舆情信息工作理论与实务》，学习出版社 2009 年版，第 81—82 页。

引导能力建设的基本要求。培养和提高分析研判素质，一个重要的途径就是要注重对以往经验的总结，特别是从失败的经验中汲取教训，不断发现原有危机管理中存在的种种问题，进而加以修正和改进。这是一个组织能够在危机中不断提升处置能力的重要途径。“发现、培育，进而收获潜在的成功机会，就是危机管理的精髓；而错误地估计形势，并令事态进一步恶化，则是不良危机管理的典型特征。”[①] 就网络党组织而言，要提高组织的舆情危机治理能力，应当在众多网络舆情危机现象中，通过分析总结以寻求舆情发生的一般规律和内在机制，为以后的危机处理打下良好的基础。具体来说，应该着重于两个方面的建设：（1）建立专门的舆情分析小组，负责对网络舆情危机现象进行分析、总结和归纳，以寻求危机发生的特点和规律。（2）建立分门别类的舆情数据库，负责将网络舆情危机现象、原因、处置办法、社会效度等分类别进行整理，以方便信息搜寻和有效利用。

三、组织机制

政党组织机制的优化调整，是信息网络技术发展所带来的一系列社会影响的必然结果。而网络舆情问题的提出，则更是强化了这一技术发展对政党的影响。在印刷时代，“一个人的喊声永远传不到全民的耳朵里”。[②] 但是，网络舆情的风潮叠起，使互联网这一虚拟空间领域成为舆情发生的集散地和放大器，对社会生活造成极大影响，使得如何有效治理网络舆情成为执政党迫切关心的现实问题。但是，网络舆情的发生发展，有其自身的独特生成机制。现实的社会舆情治理手段并不能达到治理的理想目标。这主要是因为现实社会的舆论，其发生发展主要是通过有形的信息载体来实现的，无论是通过报刊、电视抑或是一定人群的私下传播，都可以借助于政府强大的公民个人身份信息寻根摸底，从而将舆论控制在一定范围之内，避免引起社会的连锁反应。可以说，现实空间领域中的一切舆论都可以做到有迹可寻，从而能够迅速采取有效措施加以管控。

但是，虚拟空间领域中的舆情发生，在相当程度上由于公民个人信息

① ［美］诺曼·R. 奥古斯丁等著，北京新华信商业风险管理有限责任公司译：《危机管理》，中国人民大学出版社 2001 年版，第 5 页。

② 列宁：《告贫苦农民——向农民讲解社会民主党人要求什么》（1903 年），《列宁全集》第 7 卷，人民出版社 1959 年版，第 117 页。

在网络空间的模糊性而无法得到迅速有效的治理。“将互联网与其他媒介形式相比，我们会发现有些媒介更容易管理。过去，国家对待新媒介的诞生，是通过制定政策和监管手段来适应技术引发的特殊问题及其使用的内容。同时，普遍使用经济手段来决定媒介引入的门槛。……比较而言，对于政府来讲，管理和控制互联网内容就非常困难了。”[①] 因此，在现有的网络舆情治理机制尚未完全建立起来的时候，执政党面对网络虚拟空间沸腾的舆情浪潮时，其治理手段往往不能竟其全功。在治理的机制上，存在着“不协调”的问题。主要表现为：一是相关职能部门之间气塞血壅，互不通气，喜欢单打独斗，突击冒进，往往出现在同一问题上却有着不同的表述，从而造成工作的被动，引起更大的质疑；二是在相关职能部门与网络舆情场阈之间缺乏应有的协调沟通机制，要么高高在上，态度强硬，绳之以严格的网络监控，诉诸于强制性地压、堵手段，虽简单明快，有快刀斩乱麻之决断，但隐患极大，反弹更大；要么低眉俯首，有躬亲于民之心，却无与民沟通之途、之法，往往应对失措，无有布局章法可言，其治理能力为人所疑，效果达成只能差强人意而已。由此，造成基层党组织“进不去”，思想政治工作“进不去”，公安、武警等国家强制力“进不去”的尴尬处境。

那么，应该如何提高执政党治理网络舆情的能力呢？从我国现行网络舆情管理的现状来看，主要是由公安网络部门和各级宣传部门负责的。但是，在实际运行中，这两个主要部门都遇到不少亟需解决的问题。对公安网络部门来说，“网络群体性事件”具有爆发的突然性和规模的广泛性，网络的无属地划分与公安部门的属地管理原则的冲突使相关部门对往往是天南海北的网民就某一地的某件事而形成聚集起来的事件无法做出快速联合反应和有效处置。对地方宣传部门来说，由于缺乏必要的法律法规，对各类商业化网站运行也无法达到有效管理。因此，正是这一体制上的制约，往往造成“体制内”的官员对“体制外”的网络的“失控感”和“无安全感”，以致“网络群体性事件”爆发时，首先想到可能就是恐慌与混乱，往往把事件的参与者看作是别有用心之人，因而也不会去想如何将其组织化、有序化，使之归于理性与文明，只是武断地采取断网、屏蔽手

① ［英］安德鲁·查德威克著，任孟山译：《互联网政治学：国家、公民与新传播技术》，华夏出版社2010年版，第8页。

机信号、中断电视转播甚至出台禁令的做法。[1] 然而，事态的恶化跟互联网并没有直接关系。相关部门的这种做法适得其反，更是损害了网民和社会对政府的信任，结果是事情越弄越糟，不可收拾。可以说，这种“体制性迟钝”，往往使政府在事件的处理及社会影响方面陷入很大被动，不得不付出更大的努力去敉平裂痕，挽回政府形象。因此，要改变这一体制性的迟钝，从组织机制的角度来讲，必须改变网络治理力量的分散独立，着眼建设一套及时、果断、灵活的治理机制，通过搭建联防共治的协调应急平台，切实提高各级政府的平等、理性、法治的网络治理能力，而不是武断、强制的网络管控能力。

四、舆情特征

准确把握网络舆情的生成特征，是执政党培育网络舆情引导能力的内在要求。那么，以“网络群体性事件”为代表的网络舆情具有哪些特征呢？任何一种群体事件的发生，都有其发生发展的条件。“网络群体性事件”既是网络舆情的一种表现形式，但在心理和行为上也具有集群行为的特点。所谓集群行为，是指人们的行为一般说来大都处在既定的社会规范的制约之下，但在一些特殊的情境中，会产生一些不受通常行为规范所指导的、自发的、无组织的、无结构的，同时也是难以预测的群体行为方式。美国社会学家尼尔·斯梅尔塞认为，集群行为的发生有六个必要且充分的基本条件：（1）环境条件；（2）结构性紧张；（3）普遍情绪的产生和共同信念的形成；（4）诱发因素；（5）参与者的行动动员；（6）社会控制。只有当这六个特定条件在特定情况下结合起来或相互作用才能导致集群行为的产生。“网络群体性事件”之所以能够演变成为一种网络集群行为，就在于网络提供了其发生发展所需的空间、条件、资源以及情感需求。一个重量级新闻事件的报道，立刻会引起蛰伏在网海深处的网络游民的群情激愤，四方云集，百万呼应，网络集群行为由此产生。从当前发生的“网络群体性事件”来看，这种网络集群行为的特征主要表现在五个

---

① 比如，在2009年，不少地方针对“人肉搜索”立法，美其名曰“规范”，但重点却放在禁止上。2009年初江苏省人大通过的《徐州市计算机信息系统安全保护条例》规定，禁止“人肉搜索”，并有相关处罚规定；从2009年5月1日开始，杭州正式施行《杭州市计算机信息网络安全保护管理条例》，实行网络实名制。不过，并未收到预想中的效果。其实，无论是打击网络色情，还是禁止“人肉搜索”，无论是社会公众还是网民都担心政府是醉翁之意不在酒。

方面：

一是行为的随意性。“网络群体性事件”的发生，往往具有突发性和偶然性。而这种特性之所以形成，则是由“网络群体性事件”发起者行为的随意性而引发的。这种行为的随意性主要包括两层意思：（1）指目标的无选择性。比如“南京天价烟事件”就是因为网友无意中看到事件的主角——南京市江宁区房产管理局局长周久耕——所抽的“天价烟”而引起的。在强大的“人肉搜索”下，周久耕浮出水面，并最终被撤职获刑。可以说，网友的这种行为具有极大的随意性，周久耕成为无意识选择的替代品。（2）指表达的无约束性。网络空间的隐匿性，使在现实中受到各种条条框框限制的民众，能够在遵循网络规则的前提下表达自己对某一事件的看法，而不必担心来自现实权力的约束。比如“云南躲猫猫事件”，针对云南省晋宁县公安机关给出的李乔明与同监室的狱友在看守所天井里玩“躲猫猫”游戏时遭到狱友踢打，并不小心撞上墙壁而导致死亡的解释，引起了网上热议，继而成为舆论争议的焦点，不少人认为玩“躲猫猫”致死的说法太站不住脚，更有网友调侃到，“珍爱生命，不躲猫猫”。

二是目标的具体性。“网络群体性事件”虽然也具有集群行为的特征，但是，与现实社会的集群行为相比，“网络群体性事件”的集群行为具有目标设定的具体性。当前中国社会所发生的一些社会群体性事件，就其发生发展的过程来看，其集群行为具有鲜明的过渡性特征，并非一开始就具有明确的目标指向。比如吉林通钢事件，部分职工因不满企业重组而在通钢厂区内聚集上访，只是想获得相应的权利，而没有想到会发生总经理陈国军被殴打致死的悲剧。“网络群体性事件”中的网民集群行为则具有明确而具体的目标指向性。无论是“杭州飙车案”还是“巴东邓玉娇案”，网民的这种集群行为都表现出对关注对象的高度集中。

三是表达的结构性。“网络群体性事件”作为网络舆情的一种表现形式，其意见表达呈现出鲜明的结构性特征。即：（1）“意见领袖”的跟进与领导。在整个意见表达结构中，“意见领袖”就是一面旗帜，雄踞于金字塔尖，起着指引前进方向的作用。（2）普通网民的声讨与支援。“网络群体性事件”之所以能够成为网络热点，就在于其参与人数众多及其由此所引起的广泛影响。广大网民源源不断地加入，厚实了网络舆情的群众基础，提升了意见领袖的魅力指数，从而使金字塔型的表达结构更加稳固有力。（3）网上网下的衔接与转换。当前“网络群体性事件”的一个显著特征就是网民不再满足于“坐而论”，而是转向“起而行”。“人肉搜索”的强大及其暴露个人隐私所引发的各方争议，无疑都在证明网络空间和现实空间的衔接与转换不仅具有可能性，而且已经成为“网络群体性事件”向现实生活延伸的桥梁。正是这两个空间的衔接与转换，使得网上网下形成舆论与行动的互动，增强了“网络群体性事件”的处置难度。

四是意见的从众性。“网络群体性事件”的意见从众性特征，一指“意见领袖”在网络舆情传播过程中的主导作用。一般说来，“意见领袖”由于其强大的网络号召力和影响力，其对某件事的看法和态度就具有了现实生活的“名人效应”。对于在网络生态环境中娱乐游戏的普通网民而言，其对某件事所投入的时间和精力都无法与“意见领袖”这一网络职业人相比。因此，在“名人效应”的影响下，网民往往在表达自己意见的时候，就会自觉不自觉地受到“意见领袖”的左右。二指个体在集群行为中的盲从。在“网络群体性事件”中，参与其中的网民个体由于受到集群压力等因素的影响而存在知觉、判断、信仰或行为上与多数人趋于一致的现象，从而表现出盲从的公众心理。盲从是指不问是非地附和别人，在群体性事件中是一种普遍存在的心理现象，是公众在群体事件影响下的一种非理性的心理反应。由于群体事件中各种信息真假掺杂，公众无法做出正确判断，容易受群体行为和情绪的影响，往往会不假思索就盲目跟从附和多数人的意见。

五是言语的激烈性。基于网络交流所特有的隐匿性特征，网民可以尽情释放隐含于每个人内心深处的抗拒性情感，在虚拟的行侠仗义中宣泄情绪以获得某种心理快感。然而，词锋尖锐与言语激烈并不能等同。在考察“网络群体性事件”时，可以发现言语上的激烈性，甚至带有人身侮辱的语言处处可见。从社会心理学角度来看，一方面，部分网民言语上的激烈性只是想宣泄自身对他人或社会的不满。它其实是一种挫折攻击行为的表现，即如果人们无法适应社会发展带来的新变化，无法接受新事物，无法与变化了的社会环境相协调时，就会产生挫折感，甚至产生恐惧感和破坏欲。网络环境的相对宽松，无疑为这一心理提供了释放的渠道。另一方面，法不责众的心态使得个体网民在“网络群体性事件”中有一种放纵本能的渴望。例如，2009 年 7 月 24 日，吉林通钢事件中，新闻跟帖几乎一边倒地“赞扬”通钢“工人阶级了不起”，幸灾乐祸于“打死个把资本家有什么了不起”。正如法国社会心理学家古斯塔夫·勒庞在《乌合之众》中指出的，在群体之下，个人“会感觉到一种势不可挡的力量，这使他敢于发泄出自本能的欲望……他很难约束自己不产生这样的念头：群体是个无名氏，因此也不必承担责任。这样一来，总是约束着个人的责任感便彻底消失了"，"当他加入一个不负责任的群体时，因为很清楚不会受到惩罚，他便会彻底放纵这种本能"。[①]

第二节　增强舆情引导能力的意义

2009 年以来发生的"网络群体性事件"，在多方共同努力下基本上都能够得到认真回应和切实解决，既彰显了网民讨论社会公共事件的主动性和推动事件发展进程的强大力量，又显示了各级政府转变执政思路、求真务实的真诚，体现了网上网下、网民与政府之间的良好互动。但是，我们仍然应该看到，在当代中国社会急剧转型的历史大背景下，以"网络群体性事件"为代表的网络舆情作为对社会现实问题的一种意见表达形式，不仅将以一种常态化的方式存在，而且将会随着公民意识的成长而越来越发展壮大，对中国社会的影响也将越来越深刻。对于各级政府来说，在面对"网络群体性事件"时，是否能够从根本上转变执政思维，理性与宽容地对待"众声喧哗时代"的公民意见表达，还是执着于"被时代"的强制性角色监护，仍然是一个任重而道远的艰巨任务！

一、把握网络舆情发展规律，引导网络舆情有序发展

提升执政党的网络舆情引导能力，其目的首先在于使网络舆情能够在一个比较可控的范围内有序发展。因此，必须准确把握网络舆情的发展规律和形成机制。

从网络舆情的发展规律来看，按照正常的传播规律，一个热点话题在网上传播的高峰正常为三天。三到五天后，如果突然再次出现传播的高峰，而又没有特殊原因，这样的传播高峰就极可能是人为推动上去的。"网络群体性事件"之所以能够从网络环境中普遍存在的网络舆情发展成为惊动四方、令人侧目的群体性事件，就在于其自身所存在的持续的内在动力机制，不断推动网络舆情事件朝着既设目标前进，不达目的，誓不罢休。考察近年来发生的诸多"网络群体性事件"，其发生发展基本上遵循

---

① ［法］古斯塔夫·勒庞著，冯克利译：《乌合之众：大众心理研究》，广西师范大学出版社 2007 年版，第 49—50 页。

以下模式：首先，客观事件发生的意见形成交流阶段。“网络群体性事件”的发生往往是由一些网络上出现的有关某事件的一篇帖子或者一段视频，然后经由网络传播，而引起网民普遍关注的。在关注的过程中，网民从各自的立场、阅历出发开始发表对事件本身的意见，从而在意见交流中不断推动事件向更深层次发展。其次，赢得多数、“意见领袖”的产生阶段。仅仅只是局限于网上的文字表述或视频观看并不能维持网民关注的持久热情。对事件本身真实性的追索，才能够冲破传播时限，吸引网民的关注。因此，在网民对事件发表意见的初始阶段之后，随着“网络达人”的跟进，通过强大的“人肉搜索”，将事件相关方的详细资料（姓名、住址、籍贯、电话、邮箱、真实社会身份，甚至是与其相关的其他人的信息等等）公之于众，在满足网民对真实情况了解的愉悦基础上，进一步刺激了网民的意见表达。在这一意见表达的过程中，不同的意见开始形成多数并趋于一致，“意见领袖”逐步从纷争中脱颖而出，成为网络舆论的风向标。最后，舆论导向与现实回应阶段。多数意见形成以后，就会使网民成为强大的舆论“压力集团”，从而使网上的虚拟意见开始转向对解决问题的现实诉求。在诸多“网络群体性事件”中，事件的最终解决基本上都是事件相关方在网民的关注与网络舆论的强大压力下，澄清事实、公开致歉。但是，应该看到，在这一解决问题的过程中，现实社会控制力量的回应、介入与惩戒，始终是控制事态恶性发展、缓和平息汹汹舆情的关键所在。由此也可以看出，“网络群体性事件”的发生，虽有网络特有的爆料娱乐性，但在这种调侃式的舆情背后，则是植根于对社会现实的深沉关注。

从网络舆情的生成机制来看，在以“网络群体性事件”为代表的网络事件中，其发生机制主要有两个因素在发挥着重要作用，从而使网络的放大功能获得了倍增效应。一是“网络群体性事件”中的“蝴蝶效应”。何谓“蝴蝶效应”？“在南美洲亚马孙河边热带雨林中，一只蝴蝶漫不经心地拍动几下翅膀，可能在两周后引起美国得克萨斯州一场灾难性的风暴。原因在于：蝴蝶翅膀的运动导致周围的空气发生变化，并引起微弱气流的产生，而微弱气流的产生又会引起四周空气或其他系统产生相应的变化，由此引起连锁反应，最终导致其他系统的极大变化。”这是1963年美国麻省理工学院气象学家洛仑兹根据一次科学计算的结果提出的“蝴蝶效应”的完整阐述。“蝴蝶效应”作为一种混沌现象，其前提是复杂系统即非线性系统，在总体趋势不变的情况下初始条件的微小变动将导致未来前景的巨大差异。“网络群体性事件”中的“蝴蝶效应”，是指在网络虚拟空间里，在传统媒介把关人弱化的情况下，网民对于一个突发的公共事件进行完全公开、自由、平等的意见表达时所形成的一种舆论表征；是在网络舆论初始条件不确定的情况下，进行的意见表达时形成的非线性不规则的一种混沌现象。或许只是一个帖子或网站上的一条小消息，就会引起众多意见的卷入，从而使矛盾不断升级，事态呈现爆炸性扩大或骤然倒向变更，导致事实信息的扭曲和舆论评价的压倒性倾向，进而构成对现实的强大舆论压力，使“网络群体性事件”最终演变成为一种网络集群行为。二是“网络群体性事件”中的“沉默的螺旋”。“沉默的螺旋”理论是德国社会学家诺伊曼于1974年在《传播学刊》上发表的一篇论文中提出的一个概念。[①] 该理论认为，大众传播媒介在影响公众意见方面，具有强大的力量。通过媒介对某一事件、某一议题的大量、一致的报道，会引起持相反意见的另外一部分人的沉默。这样，一方表述而另一方沉默的倾向开始了一个螺旋上升过程，这个过程不断把一种意见确立为主要意见。“沉默的螺旋”假说建立在对人的社会从众心理和趋同行为的分析基础之上，而“从众”和“趋同”发生的根本动因在于人对社会孤立的恐惧。根据社会心理学的观点，舆论是一种社会控制的机制，是公开场合中被表达的观点和涉及价值观问题的行为。所以，只有那些“被认为是多数人共有的、能够在公开场合公开表明”的意见才能成为舆论。而舆论一旦形成就会产生强制力——公开与之唱反调就会陷于孤立状态，就有遭受社会制裁的危险。为了免于这种制裁，人们只有在公开的言行中避免与其发生冲突。这便是“沉默的螺旋”开始旋转的起点。因此，当一个有争议的议题在网上出现，人们就会对此众说纷纭，发表自己的不同意见，但是随着几次公开的意见交锋之后，可能只有一种意见占据明显的上风，其他的意见会随着时间的流逝而逐渐弱化，最终可能只能听见一种声音。“网络群体性事件”之所以能够

---

① “沉默的螺旋”概念来自伊丽莎白·诺艾尔—诺依曼多年来发展并验证的一个更大规模的民意理论。“沉默的螺旋”仅指该理论中对大众传媒来说最为重要的一个原则。一般而言，“沉默的螺旋”理论关心的是四种因素之间的相互作用：大众传播、人际传播及社会关系、个人观点的表达、个人对自己周围社会环境的“民意气候”之感知。该理论基于社会心理学中的一种基本思想，即个人意见依赖于其对别人意见的理解。诺艾尔—诺依曼指出了她理论的下述主要假设：（1）具有异常想法的个人有被社会孤立的威胁；（2）个人总是有被孤立的恐惧感；（3）因为害怕被孤立，个人总是力图估计民意的气候；（4）这种估计的结果会影响公众场合的行为，特别是在是否公开表达还是隐藏自己的观点的时候。见［英］丹尼斯·麦奎尔、［瑞典］斯文·温德尔著，祝建华译：《大众传播模式论》，上海译文出版社2008年版，第101—102页。

构成对现实回应的强大舆论“压力集团”，就在于在“沉默的螺旋”效应下多数意见的形成与确立。

因此，只有准确把握了以“网络群体性事件”为代表的网络舆情事件的自身发展规律，才能有针对性进行积极引导，使网络舆情有序发展。

二、增强线上线下双向互动，缓解现实社会矛盾激化

网络舆情危机其实是一种利益表达危机，有着深刻的社会现实原因。具体主要表现为两个方面的利益诉求：一是现实利益表达渠道的不畅，希望以网络的方式表达出来引起重视；二是利益关注的焦点往往与政府相关各职能部门有密切关系。因此，要解决好网络舆情事件，归根结底还在于政府的有效作为。这是因为，近年来各级政府职能部门已经越来越成为网络舆情关涉的舆论主体。

2009 年，人民网舆情监测室发布《2009 年中国互联网舆情分析报告》指出，在 2009 年为数众多的网络热点事件中，发帖超过 5000 份的热点事件有 16 项，其中，发帖过万份的事件有 5 项。[①] 这些热点事件主要涉及公民权利保护、公共权力监督、公共秩序维护和公共道德伸张等一系列重大社会公共问题，既体现了广大网民积极的社会参与意识，也反映了政府作为网络舆情危机关注的焦点所在。事实上，与 2008 年流行网络的“囧”“雷人”“山寨”等单纯戏谑、搞笑的热词风格不同，2009 年网络热词大部分来自于社会公共事件：“钓鱼执法”“躲猫猫”“楼脆脆”……仔细分析，不难看出，公权力大、公益性强、公众关注度高的“三公部门”和其中的公职人员，极容易成为网络热点新闻炒作的焦点。例如，以“史上最牛”“天价”等词搜索，就会发现“史上最牛的中部地区处级官员别墅群”“史上最牛的官腔”“史上最牛的官员语录”“史上最牛服务通知”“史上最牛公章”“天价烟局长”“天价薪酬高管”“天价表县委书记”“天价公款账单”等话题，无一例外都是网上热点。“史上最牛”加“三公部门”型的网络事件，溯其本源其实就是公共部门和公职人员“涉腐”“涉富”“涉权”等三类事件。2011 年，喻国明主持发布的《中国社会舆情年度报告（2011）》指出，2010 年全年舆情事件涉及的具体领域方面，政府部门及个别官员的行为不当是重点集中领域；在关涉的主体方面，公检法系统、明星、县处级官员位列其中；在舆情事件分布的行政级别方面，出

① 祝华新、单学刚、胡江春：《2009 年中国互联网舆情分析报告》。

现了向大城市、小县城两级分化的趋势。[①] 这一趋势在其后的两年内表现得更加明显。2012 年，喻国明主持发布的《中国社会舆情年度报告(2012)》指出，在 2011 年全年舆情事件有 40% 集中在社会与法领域，主要涉及到公检法系统以及各种违纪现象。其中，官员违法乱纪行为依然是民众关注的焦点，占到总体的近五分之一。[②] 2013 年，喻国明主持发布的《中国社会舆情年度报告（2013)》指出，2012 年全年 50% 的社会事件集中在社会与法领域，与 2011 年相比有所上升。社会民生、官员违法乱纪行为、政府行为不发等事件成为整个社会关注的主要核心领域和社会心理"痛点"。公检法系统、职能部委成为网络舆情的主要关涉主体。

各级政府职能部门越来越成为舆论主体的趋势，一方面说明了在信息网络时代职能部门社会管理方式的落后与不适。喻国明指出，职能部门作为关涉主体，其关涉指数大幅超过往年，主要是因为随着社会文明水平的提升，社会管理水平亟待提升，但由于个别职能部门的思维还保持在传统的管理思维水平上，刻舟求剑式或者不在老百姓一边式的管理方式很难适应社会的发展，加上微博提高了民众的公民意识，很容易引起民众的民意反弹或抵制。[③] 另一方面却说明在当前社会处于转型期的背景下，人们对于公权力如何参与社会利益的调整非常敏感，政策信息渠道的不畅，利益分配中不公现象的存在，使得各级政府和职能部门成为网络舆情关注的热点和焦点。因此，必须增强网上网下的互动，通过对网络舆情反映的社会问题进行及时回答，才能及时准确地化解网络舆情中的矛盾问题。

第三节　提升舆情引导能力的途径

习近平总书记明确指出："现在，现实世界安全和虚拟世界安全相互影响，敌对势力把互联网、手机等新兴媒体作为寻衅滋事和扩散升级社会矛盾的重要渠道。在境内外一些别有用心的势力策划和推动下，一些传言、谣言、谎言在网络上快速传导，扰乱人心。这些都给我们维护国家政

---

① 喻国明主编:《中国社会舆情年度报告（2011)》，人民日报出版社 2011 年版，第 18—21 页。

② 喻国明主编:《中国社会舆情年度报告（2012)》，人民日报出版社 2012 年版，第 26—28 页。

③ 喻国明主编:《中国社会舆情年度报告（2013)》，人民日报出版社 2013 年版，第 18—21 页。

治安全和社会稳定增加了新的难度。”①以网络舆论权为代表的“第五种权力”，由于其独特的任何人、任何时间、任何地点的参与、表达与互动的媒体特征，使得传统的新闻传播、舆论监督，正在向网络舆论或网络话语权悄然发生着一种“权力转移”的变化。正是在这一新权力建构的基础上，以“网络群体性事件”为代表的网络舆论开始具备了与各级党委政府进行博弈的能力。这一新的变化对培育网络舆情引导能力提出了总体要求，即首先要及时发现舆情苗头。网络舆情的发生虽说具有突发性，但是并非空穴来风。一般来说，网络舆情的发生往往都是与现实社会生活中的突发事件有着紧密联系的。在一定程度上，网络舆情和社会突发事件就是一对“孪生子”。因此，要治理网络舆情，必须找准引发舆情的根源，从而采取措施进行有效治理。其次要果断处置舆情风潮。网络舆情治理，本质上就是危机管理。因此，当网络舆情逐渐在虚拟空间蔓延之时，必须在第一时间果断出手，表明态度，赢得网民信任，掌握舆情治理的主动权。最后要灵活应对舆情问题。网络舆情的背后往往站立的是生活在现实社会中的鲜活个体。因此，治理网络舆情的核心要求，就是要学会如何与这些人打交道。通过建立平等、公开、透明的对话机制，无疑应该成为一种比较理智的选择。总之，信息网络时代舆情发展所带来的社会冲击，要求我们必须从各个方面着力培育和提升执政党的网络舆情引导能力。

一、掌握舆情社会成因，主动开展心理疏导

冲突社会学的研究表明，社会冲突的根源在于利益冲突，利益冲突反映到心理上就是心理冲突，心理冲突反映到行动上就形成社会冲突。利益—矛盾—冲突是社会心理冲突的发生机制。而这种发生机制之所以能够形成并发生作用，有两个方面的原因：一个原因是社会发展所带来的社会冲突的存在和发酵。从当前我国社会发展情况来看，改革在普遍提高人们生活水平的同时，诱发了社会成员越来越高的社会期望，并且期望程度和现实生活水平之间形成了越来越大的差距，这是社会冲突乃至社会动荡发生的重要社会心理因素。在“网络群体性事件”中，参与各方因实际利益、假想利益或精神利益受损又无法通过现实正常的合法、合理、合情的渠道获得解决，从而产生精神受辱、人格被贬、利益被侵和需要受阻等心

① 中国人民解放军总政治部编印：《深入学习贯彻党的十八大精神军队领导干部学习文件选编》，解放军出版社2013年版，第222页。

理，经长期积累，在适当的社会诱因下很容易引发冲突行为，并通过网络的力量而不断被放大。另一个更重要的因素就在于传播技术，特别是以互联网为代表的信息技术的广泛运用促使了一种新的群体意识的形成。“群众势力开始不断壮大，首先是因为某些观念的传播，使它们慢慢在人们的头脑中扎根，然后是个人逐渐结为社团，致力于一些理论观念的实现。正是通过结社，群体掌握了一些同他们的利益相关的观念——即便这些利益并不特别正当，却有着十分明确的界限——并终于意识到了自己的力量。”[①] 仔细分析以“网络群体性事件”为代表的网络舆情事件便可发现，参与各方主要表现为以下四种社会心理特征：

从众心理。从众，俗称“随大流”，指团体成员由于受到团体压力等因素的影响而存在知觉、判断、信仰或行为上与多数人趋于一致的现象。“当个人们聚焦到一起时，一个群体就诞生了。他们混杂、融合、聚变，获得一种共有的、窒息自我的本性。他们屈从于集体的意志，抵制自己的意志。这种压力是真正的威胁，许多人有被淹没的感觉。”[②] “网络群体性事件”中的公众心理，大多属于一种盲目从众，即盲从。盲从是指不问是非地附和别人，在群体性事件中是一种普遍存在的心理现象，是公众在群体事件影响下的一种非理性的心理反应。“长时间融入群体行动的个人，不久就会发现——或是因为在群体发挥催眠影响的作用下，或是出于一些我们无从知道的原因——它非常类似于被催眠的人在催眠师的操纵下进入的迷幻状态。”[③] 由于群体事件中各种信息真假掺杂，公众无法做出正确判断，容易受群体行为和情绪的影响，往往会不假思索就盲目跟从附和多数人的意见。在许多“网络群体性事件”中，部分公众就是出于看热闹的原因而参与进来的。

同情心理。同情是一种不期望报答、出于自觉自愿的助人行为，是人类固有的一种内存心理活动。一般来说，当弱势群体遭遇强势群体压制的时候，对弱者的同情与支持是社会心理中的一种集体无意识。这种集体无意识的突出特点在于，由于实施帮助的人认定自己站在道德的制高点上，

---

① ［法］古斯塔夫·勒庞著，冯克利译：《乌合之众——大众心理研究》，广西师范大学出版社2007年版，第37页。

② ［法］塞奇·莫斯科维奇著，许列民、薛丹云、李继红译：《群氓的时代》，江苏人民出版社2006年版，第19页。

③ ［法］古斯塔夫·勒庞著，冯克利译：《乌合之众——大众心理研究》，广西师范大学出版社2007年版，第50页。

是为弱者鸣不平的仗义执言，所以在心理与行为上就表现出浓厚的道德特征，即心理上的优越感、行为上的正当性。可以说，在“网络群体性事件”中，对弱者的同情是参与各方彰显正义的道义旗帜。以“邓玉娇案”为例，其之所以能够吸引网络的关注，并通过网络的放大形成社会焦点，就是因为包括网民在内的社会公众将对弱者的同情之心、怜悯之心和寻求公正的社会愿望寄托在一介弱女子的身上。

“搭便车”心理。奥尔森在其名作《集体行动的逻辑》中提出了“搭便车”理论。他认为，公共物品一旦存在，每个社会成员不管是否对这一物品的产生做过贡献，都能享受这一物品所带来的好处。公共物品的这一特性决定了，当一群理性的人聚在一起想为获取某一公共物品而奋斗时，其中的每一个人都可能想让别人去为达到该目标而努力，而自己则坐享其成。“搭便车”理论对我们分析“网络群体性事件”中的部分个体心理的启发意义就在于，部分人群之所以能够参与进集体行动中来，其实是对集体行为与政府反应的一次博弈行为。如果集体行为能够引起政府重视，并获得政府对相关问题的解决，那么，个体的利益就有可能获得解决；如果集体行为造成一定的社会后果，导致政府的强硬反应，那么，参与个体也会因法不责众的心理和旁观的角色意识来淡化自身的行为后果，避免给自身利益带来损害。对于这种群体心理，勒庞也明确指出：“即使仅从数量上考虑，形成群体的个人也会感觉到一种势不可挡的力量，这使他敢于发泄出自本能的欲望；而在独自一人时，他是必须对这些欲望加以克制的。他很难约束自己不产生这样的念头：群体是个无名氏，因此也不必承担责任。这样一来，总是约束着个人的责任感便彻底消失了。”[①] 在当前我国发生的一些“网络群体性事件”中，正是这种“搭便车”心理导致部分群众主动参与进群体冲突事件中来。

泄愤心理。即通过一些极端方式宣泄自身对他人或社会的不满，它其实是一种挫折攻击行为的表现。从社会心理学的角度来看，如果人们无法适应社会发展带来的新变化，无法接受新事物，无法与变化了的社会环境相协调时，就会产生挫折感，甚至产生恐惧感和破坏欲。如果社会没有提供合理、畅通的消解渠道，这种挫折感就会以不理智的行为方式表现出来。参与无直接利益冲突的个体因自身遭遇挫折而又得不到公权力的救

① ［法］古斯塔夫·勒庞著，冯克利译：《乌合之众——大众心理研究》，广西师范大学出版社2007年版，第49—50页。

助，积怨越来越深，一旦遇到群体性事件的发生，就很容易将个体心理冲突行为化。而且，相对于大部分参与群体来说，法不责众的侥幸心理也成为刺激心理冲突行为化的推进剂。“群体感情的狂暴，尤其是在异质性群体中间，又会因责任感的彻底消失而强化。意识到肯定不会受到惩罚——而且人数越多，这一点就越是肯定——以及因为人多势众而一时产生的力量感，会使群体表现出一些个人不可能有的情绪和行动。在群体中间傻瓜、低能儿和心怀妒忌的人，摆脱了自己卑微无能的感觉，会感觉到一种残忍、短暂但又巨大的力量。”①

可见，“网络群体性事件”中的各参与群体的心理不是一个简单的社会心理表达，而是一个包括各类型特征的心理集群。在这一心理集群中，可以分为正性、中性和负性三个层面的心理状况：同情心理构成了参与群体心理结构的核心位置，它赋予了心理行为选择的道义特征，是一种正性心理状况。从众心理和“搭便车”心理是构成群体行为规模化、类集团性的普遍心理原因，它具有两极化发展的中性心理特征——随着事件发展的情势变化，从众心理和搭便车心理有可能向同情心理发展，又可能向负性方面发展。泄愤心理在参与群体的心理集群中只是极小一部分，但其破坏力却是最大的，往往也是造成群体事件恶性发展的主要因素。网络空间领域的形成以及由此而带来的活动主体与利益诉求的多元性，对党和政府的治理能力提出了新要求。因此，通过重塑党和政府的意见表达能力，无疑可以成为网络社会治理的新思路、新途径。

二、整合舆情治理力量，形成全党参与格局

网络舆情具有生成触发点多、参与力量多元、影响波及面广的特征。治理网络舆情，不能仅依靠宣传思想工作部门，而应建立适应网络社会治理的新观念、新方法，形成执政党、政府职能部门和社会组织以及民众的总体治理新格局。习近平总书记明确指出，做好宣传思想工作仅靠宣传思想部门是不够的，必须全党动手。全党动手，必须树立大宣传的工作理念，动员各条战线各个部门一起来做，把宣传思想工作同各个领域的行政管理、行业管理、社会管理更加紧密地结合起来。具体来说，就是要做到：

---

① ［法］古斯塔夫·勒庞著，冯克利译：《乌合之众——大众心理研究》，广西师范大学出版社2007年版，第66页。

一是各级党委和领导干部要把宣传思想工作切实抓起来。各级党委要负起政治责任和领导责任，加强对宣传思想领域重大问题的分析研判和重大战略性任务的统筹指导，不断提高领导宣传思想工作能力和水平。党委主要负责同志要带头抓意识形态工作，带头阅看本地区本部门主要媒体的内容，带头把住本地区本部门媒体的导向，带头批评错误观点和错误倾向。对社会关注的热点问题，有关党委要迅速分析、表明立场。特别是对那些侵犯群众利益、违反党纪国法的事情，判断清楚了要迅速拿出态度，一定不要护着掩着，要表明坚决反对的态度。

二是经济、教育、科技、政法以及其他承担社会管理的各部门，要加强同宣传思想工作部门的沟通和配合，自觉支持宣传思想路线工作。斯大林指出："经济胜利本身，它的巩固和持久，完完全全取决于党的组织工作和党的政治工作的胜利，如果没有这个条件，经济胜利就会是建筑在沙滩上的东西。"[①] 因此，要切实加强各职能部门的政治意识，在各自分管的职能工作范围之内，做好宣传思想工作。具体来说，一方面，要通过党委制和党组制、分口管理制、双重管理制等组织形式，实现对社会的全面覆盖和舆论引导。另一方面，通过党和政府—单位—个人这一垂直链条实现对社会乃至个体的组织吸纳和思想影响。单位作为国家权威和党的权威的双重代表，把归附于多种组织的个人重新吸纳到新的政治体系之中，提供一种新型的政治生活，以至于"脱离了单位，中国人几乎找不到人生和工作的依托，个人的生命历程与事业开拓都与单位紧密相联。……以至于人们不是依照学历、知识、能力甚至阶层作为衡量社会差异的指标，而是以工作单位的不同作为最终的衡量指标"。[②] 单位与家庭共同构成个人寻求安身立命的最重要的两大场所。在社会生活中，单位并不仅仅是一种体制性的产物，更是中国人感情投放与价值实现的依托。因此，通过党的组织系统和行政组织系统，切实发挥经济、教育、科技、政法以及其他承担社会管理的各部门的思想舆论引导功能。

三是工会、共青团、妇联等人民团体要动员社会力量支持参与宣传思想工作。中华人民共和国成立以来，中国共产党对旧有的社会组织进行了重新选择和整合。通过成立一系列覆盖社会各方面的群众性组织，中国共

---

① 《斯大林文集（1934—1952）》，人民出版社1985年版，第150页。

② 刘建军：《单位中国：社会调控体系重构中的个人、组织与国家》，天津人民出版社2000年版，第3页。

产党调整和确立了党对社会组织的领导地位，从而将组织控制进一步延伸到社会各个行业。“中国工会、中国共产主义青年团、中华全国妇女联合会、中国科学技术协会、中国文学艺术界联合会、中国作家协会、中华全国归国华侨联合会是中国共产党领导的工人阶级、先进青年、各族各界妇女、科学技术工作者、文学艺术工作者、作家、归国华侨和侨眷的群众组织，是党联系群众的桥梁和纽带，是国家政权的重要社会支柱。”[①] 因此，要切实发挥工会、共青团、妇联等人民团体的作用，动员更多社会力量参与宣传思想工作。

四是高度重视知识分子工作，注重同思想界、理论界、知识界等方面建立良好沟通关系。当前，知识分子队伍规模不断扩大、构成复杂多元，自我意识、个体意识强化，利益诉求和政治诉求交织。对广大知识分子，重要的是团结，同时要加强引导，特别是要加强政治引领和政治吸纳，使更多知识分子参与实际工作，激励他们自觉为实现中华民族伟大复兴贡献聪明才智。宣传思想部门要加强同知识分子的联系，及时向他们通报中央对一些重大问题的判断和工作大政方针，及时听取他们的意见，最大限度把他们团结凝聚在党的周围。特别是要关注那些具有特殊性的知识分子，下工夫做好网络“意见领袖”、网络作家、签约作家、自由撰稿人、独立演员等群体的工作。宣传思想部门必须学会与网络“意见领袖”打交道、交朋友，引导他们肩负起社会责任感。

总之，树立网络舆情治理的大宣传工作理念，就是要求在涉及大是大非的政治原则问题上，不仅宣传思想部门要发声，党委要发声，而且各个方面都要发声。要发出统一的明确信号，形成一呼百应的态势。正如习近平总书记指出的那样，我们上上下下有那么多党和政府组织，有那么多国有企业、事业单位、人民团体，有 8500 多万名党员，有 8900 多万名团员，只要组织好，就一定能取得优势。

三、培养网络“意见领袖”，积极影响议题设置

应该承认，在以“网络群体性事件”为代表的网络舆情危机面前，各级政府职能部门积极探索应对舆情的方法途径，舆情危机的管理能力得到提升，在实践中取得了积极成效。在 2009 年，从中央部委到地方政府，普

---

① 《中国共产党组织史资料》附卷四：“中华人民共和国群众组织（1949.10—1997.9）”，中共党史出版社 2000 年版，第 1 页。

遍建立快速应急机制，回应网民关切，网络舆情应对提速。如10月7日新疆建设兵团“最牛团长夫人”敦煌打人事件被天涯社区曝光，10日兵团领导批示进行调查，兵团新闻办立即向天涯社区发去回应，12日相关人员被免职。贵州省思南县一起“引水工程”引发的官民对峙，就是因为网上一篇帖子悄然改变了发展轨迹：乡政府表示放弃该工程，重新寻找水源。发帖人说：“多种力量汇合，最终促成杨家坳乡政府顺应民意，悬崖勒马，避免了流血冲突事件。这件事能够出现转机，应主要归功于网络。”一个偏远地区乡政府能够如此重视网络舆论，与两年前“黑砖窑”事件中山西洪洞县政府对网络舆论沸腾一无所知形成鲜明对照，提示网上官民良性互动的局面正在中国形成。①

其中，云南省委宣传部借势“躲猫猫”等“网络群体性事件”的治理，努力推动云南媒体和网络“新政”的尝试与探索，也体现了政府重建公信力的诚意和努力。根据人民网舆论监测室公布的《2009年上半年地方应对网络舆情能力排行榜》,“躲猫猫”事件的舆情热度为红色（最高值），是2009年最火的一个事件。据统计，“躲猫猫”事件被报道后，该条新闻当日的跟帖发言就超过了3.5万多条。至2月22日下午，相关网页已多达70余万个，直接或间接给了当地官员很大的舆论压力。在此情况下，云南省委宣传部副部长伍皓主动组织“躲猫猫真相调查团”，在QQ群中发出邀请，由网民参与组成真相调查委员会，② 成为政府与网民的沟通桥梁。云南省委宣传部对由“躲猫猫”引发“网络群体性事件”的处置，虽然在人民网舆论监测室公布的《2009年上半年地方应对网络舆情能力排行榜》上的十大事件中排名第五，应对能力有待进一步加强（黄色警报），但是，伍皓以宣传部官员的身份，通过“新闻新政”，尝试推动党和政府的信息公开与透明的努力却是值得肯定的，而“躲猫猫”事件的网民参与也被视为网络舆论监督的典范。

在此事件的处置过程中，云南省委宣传部副部长伍皓也走进了网民视野，成为“网络熟人”。出身于新闻记者的伍皓，对网络舆论场的兴起和执政环境的变化，有着深刻的感知。伍皓将之比喻成一壶已经烧开的水，

---

① 祝华新、单学刚、胡江春：《2009年中国互联网舆情分析报告》。

② 成员为：边民（生活新报网“昆滇E吧”版主）、彭国竞（网名“slug”）、风之末端、温星、王英武（网名“中国平安”）、能石匠（天涯云南版版主）、吉布（昆明信息港编辑）。

如果还使劲儿捂着盖子，结果只能是连壶底都被烧穿；而盖子一揭，尽管有可能会烫着自己的手，但沸腾的民意也就会变为蒸汽慢慢消散。所以，他“宁愿被烫手，绝不愿意被烧穿”。伍皓以实名QQ上网，建立工作QQ群“伍皓的网络意见箱”，在新浪网上开通国内第一家政府微博客“微博云南”和个人微博“云南伍皓”。不过，在经历了一系列网络风雨和各方压力之后，伍皓宣布：2010年1月1日关闭博客。伍皓以“求真的力量”为名在其最后一篇帖子《官民沟通的新路还是很艰难》中写道：“很多政治经验丰富的老领导一再劝诫我，不要在意网络上的东西，根本不必去理会，它伤不到你一根毫毛……或许，还是选择沉默最稳妥。那么，我暂时选择沉默。”[①]

不过，伍皓的探索之路并没有中断，而是在实践的摸索中不断前进。面对微博这个新兴舆论场，越来越多的政府机构开通微博与公众互动。截至2011年，我国已开通并认证的政府机构微博1300多个，其中，公安微博692个，政府机构216个，官员个人426个。[②] 下一步的目标则在于如何使“官微”发挥“意见领袖”功能，引导网络舆情有序发展。

四、坚持信息公开原则，及时正面加以引导

网络信息传播的特点决定了舆情发展具有相当的难控性。与传统媒介相比，网络媒介“一人一媒体”的特点决定了信息传播的散点式分布。每个关注事件发生的人都有可能成为信息传播主体。传统媒介那种可以有效控制信息源的方法已经无法适应网络世界的形势需要。网络舆情的信息源头实际上已经不可控制。同时，网络本身就具有放大功能和扭曲功能。一则有代表性的帖子或博文，如果得到网民的认同并引起共鸣，就会通过反复转帖和跟帖而不断被放大或扭曲，形成一边倒的舆论意见而产生雪崩式的效果。另外，舆情之所以难控，其原因还在于舆情表达所关涉的相应组织的缺位也是重要原因。事实上，分析诸多网络舆情风潮，事件的起因往往就是在第一时间之内的角色缺位。因此，在网络舆情发生的第一时间，网络党组织应该积极追踪舆情发展趋势，主动与相关部门进行协调，整合各方信息资源，提供真实有效的信息以澄清谣言，杜绝不实信息的传播。

---

① http：//club3. kdnet. net/newbbs/dispbbs. asp？boardid = 75&id = 2916018.

② 谢耘耕主编：《中国社会舆情与危机管理报告（2011）》，社会科学文献出版社2011年版，第382页。

2003年末在国内新闻网站的各大BBS论坛上流传着一则题为《志愿军老兵沿街讨饭 那一刻，我泪流满面》的文章，该文作者称其在哈尔滨某饭馆吃饭时，遇到一位老人乞讨，在和他交谈后发现，他竟然是曾参加过抗美援朝的志愿军老战士。由于文中提到的几个细节，如“两个红色塑料皮的小本，一个是复员军人证书，另一个是二等残废军人证书”，“新四军六师，就是后来的华野六纵”，获得了大量网民的认可。因为文末写道：“我没什么话说，能做的就是多多转发，仅此而已。请每个看过这个帖子的人都帮我在别的论坛上转发一次好吗~谢谢大家了~为了那些最可爱的人~我想这不算什么吧！”很多网民积极转发，形成了一股热潮。

这则消息的传播引起了民政部优抚安置局的重视。2004年2月，在经过调查后，该部门专门就此发出了《民政部优抚安置局关于博讯网报道志愿军老兵乞讨》的公告。文中强调：“看到中华网中央军事频道转载境外博讯网2003年12月27日刊载的题为《那一刻，我泪流满面！——乞讨志愿军照片曝光》的未署名文章，民政部李学举部长高度重视，要求迅速查清此事。有关部门立即采取措施，与安徽省民政厅联系，寻找文中的老人；与黑龙江省民政厅联系，请他们到哈尔滨市经纬街的饭馆了解情况；在网上发布帖子，收集更多信息。”经查，“(1)安徽省金寨县查无此人。……安徽省民政厅研究部署，要求全省各地对二等乙级（截去一肢为二等甲级）以上伤残军人及参加抗美援朝老兵进行排查；要求金寨县上报了全县二等乙级以上伤残军人及参加抗美援朝老兵断腿伤残人员的照片，进行详细核对；要求金寨县上报了2003年全县每个伤残军人抚恤金、保健金发放情况登记资料复印件。经初步查证，金寨县并无网上所反映的乞讨的抗美援朝老兵的情况。(2)哈尔滨市有关餐馆没有听到相关反映。按民政部要求，黑龙江省民政厅专门派人到经纬街十几家做爆肚的饭馆了解情况，没有听到关于此事的反映。(3)网上未能找到新的线索。我们登录了中华网军事频道，查看报道和相关评论，并连续在网上发布了几个帖子，介绍伤残军人的待遇，并留下邮箱地址，请大家提供线索以便妥善处理此事。目前，没有人和我们联系，也没有查找到有价值的线索”。该调查报告还从乞丐假肢的安装情况，中央对安置甲等伤残军人的抚恤费发放等几个方面指出了该文的失实之处，迅速平息了这一舆情事件。[①]

---

① 蔡静：《流言：阴影中的社会传播》，中国广播电视出版社2008年版，第6—7页。

这一成功案例表明，在进行网络舆情危机管理的过程中，必须坚持信息公开的原则，及时予以澄清回应。

五、加强依法治网原则，着力规范网络行为

从互联网管理的内在特质来看，互联网之所以能够成为迅速发展并日益显示出其作为信息时代的社会基础，就在于其技术的开放性和非垄断性。互联网通过通讯协议和域名分配，初步构成了信息时代的物理基础，并日益覆盖人类生活的方方面面。没有互联网，就没有未来，这并不是一句危言耸听的恐吓之话。对于每一个矢志发展的政府来说，自我隔绝于互联网之外，无疑是自我孤立于世界发展浪潮之外的“闭关锁国”。但是，早在 1948 年美国学者拉扎斯菲尔德在《大众传播的社会作用》中就指出：“大众媒介是一种为善服务，也可为恶服务的强大工具；而总的来说，如果不加以适当控制，它为恶服务的可能性则更大。”[①] 互联网作为一种新的大众媒介，其对社会结构的影响往往具有极强的颠覆性。因此，必须在遵循互联网发展规律的基础之上，强化网络的法规治理，努力做到：

第一，提倡自律，积极培育网络文明。网络行为的自律并非仅仅依靠个人的道德修养来约束自身行为，而是指在政府的指导下，由执法者、企业和用户三方协调管理，在基本法律框架之下，倚重网络行业的自律进行管理。如，加拿大政府授权对网络舆论信息实行“自我规制”，将负面的网络舆论信息分为两类：非法信息与攻击性信息。前者以法律为依据，按法律来制裁；后者则依赖用户与行业的自律来解决。同时辅以自律性道德规范与网络知识教育，并取得了较好的管理效果。[②] 总体来说，大多数发达国家在运用公权力直接介入网络内容管制方面仍比较谨慎，主要采取尊重网络使用者的“网络内容分级制度”与“业务自律规范”的柔性政策。[③] 就我国互联网管理的现状而言，就是要加强三个方面建设：一是要加强网上舆论阵地建设，加强正面宣传和舆论引导，大力传播社会主义核心价值

---

① 中国社会科学院新闻学世界室编：《传播学简介》，人民日报出版社 1983 年版，第 26 页。

② 宋华琳：《互联网信息政府管制制度的初步研究》，参见《网络传播与社会发展论文集》，北京广播学院出版社 2001 年版，转引自李永刚：《我们的防火墙：网络时代的表达与监管》，广西师范大学出版社 2009 年版，第 105 页。

③ 郭明飞：《国外对因特网管制的做法及其启示》，《政治学研究》，2008 年第 4 期。

体系，唱响主旋律，打好主动仗；二是要加快实施网络文化建设工程，推动优秀传统文化瑰宝和当代文化精品网络传播；三是要进一步推进文明办网、文明上网，净化网络环境，积极开展丰富多彩、富有网络特色的网络文化活动。

第二，法为根本，着力规范网络行为。通过制定各项法律规定，不断规范网络行为。世界各国纷纷制定相关法律法规，作为网络管理的基本依据。德国制定了世界上首部规范网络管理的法律《多媒体法》，而后又制定了《电信服务法》《数据保护法》等。英国的《反恐怖主义法案》在世界上首次给电子恐怖主义定性。美国是网络发源地，也是网络最为发达的国家，其制定了具有多达 130 多部法律法规的网络法律体系，主要包括：《联邦计算机系统保护法》《计算机欺诈与滥用法》《计算机安全法》《电子通信秘密法》等。“9・11”恐怖袭击发生后，美国的网络监管力度大幅强化，陆续出台《爱国者法》《联邦信息安全管理法》《国土安全法》等。俄罗斯强调互联网自由要以道德和法律为基础，重视完善互联网领域的法律法规，制定《俄联邦信息、信息化和信息网络保护法》《俄联邦大众传媒法》等法律法规，形成多层级信息安全法律体系。瑞典有《电子通告板责任法》，韩国有《电子传播商务法》，新加坡有《互联网管理法》，等等。此外，各国还普遍根据网络的特点对现有法律体系进行修改，以适应网络犯罪不断上升的新趋势。[①] 从 1994 年 2 月中国国务院发布第一个网络法规《计算机信息系统安全保护条例》开始，我国政府及相关部门相继制定并颁布了《互联网信息服务管理办法》（2000 年 9 月 25 日）、《互联网站从事登载新闻业务管理暂行规定》（2000 年 11 月 7 日）、《互联网出版管理暂行规定》（2002 年 8 月 1 日）、《互联网文化管理暂行规定》（2003 年 7 月 1 日）等等。特别是 2005 年 9 月 25 日由国务院新闻办公室、信息产业部联合发布的《互联网新闻信息服务管理规定》首次明确：“任何组织不得设立中外合资经营、中外合作经营和外资经营的互联网新闻信息服务单位。互联网新闻信息服务单位与境内外中外合资经营、中外合作经营和外资经营的企业进行涉及互联网新闻信息服务业务的合作，应当报经国务院新闻办公室进行安全评估。”因此，通过综合运用法律、行政、经济、技术、思想教育等手段，对那些恶意攻击党的领导、攻击社会主义制度、

---

① 李金霞、王洪涛：《国外加强网络管理的主要做法及其发展趋势》，《中直党建》，2013 年第 7 期。

歪曲党史国史、造谣生事的言论，一切报刊图书、讲台论坛、会议会场、电影电视、广播电台、舞台剧场等都不能为之提供空间，一切数字报刊、移动电视、手机媒体、手机短信、微信、博客、播客、微博客、论坛等新兴媒体都不能为之提供方便，逐步形成依法监督、行业自律、社会监督、规范有序的互联网信息传播秩序，积极引导广大网民的思想和行为，确保互联网可管可控，使我们的网络空间清朗起来。

第四节 案例解析

汶川地震期间的网络舆情引导

汶川地震期间的网络舆情，其实质是一种在突发公共危机状态下的舆情表达与影响。深刻分析汶川地震期间的网络舆情危机及其治理，对提升网络党组织的舆情危机治理能力提供了可资借鉴的思路与方法。

（一）汶川地震期间的网络舆情特征与治理

网络舆情是一个包含了态度、情感、心理和行为等多层面内涵的综合概念，是一个丰富的“民意表达场阈”。汶川地震期间的网络舆情在总体特征上表现为高度的正向一致性，即对政府救援的高度支持、对灾区民众的高度同情、对杜绝谣言的高度自觉。具体来说，这种高度一致性主要表现为以下四个方面：

从态度上看，广大网民对政府救援行动持积极正面的肯定态度。与地震之前多次发生的突发公共危机事件相比，广大网民对政府应对汶川地震的高效作为是比较满意的。汶川地震刚刚发生，胡锦涛总书记就召开中央政治局常委会议，讨论部署抗震救灾相关事宜，并委托温家宝总理赶赴灾区，亲临一线指挥。政府各级相关部门立即启动应急预案，军队迅速集结前往灾区救援。在随后的救灾过程中，中央政府通过动员整合社会资源，为抗震救灾提供了坚实的物质支持和坚强的精神支柱。可以说，政府通过自身的积极作为，在突发公共危机事件爆发之初，就掌握了处置的主动权，从而有力地遏止了不利趋向的发生，赢得了社会的广泛支持，引导了舆情的健康发展。因此，对中国政府在汶川地震中的高效作为，很多媒体称之为“中国式危机管理的典范”。正如美国约翰霍普金斯大学中国访问学者达巍在接受《环球时报》记者采访时表示，中国政府在地震发生后，反应非常及时，几乎无懈可击，就连“卡特里娜”飓风后美国政府的救灾行动也不能比拟。①

从情感上看，广大网民对灾区民众遭遇表达了高尚的人道关怀。在公共危机事件中，对生命的重视和关注，既是政府危机管理的首要原则，也是民众关心的核心价值。从政府危机管理的角度来看，面对地震所造成的巨大的生命财产损失，党和国家领导人亲临一线指导救灾，看望和慰问受灾群众。胡锦涛强调指出，要把挽救人的生命作为当务之急、作为重中之重；温家宝指出，只要有一分希望，就要付出百倍努力。可以说，整个抗震救灾的过程就是党和政府高扬以人为本理念的具体实践过程。从社会的核心价值角度来看，汶川地震为全体中国人提供了一个深刻反思与自省的契机，在一定程度上唤醒了在经济浪潮中沉浮的众生百相。昔日攻讦不止、谣言不断、纷扰杂乱的网络，一时之间竟是凝重肃穆，处处迷漫着悲伤哀痛之情。当国务院决定 5 月 19 日至 21 日的三天为全国哀悼日，几乎是一夜之间，全国的网络媒体和广大网民改变了内容和色调。广大网民通过网络这一丰富的情感表达场阈，以各种形式寄托对逝者的哀思，体现了深刻的人道关怀。

从心理上看，广大网民对各种媒介的宣传报道体现了可接受性。网络自来是一个杂音纷扰的地方。在突发危机事件中如何把握正确的媒体策略，引导网络舆情发展方向，以利于政府的危机处置，这是政府公共危机管理必须考虑的一个关键问题。在汶川地震期间，包括网络媒介在内的各种媒体，特别是主流媒体和网站，通过媒体议程设置，影响和引导社会（网络）舆情，广大网民对各种媒介的宣传报道也体现了高度的接受性，从而使政府救灾行动自始至终得到民众的大力支持。据清华大学媒介调查实验室发表的《汶川地震救灾报道满意度调研报告》显示，93% 的受访者对 2008 年 6 月 13 日之前发表的媒体抗震救灾的报道表示满意。②

从行为上看，广大网民对网络号召表现了网上网下的高互动性。网络并非虚拟，网络舆情并非无中生有，而是现实生活的一种延伸，是对现实生活的一种镜像反映。在汶川地震期间，各大主流网站及时推出抗震救灾互动专栏，号召广大网民行动起来，共赴国殇，支持救灾。比如，新浪网

---

① 《世界关注救援队挺进汶川 西方讲述中国“英雄”》，《环球时报》，2008 年 5 月 19 日。

② 清华大学媒介调查实验室：《汶川地震救灾报道满意度调研报告》，中华传媒网，2008 年 6 月 13 日，http：//academic. mediachna. net/article. php？ id =5726。

就充分利用其强大的信息搜集整合能力，和中国移动四川分公司合作，推出了“寻人、报平安”平台，截至5月21日21时，已经有将近12万人的平安信息汇总到该数据库中，成功率达到77%。广大网民积极响应号召，通过捐款、捐物、献血、帮助寻亲、参与志愿者组织等形式表达自己的爱心，体现了网上号召、网下行动的高互动性。

（二）汶川地震期间的网络舆情危机特征与治理

汶川地震时期的网络舆情虽然在总体上表达了高度的一致性，但是，必须承认的是，在突发公共危机事件中的网络舆情表达中，总是潜伏着危机。这种危机集中体现在两个方面：一是民意表达的渠道不畅；二是民众知情权的不充分。在突发公共危机事件中，公众（包括网民）总是处于信息的不对称地位。这就要求在网络舆情危机治理中，必须以相关法律为依据，从危机管理的角度进行及时应对。汶川地震时期的网络舆情危机集中体现为广大网民对知情权的高度要求、对监督权的有效行使。具体来说，主要表现为三个方面的要求：

一是对灾区信息的时间性要求。在危机管理中，时间因素非常关键。“危机发生的第一个小时尤为重要。”[①] 只有将准确信息通过权威渠道及时传递给公众，才能避免谣言的产生。因此，在危机处置的黄金24小时内，政府必须向公众及媒体公布准确、真实信息，其后用滚动方式逐步增加。公布真相，可以稍慢，但一定要准确。在汶川地震发生伊始，各大门户网站发挥新媒体迅捷方便、图文多样、融合新闻的优势，发出了来自震区的网民关于地震的信息。据统计，截至5月21日晚上10点，人民网、新华网、央视网、中国网共发布抗震救灾新闻（含图片、文字、音视频）12.3万条，腾讯、新浪、搜狐、网易整合发布新闻13.3万条，上述八家网站新闻点击量达到116亿次，跟帖量达1063万条。[②] 可以说，正是新媒体的集中快速报道，使广大网民在第一时间内了解到了事件发生的真相，从而在信息源上杜绝了谣言产生的根源，使网络舆情在一开始就朝着有利于救灾的方向发展。

二是对救援行动的解释性要求。获取事件真相的知情权，是公民的一

---

① 秦启文等：《突发事件的预防与应对》，新华出版社2008年版，第307页。

② 国务院新闻办公室网络局副局长彭波在2008中国新媒体高峰论坛上的讲话（2008年5月22日）。

个基本权利。“现代公共关系之父”艾维·李指出，“公众必须被告知。”[①]所谓“不了解情况”“无可奉告”一类的托词，都是不可接受的。[②]在抗震救灾期间，特别是在救援的“黄金72小时”期间，政府救援行动的及时有效与否，成为舆情关注的焦点。稍有不慎，就会遭受猛烈抨击，甚至谩骂，导致舆情的风向转变，从而给救灾行动带来不利影响。比如，有一些网民对军队在救援初期为什么不及时出动直升机前往灾区勘察灾情提出疑问。如果对这一问题不进行解释，那么，不仅影响到军队的形象，也会使政府救灾陷入被动。针对一些网友提出的这一问题，军方及时给出回应和解释，使广大网友了解到当时当地的气候条件等综合因素的影响，是飞机不能进入灾区的主要因素。同时军方保证，只要有一线希望，军队一定能够完成任务。其后，经过艰苦努力，飞机终于进入灾区，发回了灾区的第一手信息。可以说，正是对公众和广大网友要求的正视与及时解释，并通过实际行动的改善，保证了救灾行动的顺利进行。

三是对网络谣言的澄清性要求。谣言总是与突发公共事件相伴而生。澄清谣言既是政府的责任，也是社会的要求。在突发公共危机事件时，谣言总是干扰人们的正常判断，造成一定程度上的心理恐慌，甚至生活秩序的紊乱。比如，5月15日有网民发帖称，美国地质勘探局官方网站上发布预报，未来两周陕西西安市、甘肃天水市等地可能连续发生7级以上强震。而据中国官方调查核实，在美国地质勘探局上述网页中，只有汶川8.0级地震及其余震的震中分布图，并没有任何关于地震震源迁移及未来两周陕、甘等地的地震预报意见。5月20日，接受美国CNN采访的美国地质勘探局专家表示，该机构并未对汶川地震发布过余震预报。在调查核实后，中国政府于5月21日澄清：上述说法应属误传或谣传。可以说，正是及时权威的澄清谣言，才能有效遏止谣言的滋生蔓延，保证社会秩序的正常稳定。

（三）汶川地震期间网络舆情危机治理模式特征

汶川地震第一次展示了在大规模突发公共危机事件中的政府网络舆情治理效度，其经验模式集中体现在四个方面：

一是信息发布的及时权威性。根据2008年公布实施的《政府信息公开条例》规定：“为了保障公民、法人和其他组织依法获取政府信息，提高政府工作的透明度，促进依法行政，充分发挥政府信息对人民群众生产、生活

---

① 秦启文等：《突发事件的预防与应对》，新华出版社2008年版，第241页。

② Laurence Barton, Crisis in Organization, Thomson Learning Group.

和经济社会活动的服务作用”，即要求各级政府要切实保障公众知情权、发挥政府信息的服务作用。汶川地震发生后的14点46分，新华网发出第一条快讯：“12日14时35分左右，北京地区明显感觉到有地震发生。”14点53分，新华网再次发出快讯：“四川汶川发生7.6级地震。”其后几个小时内，国家和地方地震局数次召开新闻发布会，如实公布最新震情统计数据，信息渠道通畅、透明、快捷，让公众看到了党和政府全力以赴抗震救灾的决心。可以说，正是因为有了及时威权的信息发布，使公众了解到了事件真相，避免了社会的恐慌与混乱，才保证了后续救灾行动的顺利进行。在汶川地震这一突发公共危机事件中，真相跑在了谣言前面！

二是救援行动的公开透明性。中国政府抗震救灾行动之所以能够得到国内国外的普遍支持与赞誉，很重要的原因就在于抗震救灾是在一种开放的环境之中进行的，是一次“直播式”行动。无论是救灾一线还是身处后方，在信息共享方面公众基本达到了无差别性。正是通过这种信息的及时共享，广大网民了解到了政府救灾行动的每个步骤，而政府也通过提高自身行为的透明度，获取了民众的坚定支持。比如，四川烹饪高等专科学校一名二年级学生在QQ群中首发的帖文“有个地方特别适合空降”，被众多论坛、博客、“博文跟帖”转载，最终为空军的救灾行动提供了有力的帮助。如果救灾行动不是公开透明，那么，网民也不会发出这样的信息，军队也就不可能得到及时的情报提醒。可以说，正是这种积极的双向互动，使网络舆情对政府救灾行动更多地体现出一种科学理性的认知，而不是歇斯底里式的情感发泄。

三是批评言论的理性包容性。如何对待批评，是考验政府执政理念和执政方式的重要考验，也是政府公共危机管理中的一个关键问题。大地震的发生，使网络舆情在关注救灾行动的同时，也对地震中暴露出来的诸多问题提出了尖锐的批评意见。比如，关于社会各界善款的监督和使用问题、救灾物资的有序发放问题、呼吁全国排查学校建筑质量的问题，等等。对于这些问题，各相关部门都及时给予积极回应，一经查实，立即予以改正，并向社会公示。正是这种开放自信的心态，对待网络舆情中批评言论的理性包容，才能顺畅民心民情民气，防范虚假信息流传，引导网络舆情的正向发展。

四是政府媒介的联动协调性。如何在突发公共危机管理中协调各种媒体，特别是政府与新媒体的关系，以保证舆情的有利发展，是当前政府公共危机管理面临的一个新问题。新媒体在地震期间的突出表现，拓展了公众的信息获取能力与传播能力。据清华大学媒介调查实验室发表的《汶川地震救灾报道满意度调研报告》显示，在关于汶川地震期间媒体抗震救灾报道突破的主要原因这一问题时，97.67%的受访者选择“互联网等新媒体出现，使信息传播速度迅速”。[①] 在拓展公众意见表达渠道的同时，新媒体也显现出了与传统媒体迥然不同的舆情控制理念与方法。正如国务院新闻办公室网络局副局长彭波所言：“拉萨‘3·14’事件和汶川‘5·12’地震标志着中国网络媒体已经成熟，标志着我们的网络媒体正在成为当今中国社会的主流媒体。”[②] 在这一新形势下，各级政府及其相关部门必须尽快适应新情况，改变思维，探索新方法、新手段。汶川地震期间，各级政府及相关部门对新媒体的运行规律有了较深的认识，从而决定了在态度与行为上的支持。（1）对新媒体表达充分信任。在此次地震中，各大门户网站在报道中都保持了必要的冷静，体现了强烈的责任心，没有成为谣言滋生的温床。5月20日，由荆楚网发起的“千家网络媒体联合抵制地震谣言倡议”活动启动。人民网、新华网、新浪、腾讯、大河网等百余家网站积极加入，表示“共同抵御谣言，从我做起，不转载、不传播、不炒作”。（2）与新媒体展开密切合作。政府根据网络舆情所暴露出来的问题，通过各大门户网站及时予以回应，把谣言扑灭在苗头状态。可以说，汶川地震期间网络舆情的良性发展，正是在政府与新媒体的通力合作和积极引导下，使网络谣言的生命周期大大缩短，使网络争议更趋理性。

（四）汶川地震期间网络舆情危机治理模式的普适性

胡锦涛同志指出：“我国网络文化的快速发展，为传播信息、学习知识、宣传党的理论和方针政策发挥了积极作用，同时也给我国社会主义文化建设提出了新的课题。能否积极利用和有效管理互联网，能否真正使互联网成为传播社会主义先进文化的新途径、公共文化服务的新平台、人们健康精神文化生活的新空间，关系到社会主义文化事业和文化产业的健康发展，关系到国家文化信息安全和国家长治久安，关系到中国特色社会主义事业的全局。”[③] 作为一个典型的中国式危机管理案例，汶川地震期间的

---

① 清华大学媒介调查实验室：《汶川地震救灾报道满意度调研报告》，中华传媒网，2008年6月13日，http://academic.mediachna.net/article.php? id=5726。

② 国务院新闻办公室网络局副局长彭波在2008中国新媒体高峰论坛上的讲话（2008年5月22日）。

③ 胡锦涛在2007年1月23日中共中央政治局第三十八次集体学习讲话。

网络舆情危机治理，对于当前我国各级政府“有效管理互联网”，科学治理网络舆情无疑具有普遍的借鉴意义。这种普适性集中体现在对危机管理内在规律的深刻把握上。具体来说，表现在三个方面：

一是符合公共危机管理的核心价值。作为公共危机管理活动的指挥中枢，政府作为是否有效直接关系到危机管理成效的好坏。而作为是否有效，关键在于必须准确把握政府形象与公众利益的结合点。这个结合点集中体现为以人为本，生命至上。这是公共危机管理的首要原则和核心价值。在整个抗震救灾期间，各级政府始终把“救人是第一位”放在救援行动的首位，体现了高度的人道主义关怀。据清华大学媒介调查实验室在《汶川地震救灾报道满意度调研报告》结果显示，98.4%的受访者之所以对相关报道表示满意，其原因就在于“党和政府高层领导重视”。[①] 可以说，正是对危机管理中以人为本原则的深刻把握，才使政府在危机管理伊始就牢牢把握住了道义的制高点，才使政府能够有效地引导包括网络舆情在内的社会舆论走向，从而保证了危机管理的有序进行。

二是符合网络舆情危机的内在特点。一般来说，网络舆情能够演变成为一种危机有两个原因：（1）由于网络本身就具有无限放大的功能；（2）由于舆情关注的核心问题得不到及时解决。汶川地震期间的网络舆情危机之所以能够显而不隐、露而不扬，没有进一步演变恶化，其原因就在于政府通过与新媒体的协调联动，针对网络舆情关注的焦点问题，及时给予回应、解释与澄清，理顺了民意表达渠道，从而在根本上杜绝了不良信息的滋生与传播。

三是符合政府执政转型的时代要求。当前，随着我国社会转型的剧烈变动，社会突发事件频繁发生，对各级党委和政府的处置突发事件能力提出了现实要求。胡锦涛在全国抗震救灾表彰大会上的讲话中明确指出，要认真总结抗震救灾的成功经验，“提高各级党委和政府应对突发事件的能力”。汶川地震作为一起由自然灾害引起的突发公共危机事件，各级政府的作为在总体上的表现是得到社会认可的。从网络舆情治理的角度而言，在抗震救灾期间，政府对待网络舆情危机的态度表现出了高度的理性平和，在处置的方法上采取了沟通对话的“治理”方式而不是关堵封闭的“控制”方式。这应该是这次公共危机管理中舆情治理的最大经验。

---

① 清华大学媒介调查实验室：《汶川地震救灾报道满意度调研报告》，中华传媒网，2008年6月13日，http：//academic. mediachna. net/article. php？id＝5726。

第六章

组织凝聚能力

以互联网为代表的信息技术对社会的深刻影响之一，就是对传统等级科层制组织的权威瓦解和对社会个体表达的能力提升。曼纽尔·卡斯特认为："由财富、技术和权力的网络所推动的全球化和信息化，正在改变我们的世界。它们正在提升我们的生产力、文化创造力和通讯潜力。同时，它们也削弱了社会组织的权威。由于国家制度和公民社会组织是以文化、历史和地理为基础的，因此，历史节奏的突破加速，计算机网络中权力的抽象化，正在瓦解现在的社会控制机制和政治表达机制。"[①] 这一深刻变化使建立在可控的社会组织和确定的身份认证基础之上的政党，既面临着社会结构碎片化带来的组织内部成员的流动管理问题，又面临着网络虚拟空间生成发展起来的新社群的团结引导问题。"新的信息技术释放了网络的力量，并使权力分散了，事实上打破了单向结构和垂直的官僚监控的中央集权的逻辑。"[②] 因此，提高和增强政党的组织凝聚能力就成为迫切之举。中国共产党作为中国唯一执政党，其组织凝聚能力的提升必须围绕"内凝党心、外聚民心"的组织目标，通过建立开放灵活的网络党组织，使之成为执政党维系党内成员联系的新场阈、强化外部社会关系的新渠道。应该说，网络党组织的组织凝聚能力主要是为了解决党在网络虚拟空间领域的"缺位"现象，通过组织的"存在"，提升党组织在网络空间领域的团结、凝聚能力。

第一节　把握组织凝聚能力的内涵

网络党组织的组织凝聚能力，是指网络党组织在网络虚拟空间领域中围绕团结党员群众为根本目标所应该具备的基本能力。这一能力之所以能

---

① ［美］曼纽尔·卡斯特著，曹荣湘译：《认同的力量》，社会科学文献出版社2006年版，第73—74页。

② ［美］曼纽尔·卡斯特著，曹荣湘译：《认同的力量》，社会科学文献出版社2006年版，第333页。

够成为可能，就在于它“是在同一地域中的家庭、朋友和领导的稳固交流中形成的，它统一了日常生活中属于不同文化—科技体系的社会分割”。[①]具体来说，这一基本能力主要包含三个方面的内涵：组织宗旨、组织伦理和组织结构。

一、组织宗旨

政党作为社会组织的一种特殊形式，其宗旨直接反映了政党的政治主张及对社会生活的根本态度。

无产阶级政党的唯一宗旨就是解放全人类。因此，在根本的利益主张上，共产党没有任何同整个无产阶级利益不同的利益。《共产党宣言》指出，至今发生过的一切运动都是少数人的运动，或者都是为少数人谋利益的运动。无产阶级的运动是绝大多数人为绝大多数人谋利益的独立自主的运动。无产阶级是现代社会的最下层，它如果不摧毁压在自己头上的、由那些组成官方社会的阶层所构成的全部上层建筑，就不能抬起头来，挺起腰来。那么，共产党人同一般无产者的关系是怎样的呢？共产党人并不是同其他工人政党相对立的一个特殊政党。他们并没有任何同整个无产阶级的利益不同的利益。他们并不提出什么想用以限制无产阶级运动的特殊的原则。[②] 无产阶级革命的胜利，就在于始终贯彻了这一宗旨。列宁指出：“如果我们党没有极严格的真正铁的纪律，如果我们党没有得到整个工人阶级全心全意的拥护，就是说，没有得到工人阶级中所有一切善于思考、正直、有自我牺牲精神、有威信并且能带领或吸引落后阶层的人的全心全意的拥护，那么布尔什维克别说把政权保持两年半，就是两个半月也保持不住。”[③]

中国共产党作为中国唯一执政党，以全心全意为人民服务作为政党的根本宗旨。这一组织宗旨的高扬与践行，是中国共产党夺取政权和巩固政权的根本基石。“我们共产党人区别于其他任何政党的又一个显著的标志，就是和最广大的人民群众取得最密切的联系。全心全意地为人民服务，一

---

① ［美］曼纽尔·卡斯特著，周凯译：《网络社会——跨文化的视角》，社会科学文献出版社 2009 年版，第 272 页。

② 马克思恩格斯：《共产党宣言》(1848 年)，《马克思恩格斯全集》第 4 卷，人民出版社 1958 年版，第 477—479 页。

③ 列宁：《共产主义运动中的“左派”幼稚病》（1920 年），《列宁全集》第 39 卷，人民出版社 1974 年版，第 4 页。

刻也不脱离群众；一切从人民的利益出发，而不是从个人或小集团的利益出发；向人民负责和向党的领导机关负责的一致性；这些就是我们的出发点。”[①] 网络党组织作为中国共产党在网络虚拟空间的组织主体，没有自己独立的宗旨，而是以政党的组织宗旨为自己的宗旨。不过，与现实生活的宗旨体现相比，网络党组织作为在网络虚拟空间领域中活动的政党组织，其组织宗旨更能直接地反映组织宗旨对社会民众是否真正具有吸引力。网络党组织作为中国共产党在网络空间领域的组织延伸，全心全意为人民服务是其唯一宗旨，更应具备在网络虚拟空间领域吸引网民的天然优势。但是，网络党建的推进和网络党组织的活动实践表明，在网络虚拟空间领域，政党的组织宗旨并不具有相比于其他网络组织更强的组织吸引力。其原因固然有网络的泛娱乐化和去权威化的消极影响，但是，活动于网络空间的网络民众对政党的态度与观感却是值得我们深思，即网民为什么对网络党组织采取敬而远之的态度呢？

究其根源，大致有两个方面的原因：一是由于现实生活中部分党员干部的违法乱纪行为严重损害了党的宗旨形象，造成部分群众对党的信任程度下降。学者樊浩等人的调查显示，社会各个群体都在坚持服从中国共产党领导的前提下，相信共产党人是为人民服务的，认为共产党代表了工人、农民、知识分子的利益。但是在绝大多数对党表示信任的同时，有少数人不相信党的根本宗旨。关于共产党人代表什么人的利益，大多数群体选择“工人、农民和知识分子”，但是选择“特权阶层”和“富人阶层”的也不少。对弱势群体的第一次调查数据显示，许多弱势群体认为共产党代表了“特权阶层”（50.0%）和“富人阶层”（47.5%）的利益，而选择共产党代表“工人、农民和知识分子”利益的只有35.0%，有43.9%的农民认为党代表“富人和特权阶层”的利益。[②] 这一社会心理在网络虚拟空间领域由于频繁发生的网络舆情事件而不断得到发酵扩大，进一步加剧了网民对网络党组织和相关政府职能部门的不信任感。二是由于网络党组织对如何在网络虚拟空间领域贯彻落实全心全意为人民服务的宗旨这一重大问题还没有进行深入认真的研究，还没有树立服务网民的观念，还没

① 毛泽东：《论联合政府》（1945年4月），《毛泽东选集》第3卷，人民出版社1991年版，第1094—1095页。

② 樊浩等：《中国大众意识形态报告》，中国社会科学出版社2012年版，第66—67页。

有明白服务网民的内容，因而还不能制订出健全完善的方法措施，以至于网络党组织在网络空间只能是自说自话，从而更加疏离了数量巨大的网络民众。因此，要想提升网络党组织的组织凝聚能力，就必须在网络虚拟空间领域真正高扬起全心全意为人民服务的组织宗旨，切切实实地采取有效措施来服务网民。

二、组织伦理

组织伦理是一种以道德规范为内容和基础的微观道德文化。一方面，组织伦理是一种善恶标准，可以通过舆论和教育方式，影响组织成员的心理和意识。另一方面，组织伦理是一种行为标准，可以通过规章、习惯等成文和不成文的形式，调解组织和成员行为。政党的组织伦理就是为保证政党宗旨而形成的系列的组织文化要求。

不同宗旨的政党有着不同的组织伦理要求。对于西方主流政党来说，由于西方发达国家奉行选举政治，在中产阶级逐步壮大形成稳固的“橄榄型”社会的条件下，西方主流政党特别是社会民主党已经在相当程度上放弃了阶级政治的立场观点，党的宗旨已经由夺取政权并改变政权性质一变而为争取选民投票成为执政党。托玛斯·迈尔指出：“如果政权只有通过成功的媒体交往才能取得，而这一交往所遵循的规律又与论证性政治话语定式的规律不一样，那么今后一切都将取决于首要代表人物的自由，他们将在党的意志的幅度很广阔的范围内，根据自己的判断，在媒体公众面前引人注目地展示自己和自己的信息。在这些条件下，他们党内的政治交往过程与党的纲领一样，都成了一种蓄水池，如果其中含有合适的建议，他们就能加以利用，如果它有破坏形象或使媒体反响中的赞同意见减少的危险，他们就可不加理睬。这样一来，社会民主主义政党所起的作用就只是一个由讨论问题的群体和小组构成的网络，它固然进行被认为能指导行动的政治讨论并以民主方式制订出政策方案，但是归根到底是与关于政治行动替代方案的公众交往，与选举时的政治承诺的确定在很大程度上或者完全不相干的。”[①] 在立足于阶级政治的党的宗旨无法解释西方发达社会现状和团结凝聚社会公众的情况下，作为大规模群众型政党的社会民主党与党员之间的关系也发生了深刻变化。这就是作为组织的政党由于是以争夺选

---

① ［德］托玛斯·迈尔著，殷叙彝译：《社会民主主义的转型：走向21世纪的社会民主党》，北京大学出版社2001年版，第167页。

票为目的，所以在对党员的组织要求方面并无严格的纪律。甚至在一些社会民主党内，党员的入党与退党相当随意，政党的组织要求对党员而言并无很强的约束性。可以说，西方发达社会的政党在一定意义上正向契约型组织发展。政党组织与组织成员之间的关系更多地是伙伴而非上下级关系。在这种类型的政党内部，组织伦理突出地表现为平等的价值追求。

但是，中国共产党作为中国唯一执政党和解决中国社会发展的关键，其组织伦理有着独特要求。从党的宗旨任务来讲，严密的上下级关系是保证全党能够在中央的领导下共同奋斗的使命要求；从党内机制来讲，严密的上下级关系是保证中央政令得以贯彻落实的科层要求；从社会结构来讲，严密的上下级关系是保证中国共产党成为中国社会团结核心的政治要求。“组织的集权化始终是迅速做出决断的重要保证。一个大型的组织本身就是架难以启动的重型机器。当我们治理的对象是分布于广阔地域范围的人口时，如果在每一个问题上都要征求他们的意见，不仅会浪费大量的时间，而且征求到的意见也往往是模糊的、不明确的，而时间的紧迫性要求及时做出决断。所以，当所要做出的决策只是为了应付时势时，真正的古典意义上的民主是无法实现的，因为后者将延误采取行动的最佳时机，使党组织无法与其他政党联合行动，并在政治上失去应变能力。作为战斗堡垒的政党组织需要一套等级结构，如果缺乏这一等级结构，该政党将如野蛮的黑人战斗队一样，沦为一盘散沙，后者在装备精良、纪律严明的欧洲殖民军面前不堪一击。”① 正是在这一意义上讲，中国共产党的组织伦理文化突出体现为奉献、服从的价值追求。应该说，正是在中国共产党这一组织伦理的要求下，才使全体党员能够同心同德，在党委的领导核心作用、党支部的战斗堡垒作用和党员的先锋模范作用下，中国共产党才能在社会主义革命、建设和改革的历史进程中不断取得胜利。但是，我们也要承认，随着改革开放的深入发展，中国社会日益走向成熟理性，世俗化、娱乐化、物质化大行其道，对党的组织伦理要求提出了新的挑战。陈方勐指出，改革开放以前，“在政治生活中，对党是否认同与忠诚决定了个人在社会生活中的地位与幸福感的高低，因而在那个时期，人们普遍对中国共产党有较高的认同度。”但是，改革开放以来，随着执政党意识形态逐步的世俗化，鼓励人们去实现合法的利益诉求，以利益为基础的社会秩序

① ［德］罗伯特·米歇尔斯著，任军锋等译：《寡头统治铁律——现代民主制度中的政党社会学》，天津人民出版社 2003 年版，第 37 页。

逐步建立起来，人们的诉求也逐步多元化，社会身份、地位开始分化，“这时人们并不需要通过对党的忠诚与认同中获取社会地位与生活的幸福感，而‘对我是否有利’就成为人们选择政党认同的重要标准，这在某种程度上会使人们对政党认同越来越具有弹性”。[①] 这一情况在网络虚拟空间表现得尤其突出。

因此，在网络虚拟空间领域，在强调自由、平等，无权威、无中心的网络价值的熏陶下，网络党组织要想赢得网民支持，就必须正视网络环境对党的组织伦理的消解。当然，我们说网络虚拟空间会对网络党组织所遵从的奉献、服从的组织伦理有冲击，不是说这种提倡奉献、服从的组织伦理在网络虚拟空间领域是毫无价值的，而是要强调网络党组织必须适应和融入网络虚拟环境，针对网民特点，以一种合适、恰当的组织方式来接纳网民，使之从不情不愿地外部强压转变成为心悦诚服地自觉遵守。只有这样，网络党组织提倡的组织要求和价值要求，才能真正在网络环境扎根立足并扩大影响。

三、组织结构

政党的组织结构是由政党所承担的宗旨任务来决定的，是在处理组织内外关系中形成确定起来的。

无产阶级政党以解放全人类作为自己唯一的、根本的宗旨，决定了组织的内外结构。在无产阶级政党的组织内部关系处理中，强调集中、权威和铁的纪律。恩格斯认为，“没有什么东西能比革命更有权威了，如果用炸弹和枪弹把自己的意志强加于别人，就像在一切革命中所做的那样，那末，我认为，这就是在行使权威。巴黎公社遭到灭亡，就是由于缺乏集中和权威。胜利以后，你们可以随意对待权威等等，但是，为了进行斗争，我们必须把我们的一切力量拧成一股绳，并使这些力量集中在同一个攻击点上。如果有人向我说，权威和集中在任何情况下都是两种应当加以诅咒的东西，那末我就认为，说这种话的人，要末不知道什么叫革命，要末只不过是口头革命派。”[②] 列宁指出，“否认政党和党的纪律，——这就是反对派得到的结果。而这就等于完全解除无产阶级的武装而有利于资产阶

① 陈方勐：《转型社会中的中国共产党》，中央编译出版社 2010 年版，第 50 页。

② 恩格斯：《致卡特尔察吉》（1872 年），《马克思恩格斯全集》第 33 卷，人民出版社 1973 年版，第 376 页。

级。这也就恰恰是小资产阶级的散漫、动摇、不能坚持、不能团结、不能统一行动，而这些一旦得到纵容，就必然断送无产阶级的任何革命运动。”[①] 可以说，党的铁的纪律是俄国保持无产阶级专政和顺利建设社会主义的基本条件之一。[②] 在无产阶级政党的组织外部关系中，强调共产党是无产阶级专政的基本工具[③]，是无产阶级阶级组织的最高形式[④]。但是，共产党并不是工人阶级的唯一组织。无产阶级还有其他许多为顺利地进行反对资本的斗争而绝对必需的组织，如工会、合作社、工厂组织、议会党团、非党妇女团体、出版机关、文化教育组织、共青团、革命战斗组织（在公开的革命发动时期）以及作为国家组织形式的代表苏维埃（当无产阶级执掌政权时）等等。这些组织极大多数都是非党的，其中只有某一部分直接接近党或者是党的支脉。所有这些组织，在某种条件下都是工人阶级所绝对必需的，因为如果没有这些组织，就不能巩固无产阶级在各种斗争中的阶级阵地；因为如果没有这些组织，就不能锻炼无产阶级这个负有以社会主义制度代替资产阶级制度的使命的力量。可是，既然有这样多的组织，怎样实现统一的领导呢？怎样才能保证领导上不会因为有很多组织而发生各自为政的现象呢？有人会说，这些组织各在自己的特别范围内进行工作，因此不会互相妨碍。这当然是对的。可是还有一点也是对的，即所有这些组织都应当按照一个方向进行工作，因为它们都是为一个阶级，即为无产阶级服务的。试问：谁来决定这一切组织在进行工作时所必须遵循的路线，即总方向呢？哪里有这样一个中央组织，它不仅因为有必要的经验而能制定这条总路线，并且因为有充分的威信而能推动这一切组织去实现这条路线，以达到领导上的统一，排除发生不协调现象的可能呢？这样的组织就是无产阶级的党。

中国共产党秉承了无产阶级政党的这一组织理念，成为中国社会团结的核心和纽带。网络党组织作为中国共产党在网络虚拟空间领域的组织延

---

① 列宁：《共产主义运动中的“左派”幼稚病》（1920 年），《列宁全集》第 39 卷，人民出版社 1974 年版，第 23—24 页。

② 斯大林：《托洛茨基反对派的过去和现在》（1927 年），《斯大林全集》第 10 卷，人民出版社 1954 年版，第 175 页。

③ 斯大林：《共产国际执行委员会第七次扩大会议》（1926 年），《斯大林全集》第 9 卷，人民出版社 1954 年版，第 43 页。

④ 斯大林：《论列宁主义基础》（1924 年），《列宁主义问题》，人民出版社 1964 年版，第 78 页。

伸，也必须成为网络空间的网民团结的主要组织。网络党组织要通过组织结构的开放性，成为维系政党内部成员联系的新场阈和强化政党外部社会关系的新渠道。具体来说，主要表现为内外两个方面：

一是维系政党内部成员联系的新场阈。一般来说，传统的党内成员联系态势更多地体现为一种自上而下的单向度联系。“政党、工会以及其他大规模组织都倾向于形成一种官僚结构，即一种理性化的（可预测的）、等级式的组织结构。单纯就组织的管理而言，官僚组织是必不可少的。”[①]上下级组织之间、同级本组织之间以及组织内部成员的关系，依据民主集中制的组织原则展开活动。应该说，这一组织原则在现实政治生活中有其物质和相应的组织结构支撑而能够得到彻底贯彻。但是，随着我国社会分层化趋势越来越明显，流动性越来越强化，政党赖以为系的组织结构由于党员个体利益（包括意愿、职业和家庭等）的追求而不断面临着解构的挑战，原有的党员组织属地原则已经不适应这种快速变化的社会需求。而网络的特点和发展趋势，可以为克服这种由党员个体状态的分散化、碎片化所带来的组织危机提供相应的技术支持。比如，针对党员流动性问题，政党可以网络为媒介，通过开展网络党建活动，采取党员网上注册的方法，以QQ、MSN、微信等及时通讯工具为联系，使党员能够通过网络实现异地党组织活动。因此，开展网络党组织建设，可以为维系党员与组织之间的联系提供新的场阈。

二是强化政党外部社会关系的新渠道。曼纽尔·卡斯特认为，信息网络技术促进网络政治生态环境形成的过程，其实就是在不断调整和完善新的政治规则的过程。“在社会、文化和政治转型的语境下，这些新的游戏规则极大地影响到了现实的政治。关键的一点是，电子媒体（不仅包括电视和广播，而且包括所有的通讯形式，如报纸和互联网）已经成了主导性的政治空间。这并不是说，所有的政治都可以还原为图像、声音或符码操作；而是说，没有电子媒体，就没有机会赢得权力，行使权力。因此，所有的人都卷入了相同的游戏，虽然卷入的方式不同，目的各异。”[②] 因此，在加强政党传统的联系渠道的同时，需要各级党组织能够充分掌握和利用

---

① ［德］罗伯特·米歇尔斯著，任军锋等译：《寡头统治铁律——现代民主制度中的政党社会学》，天津人民出版社2003年版，英文版前言，第3页。

② ［美］曼纽尔·卡斯特著，曹荣湘译：《认同的力量》，社会科学文献出版社2006年版，第360页。

网络这一现代具有革命性的技术，遵循新的政治规则，实现与社会各关系，特别是人民群众的密切联系。比如，可以网络为媒介，在宣传党的路线方针政策的同时，通过广泛的网络社会调查，听取社会各方的相关意见，并将相关改进结果公布，以备群众查询。通过网络这一技术手段，实现社会民情的连续跟踪调查与大型资料库建设，以此达到准确掌握社会发展动态，引导人民群众对党的路线方针政策的坚定支持。因此，通过组织结构的开放，吸引和接纳更多网民，是网络党组织在网络空间密切党群关系的一个新渠道，也是提升网络党组织组织凝聚能力的重要途径。

第二节　增强组织凝聚能力的意义

曼纽尔·卡斯特指出："网络化，特别是以互联网为基础的网络化，不单单是组织和斗争的一个工具，而且是一种新的社会交往、动员和决策形式。它是一种新的政治文化：网络意味着没有中心，因此也就没有中央权威。它意味着在地方和全球之间有一种直接的联系，使得运动既能够在本地考虑，它把认同和利益的根扎在本地；也能够在全球进行，它的力量之源在全球。它也意味着网络中的所有节点可以并应该对这个网络的目标有所助益，并通过网络的不屈不挠的扩充而强化其目标。然而它也意味着，妨碍整个网络运行的功能失常的节点能轻易地被切断或绕开，因此它能克服社会运动中派别活动经常产生的自我毁灭这一传统不足。"① 执政党在网络虚拟空间的活动，就是在这样一种正在形成中的新的政治文化环境中产生的。不承认这一点，就无法洞察和把握党的组织建设发展的新方向。因此，增强执政党在网络虚拟空间的组织凝聚能力，其主要目标就是为了克服执政党在网络虚拟空间中的角色"缺位"、功能"缺位"和价值"缺位"，使党在网络虚拟空间领域成为群众（"网民"）的团结核心，发挥执政党在网络虚拟空间的组织引导作用、组织吸引作用和组织同化作用。

一、克服角色"缺位"，发挥网络党组织的组织引导作用

所谓角色"缺位"，即是指执政党在网络虚拟空间领域的组织主体尚

① ［美］曼纽尔·卡斯特著，曹荣湘译：《认同的力量》，社会科学文献出版社 2006 年版，第 159—160 页。

未建立和尚未完全建立，或者更深层次的意向则是指执政党并未在网络虚拟空间领域获得网民的角色认同。究其根源，则在于社会现实生活中党自身存在的问题。具体来说，当前党内存在的非和谐因素，既有党员个体方面的因素，又有组织群集方面的因素；既有思想认识方面的因素，又有心理情感方面的因素；既有制度设计方面的因素，又有贯彻执行方面的因素。主要表现为六个方面：

一是在信仰旗帜方面存在认识的“模糊化”。随着党员先进性教育等一系列教育活动，广大党员对党的宗旨、性质和任务等的认识有了显著提高，但是，还有一小部分党员存在着认识的模糊化问题，甚至出现了严重的“信仰危机”。主要表现为：第一，在对党的最高纲领和最低纲领的认识上存在偏差，甚至误解。一小部分党员认为，党现在的目标是要集中全力搞改革开放，搞市场经济，那么，全党上下就应该脚踏实地地做好当前的事情，不要好高骛远地奢谈共产主义理想。这种看法听起来很有道理，看起来很符合求真务实的精神，但是，它却在无形中消解了共产党这一全社会最先进的先锋队组织所固有的宗旨、性质和任务，不利于党的长远发展。第二，在对改革开放和社会主义市场经济走向的认识上心存疑虑，信心有所动摇。改革的深入进行使改革的成本越来越大，一些社会问题和矛盾日益累积并逐步暴露出来，甚至在一定场阈中达到尖锐化和不可调和化，特别是一些在改革中利益受损的党员，往往对党的政策有抵触情绪，对改革的性质方向产生疑虑，甚至消极认为改革已经“丢掉”了社会主义的旗帜。另外，由于社会上价值取向多样化，各种思潮不断涌现，也使党内一些党员，特别是青年党员的思想表现出既活跃又混乱的激进特点，一方面要求解放思想，与时俱进，但另一方面却在主旋律中夹杂着噪音，对党的政策并不是都认同，理想、信念、纪律等也都出现了一些不同的认识。

二是在思想理论方面存在解释的“乏力化”。当代中国社会的快速发展以及由此所带来的种种社会问题，使整个社会普遍弥漫着一种焦虑情绪，身处历史大变革中的人们迫切需要有一种学说、一种理论来对社会现实进行令人信服的解释，以此来进行自身的心理调适和情绪调节。党的一系列创新理论成果，特别是中国特色社会主义理论体系的正式确立，从一定程度上满足了党内党外的这一需求。但是，在经济格局和利益关系、社会生活、社会组织形式、就业岗位和就业形式多样化的今天，一种理论不可能覆盖社会的方方面面，成为解决所有社会问题的灵丹妙药，存在一定的解释“空白点”也是情理之中的事。况且，一种新的理论要在实践中发挥作用，以及得到社会大众的普遍认同，是需要一个认识的周期性循环才能显现出来的，对现实问题的解释存在一定程度上的“乏力化”也是不可避免的事。少数党员由于自身对党的创新理论成果不求甚解，理论与现实严重脱节，在解决现实问题面前束手无策，向群众所做的解释苍白无力，导致部分群众对党的创新理论以偏概全，求全责备。

三是在组织关系方面存在利益的“分殊化”。社会主义市场经济的发展以及由此引起的中国社会一系列深刻变革，在瓦解高度集中统一的计划经济体制的同时，也使传统政党组织的利益关系发生了分化。在高度集中的计划经济时代，生产资料、人事安排、利益协调基本上都是中央统一调配。虽然在调配的过程中会考虑和照顾到各个部门、单位的具体利益，但是，从总体而言，地方各级党委组织部门对当地资源并没有完全的拥有权和支配权，而是要服从国家发展大局，通过中央调配，实现资源的全面分配。社会主义市场经济的确立和深入发展，在以经济发展为中心的大局下，地方政府成为推动经济发展的主要动力。在具体的经济实践中，地方各级党委拥有的资源由于地区发展的差异而表现出明显的不同。由此在客观上造成了各级组织和相关部门的利益“分殊”。其结果就是“干部视野狭窄、社会关系贫乏、社交能力不高、社会化工作方式欠缺，进入基层社会缺乏动力、缺乏项目、缺乏渠道、缺乏平台，凝聚社会的能力明确薄弱”。[①] 同时，社会主义市场经济确立了以公有制为主体，多种经济成分共同发展的经济制度，在促进经济发展的同时，不断催生新的经济组织、新的社会组织（即“两新”组织），以及“两新”组织的从业人员的政治选择问题，都使党的成员构成越来越复杂化。据中组部 2007 年 10 月 8 日公布的全国党内统计数据显示，党的队伍最基本的组成部分和骨干力量来自工人、农民、知识分子、军人、干部中的党员，除此之外，非公有制单位职工党员比 2002 年增加 169 万名，增长 113.4%。在党员中，存在着收入、知识、职业等差距，权益需求既存在交集又有明显的不同。尤其是普通党员与干部的政治利益缺乏一个公开的竞争平台，“往往是以上级领导对他的评价和关系来确定。特别是企业与居民区的基层党务干部几乎没有上升的政治空间，因为公务员制度等规定，已把他们排斥在体制外，这使

① 张克文：《转型期间基层党建面对的若干问题分析》，《党建通讯》，上海市党的建设研究会主办，2009 年第 2 期。

他们的职业生涯处于一种近乎停滞的环境中，不仅不利于他们的成长，而且很容易使不少基层党的干部包括党员渐渐远离自己入党时的政治抱负，转而把现实的经济利益作为人生追求的主要目标”。[①] 可见，如何防止利益的“分殊化”成为推进党的建设健康发展必须正视和解决的迫切问题。

四是在制度建设方面存在落实的“空置化”。十一届三中全会以来，党内围绕党章已经制定了许多具体制度，形成了一整套比较健全的制度框架和制度体系，对推动党的全面建设发挥了极其重要的作用。但是，从党内实践来看，仍然存在着制度落实的“空置化”问题。具体表现为：第一，制度的贯彻落实在实践中有时会因为形式主义、文牍主义而流于形式，得不到实际遵守，有时因为在实践中经过层级消耗而无力走样，效果不明显。比如党内选举，有些党组织在换届选举时，经常由上级党委直接指派或任命新的领导者，甚至连投票选举的形式都可置之不理，许多党员不知情、参与难，选举人不能够充分表达意志。第二，一些规定根本性原则的太多，具体可操作性的较少。以《中国共产党党内监督条例（试行）》中的罢免或撤换要求及处理制度为例，要实施这个制度必须首先明确几个重要的前提条件：党内领导干部因哪些言行可以被认定属于罢免或撤换的范围，启动和进行罢免或撤换的具体程序是什么，具体负责罢免或撤换工作的是何机构、人员，罢免或撤换的裁定结果怎样才算是有效的等等。如果这些问题没有弄清楚，罢免或撤换要求及处理的制度事实上就没有达到实用的阶段。显然，缺乏操作性的制度，最终将成为束之高阁、仅供观赏的制度。第三，在党建实践中出现的一些好的经验做法未能迅速转化为制度性规定。比如，党章未规定乡镇党委书记直选，那么，某些直选产生的党委书记与党代表大会，与党的全委会是什么关系？这样就会出现合情合理但不合法的尴尬。

五是在作风形象方面存在干部的“官僚化”。优良的党风是凝聚党心民心的巨大力量。但是，在执政和改革开放的条件下，由于外部环境的变化，体制机制转换过程中出现许多漏洞，发生一些党员干部违反党的纪律，甚至产生腐败，严重损害了党的作风形象。主要表现为：（1）少数党员干部官本位思想浓厚，形式主义、官僚主义盛行，严重偏离党的群众路线，造成党与群众关系的隔膜；（2）少数党员干部异质蜕化，权力寻租，

---

① 张克文：《转型期间基层党建面对的若干问题分析》，《党建通讯》，上海市党的建设研究会主办，2009 年第 2 期。

贪污腐败，败坏党的形象，严重影响党内团结和谐。据调查，在“你对哪类群体的伦理道德状况最不满意?”的问卷中，“政府官员群体”高居榜首，达73.3%之多。①

六是在权利义务方面存在权责的“失衡化”。党内民主是增强党的创新活力、巩固党的团结统一的重要保证。要增强党内民主，就必须尊重党员主体地位。尊重党员主体地位，就必须保证党员权利义务的统一。但是，就目前党内民主发展状况而言，存在重义务、轻权利，重服从、轻平等，重统一意志、轻主动精神的问题。具体表现为：第一，党员主体地位意识的缺位。在一些党员干部看来，党内生活及党的实践中真正起支配作用的是党的领导机关和领导干部，普通党员不过是被指挥、被管理、被教育的对象，很少成为党的建设的能动主体。第二，相关权利义务机制的缺位。尊重党员主体地位，必须从机制上做起。虽然党章规定了党员所应该具有的权利义务，但由于缺乏机制保障，党员主体应当具有的知情权、参与权、决定权、选择权、监督权，在党内现实生活中往往很难落实。另外，还有一个新的情况更应该引起我们注意，这就是由于社会转型带来的阶层结构变化、人员流动加剧、组织管理缺位等因素的影响，现在不少党员不但权利主体意识淡薄，义务主体意识更是缺失，这在很大程度上影响了党员主体地位的实现。

正是上述党自身存在的现实问题导致了执政党在网络虚拟空间的角色“缺位”。正是为了应对这一情况，推进网络党建，加强党在网络虚拟空间的角色存在，就成为解决这一问题的一个重要举措。从近几年网络党建推进的实践来看，通过以党建网为主要形式的网络党组织建设应该说取得了很大成绩，全国各级党委组织部门、宣传部门或其他相关部门均纷纷建立起了自己的党建网站，以此作为党组织在网络空间领域的活动平台。以中央党口（部门）的网站建设来看，截至2011年，中共中央直属机构主办的网站已有十多家，超过了中央直属机构数量的一半。② 可以说，在中共中央发出大力推进党建信息化指示之后，各级党委部门通过建立党建网站的形式，初步在网络虚拟空间领域显示了组织的存在。不过，以党建网为

① 樊浩等：《中国大众意识形态报告》，中国社会科学出版社2012年版，第18页。

② 连玉明、武建忠主编：《中国舆情报告（2011）》，中国时代经济出版社2011年版，第6—7页。

活动平台的党组织要想真正赢得网民的认同，却并非易事。一方面，这是由网络虚拟空间的去权威性的特征决定的。信息网络技术的分散性、去中心化的特征，使得网络空间领域的权威形成具有了不同于现实权威生成的结构因素。在现实社会中，权威的生成是在相当程度上由权力来决定的。中国共产党作为执政党，其权威的形成既是由长期的革命、建设和改革过程中党的先锋模范作用决定，又是在根本上由中国共产党作为唯一执政党的政治权力所决定。通过宪法、法律以及相关的制度安排，党的权威由此树立并巩固起来。但是，网络虚拟空间领域组织权威的形成却由于信息网络技术所决定的特殊环境而大有差异。在网络虚拟空间，信息网络技术的去中心化天然带有去组织权威的内在要求。网络生活的泛娱乐化倾向，则进一步加剧了网民对一切带有强制命令色彩的组织抱有警惕之心。网络党组织要想在网络虚拟空间彰显存在、获得认同，并以此树立权威，殊非易事。因此，要想提升网络党组织在网络虚拟空间领域的权威，就必须从现实做起，夯实党的内部基础，才能从根本上发挥党的组织引导作用。

二、克服功能“缺位”，发挥网络党组织的组织吸纳作用

在网络党组织角色“缺位”的同时，其功能发挥的“缺位”也是引起党组织在网络虚拟空间权威塑造效果的一个不可忽视的原因。所谓网络党组织的功能“缺位”，主要是指网络党组织在开展网络空间领域的组织活动、重大事件，特别是网络舆情中所发挥的作用有限，因而导致网民对党组织视而不见。那么，造成这一功能“缺位”的原因是什么呢?

从更广阔的社会背景分析，则在于从革命型政党向现代执政党转型的过程中，存在着意识形态和组织资源的流失。党的十六大报告指出，“我们历经革命、建设和改革，已经从一个领导人民为夺取全国政权而奋斗的党，成为一个领导人民掌握全国政权并长期执政的党；已经从受到外部封锁和实行计划经济条件下领导国家建设的党，成为对外开放和发展社会主义市场经济条件下领导国家建设的党。”这段话指明了中国共产党在新的历史条件下努力实现从革命型政党向现代执政党转变的发展进程和任务目标。从革命型政党到现代执政党的转变，从执政资源的角度来解释，就是一个如何对党执政的革命性历史资源进行重新整合和现代转换的问题。这里所说的执政的革命性历史资源，主要是指党在“领导人民为夺取全国政权”和“外部封锁和实行计划经济条件下领导国家建设”两个时期所积累起来的历史经验和执政经验。转型时期中国共产党传统执政资源的流失，

也即是特定在这一时期。那么，为什么在从革命型政党向现代执政党转变过程中，党的执政资源会流失呢？其原因就在于改革开放之前的计划经济时代，党的建党模式与中国的社会结构具有高度的一致性，党所依靠的资源可以得到充分发挥并取得显著效果。但是，随着改革开放的深入发展，中国社会的结构开始发生变化，原先那种党与社会的高度一致性开始分离，社会的自主性日益增强，党也开始回归到现代执政党的位置。这种新变化，对党自身的建设提出了新的要求，即党必须以现代执政党的模式来建设一个履行新世纪新阶段党的政治任务的先进性政党。具体来说，从革命型政党向现代执政党的转变，主要是在意识形态和组织结构两个方面发生的。

从意识形态上来看，中国共产党是一个典型的意识形态政党。作为一个革命型政党，它的意识形态关心的是理想与信念问题。即要求党员信仰的坚定性、思想的纯洁性、立场的一致性。只有这样，才能保证党员思想的高度紧张，达到对内团结，对外一致，以快速分辨敌我的目的。应该说，这种意识形态灌输下的“谁是我们的朋友，谁是我们的敌人”的二元对立思维适合于战争时期高度集中统一的需要，也适合于计划经济时代整个社会结构的单一性。在这个时期，党通过意识形态斗争来净化党和政府，以意识形态为社会主义政权提供长期的合法性支持，意识形态的功用发挥得淋漓尽致。但是，作为一个现代执政党，在面对已经呈现出碎片化、多元化的社会结构之时，执政党的意识形态就必须要照顾业已分化了的社会各阶层的思想观念和行为，而这些行为思想又主要是由利益需求的不同所引起的。这样看来，现在党所使用的意识形态资源的功效下降，可以说是作为革命型政党的意识形态本身所具有的刚性特质造成。计划经济时代的意识形态由于社会利益的一致性和社会结构的简单化，可以以一个声音、一个思想来表达和涵盖整个社会。但是在利益多元化的今天，意识形态并不能包容和满足所有社会阶层的利益诉求，也无法解决社会各主体的利益分配需求。这正是过去作为党执政的主要资源的意识形态所特有的简单迅捷有效的社会管理方式开始失去作用的真正原因，因为“‘思想’一旦离开‘利益’，就一定会使自己出丑”。[①] 从组织结构上来看，作为一个革命型政党，由于意识形态斗争的涉及利益范围小，功能单一，使中国

① 马克思：《神圣家族》（1844—1845年），《马克思恩格斯全集》第2卷，人民出版社1957年版，第103页。

共产党在组织结构的设置上带有浓厚的军队组织的结构色彩，具有全能主义的特点。一方面，从组织要素上看，个人服从组织、下级服从上级的纵向集权特点，横向上集权于党委与个人，干部任命制较为普遍。这就决定了中国共产党的组织运行以集权与严格的纪律、横向权力制约缺乏、自上而下的权力流向等为特点，个人素质的高低影响党内组织运行所占比重大，这一点从中国革命和改革开放前中国现代化进程的挫折就可看出。另一方面，革命斗争时期客观环境和手段的暴力化，也促使中国共产党在建党模式上寻求建立一个以武装斗争等为主的纪律严明、组织严密、集中统一、活动效率较高的党组织。这是中国共产党能够取得中国革命成功的关键原因，也是中国共产党建国后领导中国人民取得社会主义改造和建设伟大成就的重要原因。党的这种活动方式的成功，不可避免地成为党领导和管理国家与社会的路径依赖，从而形成了党的组织国家化、党的领导一元化的特点。但是，改革开放带给中国的深刻变化，已经使党的这种“全控式”的一元化传统领导模式远远不能适应新时期社会发展、经济增长、政治文明和社会和谐的需要。长期的党政不分，限制了政府职能的发挥，削弱了工作效率，使党的领导陷入了琐碎繁杂的事务，既不利于人民群众自主意识和创造力的发挥，也不利于党把自身建设成为一个符合现代政治文明的现代执政党。

正是转型时期中国共产党在意识形态和组织结构方面面临的挑战，使党的传统功能作用未能得到充分发挥。而以网络党组织在网络舆情治理方面的作用而论，最根本的原因就在于对于网络党组织作用的发挥存在着观念上的分歧。网络党组织建设必须明确工作重点在哪里？是满足于一般的网站式框架结构建设，还是突出组织的功能发挥？如果是要突出组织功能，那么，网络党组织作用的发挥究竟是“控制”还是“沟通”？笔者以为，通过对互联网这一“了解民情、汇聚民智”的重要渠道的充分参与和利用，应该把“提高舆论引导能力放在突出位置”，即把提升网络舆情危机治理能力作为当前及今后网络党组织建设的首要目标和能力提升方向。通过对汶川地震期间的政府网络舆情危机治理的经验分析，可以看出，在抗震救灾期间，政府对待网络舆情危机的态度表现出了高度的理性平和，在处置的方法上采取了沟通对话的“治理”方式而不是关堵封闭的“控制”方式。这一公共危机管理中舆情治理的成功经验为网络党组织提升舆情引导能力提供了思路与方法。但是，网络党组织毕竟不同于政府，其治理方式自有其不同。这种不同之处，更多地体现为思维上的差别。可以说，没有对网络党组织舆情治理思路的认真梳理，就不可能对网络党组织建设有清晰明确的功能定位。笔者以为，影响和制约网络党组织建设及其作用发挥的因素不在技术掣肘，而在对网络党组织建设的思维分歧。这种观念分歧集中表现为：对网络舆情的治理是争夺占领，还是沟通引导？从当前网络党组织建设及其作用发挥现状来看，组建者一开始就把“争夺”“占领”作为网络党组织建设的指导思想与工作思路，从而导致组织功能的错位与目标达成的效果不佳。因此，加强网络党组织建设，必须重新检视思想上的误区，树立符合网络环境的内在发展规律和要求的新思维，重新定位网络党组织的目标功能，切实提升网络党组织的舆情危机治理能力。网络党组织作用的“缺位”，从一定程度上讲，就是把“控制”舆论作为政党在网络虚拟空间的任务，而没有真正认识到网络虚拟空间舆论发展的特殊机制。与现实物理空间结构下的舆情发生不同，网络虚拟空间的舆情发展往往毫无征兆，常常予人以瞬时发生、迅及扩大的措手不及之感。对网络的“控制”又不可能像控制报刊电台一样通过对人的直接控制而实现。因此，网络党组织必须首先适应网络虚拟空间的新环境，认真研究网络舆情发生发展的特殊机制，以对话沟通而不是高高在上的态度正视网络空间的活动主体——网民。通过平等的交流，使网民逐渐接受网络党组织的主张，从而说服、吸引和团结网民。

三、克服价值“缺位”，发挥网络党组织的组织同化作用

执政党在网络虚拟空间的价值“缺位”，主要是指由于网络空间表达的个性化和网络空间文化的娱乐化对社会主流文化存在着消解作用，从而导致主流文化价值观未能发挥正面引导作用。法国哲学家福柯认为，任何一个社会都存在着话语的生产和流通的法则，而人们关于正确/错误、真实/虚拟、合理/疯狂的判断是被某种认识方式事先决定的；换言之，任何话语都是“权力的话语”，这种“权力的话语”是通过一系列的排斥规则而运作的，借助于各种严格的禁止，“权力的话语”预先决定了哪些话可以说，哪些话不能说。这些排斥的规则是通过一系列的体制因素，如教育、新闻、出版甚至军队等实现的。[①] 分析执政党在网络虚拟空间的价值“缺位”的原因，从本质上讲主要是由中国共产党在社会转型过程中的角色转变带来的。从革命型政党到现代执政党的转变，中国共产党面临深刻

① 周宪：《文化表征与文化研究》，北京大学出版社2007年版，第144页。

的角色重新定位，必须在新的执政条件下，努力探索和构建一种既符合现代执政党建设的一般规律，又极具中国特色执政党建设特点的新的建党模式。从执政资源的角度来看，这就要求对党执政的革命性历史资源进行重新整合和现代转换。这一转换使主流价值的社会影响在两个方面受到了挑战。

一是利益多元化趋向下的社会主体价值选择的多样性。“人一旦受到信仰的催眠，就会变成一个信徒，随时准备为了信仰而牺牲自己的利益、幸福乃至生命。至于说明他的信仰是否荒谬绝伦，那已无关紧要；对信徒来说，信仰就是明摆着的事实。对信仰的神秘主义起源坚信不疑使它有了一种神奇的力量，以至于它竟可以完全地控制人们的思想，它的力量也只有时光的流逝才会使它发生改变。”[①] 一个政党能否执政，关键在于它的执政能否被公民所认同。中国共产党之所以能够执政，关键就在于它代表了人民的根本利益，领导中国人民取得了中国革命和建设的成功，并正在努力推进和深化社会主义改革。在这一时期，党执政依赖的政治认同更多地依靠党取得革命和建设成功的历史资源。这表现为在计划经济时代，人们的衡量标准具有同一性，利益选择具有趋同性，党与群众的关系使得党的群众资源呈现出一体性的特点。这样，计划经济时代党执政所需要群众资源的流向具有单一性和确定性的特征。可以说，这一时期党的执政从认同的角度来讲，更多地是具有历史的合理性。这一点在计划经济时代具有无可置疑性。但是，合理性并不就等于合法性。合法性基础本质上是建立在政权体系对于公众功利性需求的满足之上的。在改革开放给中国社会带来深刻转型的历史大背景下，中国社会开始向自主化、多元化的方向发展，传统的政治、经济、社会一体的社会组织正在逐步解体，人们的生活从原先的单位组织中逐渐脱离出来，由“单位人”转向“社会人”，公民个人逐渐从国家和集体主义的意识形态教育中脱离出来，已习惯于根据自身的经常性利益来评估政治，从而使党的群众资源从计划经济时代党与群众的一体性关系开始分化剥离，产生了新的不确定流向。这一趋势，既极大地提高了公民的积极性和创造性，但也给具体制度和法治规范的认同带来一定的消极影响。同时，一定时期以来形成的政治体制构成了继续改革进一步深化的阻抗力量。当前，经济体制及劳动人事制度的改革，社会分配不

---

① ［法］古斯塔夫·勒庞著，佟德志、刘训练译：《革命心理学》，吉林人民出版社2001年版，第6页。

公的客观存在，促使人们的价值观发生很大变化。加之世界经济政治格局正在发生转换，国际经济和综合国力竞争空前激烈，不确定性因素很多，而资本主义向社会主义的渗透，国际上遏制中国的诸种论调和行为也前所未有地强化。国际环境的干扰和国内的信念危机一旦相互结合，很可能就会给我国的国家安全和党的执政造成严重影响。这就使党动员群众、整合社会的传统体制架构的效能开始降低，党执政的社会基础发生了变动。所以，在利益多元化趋向下的社会主体价值选择的多样性，社会的主流价值观就不可避免地受到影响。“如果政治体系能长期满足成员的需要和利益，也可赢得统治的合法性；同时，即使传统的政治体系完全拥有统治的合法性，但如其长久以来表现得昏庸无能，亦会漫漫蚀耗其合法性。”①

二是思想多元化趋向下的社会文化选择取向的世俗化。社会主义市场经济的迅速发展，大大提高了人们的物质生活水平，引起了社会思想的变化。即人们逐渐告别了过去那种理想主义制约的生活观念，消费主义作为消费社会必然的意识形态，迅速地滋长和蔓延开来。于是，长久以来的理想主义冲动已经被“淡化”，政治上的巨大期待逐步被一种物质上的消费倾向所取代。社会思想文化的这一深刻转变，使传统的形而上的充满激情的理想主义和未来主义，被一种形而下的实用理性原则和现世主义所取代。于是，超越性的文化形态，逐渐转化为“固恋的”文化。崇高，这个曾经作为基本审美范畴的形态，逐渐缩小了自己的生存空间，不断为喜剧性特征的文化扩张所蚕食。因为受难式的、奉献式的甚至禁欲式的文化，已经不再是唯一合法的。经济的巨大发展和长足进步，物质生活水平的极大提高，极大地唤醒了长期以来一直处于压抑状态的欲望。欲望的解放和欲望的心理学，在变成当前文化的基本主题时，本我的快乐原则取代了超我的理想原则而处于首要地位。过去那种享乐羞耻的罪恶感，已经随着政治的、伦理的限制的松动而消失，享乐文化被唤起的同时，又把西方社会的新消费方式带入生活。快乐原则和市场化在欲望心理学方面的结合，把新的消费主义和享乐主义当作正当的选择广泛传播开来。当精神上超越的激情衰退时，物质上的游戏乐趣就自然上升。以巨大的冲突和痛感为特征的崇高，以及以受难和献身为表征的悲剧性，显然再难以作为主导的流行的审美范畴而占据中心。作为最切合这种文化形态的审美范畴的喜剧自然

---

① ［美］李普塞特著，刘钢敏等译：《政治人》，商务印书馆 1993 年版，第 53 页。

膨胀开来，逗乐、找乐成为流行时尚。各种形式的喜剧登上过去被崇高和悲剧性的光环笼罩的大雅之堂，并把后者排挤到边缘位置上去了。[①] 根据樊浩等学者的调查显示，当前中国社会影响较大的前五位的文化观念依次是：市场竞争观念 71.3%、拜金主义 56.6%、传统道德 55.4%、流行文化 54.3%、享乐主义 49.7%。五种观念之外，马克思主义 25.9%，只位居第十。这说明，在世俗文化中，市场已成为文化的主导因素，五者中有其三，传统与文化时尚构成文化观念的另外两个支点。马克思主义对世俗文化影响力较小。在大学生和青年知识分子中进行的“何种文化应当成为主流文化”的调查显示：中国文化、中国化马克思主义、西方文化是三大选择。对大学生三次调查得出的平均值是：中国文化 35.8%、中国化马克思主义 23.3%、西方文化 22.6%；对青年知识分子两次调查得出的平均值是：中国文化 29.6%、中国化马克思主义 27.8%、西方文化 26.6%。[②] 由此可见，社会主流文化的影响力不断受到世俗化、娱乐化的侵蚀而未能充分发挥社会思想的引领作用。

因此，加强执政党的组织凝聚能力，就是要通过建立网络党组织以克服网络空间的价值“缺位”，发挥党组织的价值同化作用，弘扬社会主旋律。具体来说，信息网络技术的发展，为进一步密切党与群众的关系提供了可能。主要表现为：一是信息传递的瞬时性，可以使党与群众的交往渠道更加迅捷，能够在一定程度上克服现实生活中组织体制中层级关系带来的信息审核，使基层群众的需求得到迅速反映，从而增强了党了解民情、民意、民生的信息获取能力。二是信息联通的同时性，可以使党与群众的对话渠道更加方便，从而增强党与群众的亲合力。信息网络技术提供的网络同时在线功能，消除了人与人之间的空间距离，虽远隔千山万水，但却通过网络而实现了面对面的“零接触”。传统党群关系是党在现实生活中通过各级组织与群众的日常接触而实现的。而信息网络技术则为党联系群众提供了一条更加方便的渠道，使党的各级领导能够摆脱组织层级的束缚，实现与群众的直接对话。“新电子媒介为利益团体的发展以及意见的形成提供了新兴的‘论坛’。这将允许政界人士和活跃公民之间展开对话，

---

① 周宪：《文化表征与文化研究》，北京大学出版社 2007 年版，第 261—262 页。

② 樊浩等：《中国大众意识形态报告》，中国社会科学出版社 2012 年版，第 50—51 页。

省去了政党机器不可避免的干涉。”[①] 胡锦涛在人民网“强国论坛”的实名注册和温家宝与网民的直接对话等一系列举动，就直接拉近了党和国家领导人与普通群众之间的距离，增加了党吸引、团结群众的能力。因此，根据信息网络技术在促进党群关系方面所具有的上述两种特征，我们可以通过建立邮箱、微博、论坛等多种形式，及时了解人民的所思所想，正确做出解决问题的措施方案，使党与群众通过网络更加紧密地联系在一起，成为牢不可破的统一整体。

总之，网络党组织的角色“缺位”、功能“缺位”和价值“缺位”，其实是一体两面。一方面，由于网络党组织的角色“缺位”，导致网络党组织作用无法发挥。但另一方面，在以党建网为主要形式和活动平台的网络党组织普遍建立的情况下，网络党组织的角色“缺位”却是由于网络党组织在作用发挥方面的不作为而引起的。因此，要解决网络党组织在网络虚拟空间的“缺位”，必须从增加网络党组织的组织凝聚能力开始。

第三节　提升组织凝聚能力的途径

互联网的发展，使得传统的“个人的政治身份不再来自固定的、集体的机构资源，而是越来越多地来自个人表达和生活方式。当下的政治正与传统上不那么政治化的实践纠缠在一起，比如消费、娱乐、人际交流，以及对广告和公司品牌等象征符号的使用。生活的这些方面成了政治竞争的领域，旧的竞争领域正在变得不那么重要”，[②] 并在此基础上产生形成新的权力。“新的权力存在于信息的符码中，存在于再现的影像中；围绕这种新的权力，社会组织建立了它的制度，人们建立了自己的生活，并决定着自己的所作所为。这种权力的部位是人们的心灵。”[③]因此，在迅速发展的社会里，“管理艺术的要义在于善于把人的愿望纳入需要的轨道。凡通晓

① ［荷兰］丹尼斯·麦奎尔著，崔保国、李琨译：《麦奎尔大众传播理论》，清华大学出版社2010年版，第123页。

② ［英］安德鲁·查德威克著，任孟山译：《互联网政治学：国家、公民与新传播技术》，华夏出版社2010年版，第37页。

③ ［美］曼纽尔·卡斯特著，曹荣湘译：《认同的力量》，社会科学文献出版社2006年版，第416页。

这门艺术的人，均可取得前所未有的成功”。[①] 网络党组织要想真正成为网络虚拟空间领域中的组织力量，实现团结群众的目标，就应该从四个方面着力提升组织凝聚能力。

一、提升凝聚意识，使网络党组织成为党员管理的组织载体

开展网络党建，发展网络党组织，实现党员组织管理的网络化，就是要为破解党员队伍中的两个情况的管理困境而摸索实践出来的新的组织形式。这两个管理困境主要指两个方面：一是流动党员的管理；二是“两新”组织中的党员管理。中国社会的日益开放和深入发展，使得固有的党员属地管理和新经济组织、新社会组织中党员教育面临身体管理失控的风险。信息网络技术的发展可以有效克服地点时间凝固而成的现实场阈，使党员在一个新的流动空间里实现组织的有效管理。“电子媒介对物质地点与信息获取之间关系的破坏，对群体身份产生了巨大影响。……许多群体和组织的身份和凝聚力是由如下的事实所造成的：成员被‘共同地隔离’在相同或相似的地点——家或者办公室，贫民窟或者郊区，监狱或者商店，操场或者酒吧。只要地点和场景仍然紧密地联系在一起，这种物质的隔离就会形成社会的隔离。然而现在电视、电话和收音机中的电子讯息使人们在地点隔离的情况下仍能相互体验和交往，从而使地点平民化和一致化。结果物质地点现在仅形成信息系统的一种类型，仅仅是共享而特殊的群体经历的一种。电子媒介基于‘同在现象’而跨越了群体身份，它们创造出了许多与物质地点无关的接触形式和‘群体’。电子媒介通过使人们远离传统的群体景观，从而对群众身份产生影响。使用‘景观’这个词意指一个人从一个给定地点所得到的景色及其社会态度。它们都说明物质地点和社会信仰之间有着稳固的传统联系。共同的物质地点产生的相同的看法，又加强了群体的团结一致。但物质地点的改变通常会引起态度的转变。”[②] 具体来说，通过提升凝聚意识，使网络党组织成为党员管理的组织载体的方式，主要体现在两个方面的管理实践。

---

① ［俄］谢·卡拉—穆尔扎著，徐昌翰等译：《论意识操纵》，社会科学文献出版社 2004 年版，第 41 页。

② ［美］约书亚·梅罗维茨著，肖志军译：《消失的地域：电子媒介对社会行为的影响》，清华大学出版社 2002 年版，第 123 页。

一是在流动党员的管理方面，党员组织管理的网络化可以实现党员组织关系的实时对接，从而能够确保党员组织管理的连续性。我国社会的飞速发展，使得社会经济结构和组织方式日益多元化，原来以单位部门为主开展党员教育的组织结构有了较大变化，大量下岗、离岗、转岗党员的出现，以及党员从业的流动性、多样性、分散性的趋势，使传统的党组织出现了覆盖盲区。据2000年底统计显示，全国有流动党员128.3万名，约占全国党员总数的2%。[①] 而随着改革开放的日益加深，社会流动性愈益增强，流动党员人数也在不断攀升。2011年6月24日，在中央外宣办举行的新闻发布会上，中组部副部长王秦丰向中外记者介绍中国共产党组织建设情况时说，截至2010年底，中国共产党党员总数为8026.9万名。基层组织总数为389.2万个，其中基层党委18.7万个、总支部24.2万个、支部346.3万个。其中，农民工流动党员人数达300多万。[②] 流动党员人数的增多，往往造成由于组织机制上的不完善而使党员的组织关系转接难、党员去向掌握难、党员身份明确难、组织生活参加难等问题。大量的流动党员游离在党组织之外，成为“隐形党员”“口袋党员”。因此，各级党委组织部门对此进行了积极探索。以上海市徐汇区凌云社区（街道）的流动党员管理实践为例。凌云社区（街道）通过创办“凌云‘两新’党建网站”，初步尝试了对流动党员的教育管理。2006年7月24日，19岁的小厉在网站论坛里发出了“关于信仰”的帖子。这位年轻的党员马上要去香港读书了，他担心自己到境外念书，理想信念会发生改变，于是求助于党组织，希望“帮助海外共产党员接受党的教育”，称这是“‘两新’组织的一个重要职能”。小厉的发帖引起了网上的激烈讨论。率先上网和小厉谈信仰的是66岁的党员谢伟健。他鼓励小厉，到境外读书时，要在复杂的社会环境中，有意识地磨炼自己、接受考验。他相信，新的社会环境更有利于年轻人对复杂世界的认知，有利于世界观的改造。小厉马上发帖表示赞同。更多的党员参与了信仰的讨论，不断给小厉以面对新环境、新挑战的信心勇气。凌云论坛负责人王雅琴说：请小厉放心，只要你主动与党组织保持联系，我们一定及时把学习、教育的内容

---

① 《全国党员教育管理工作取得明显成效》，《人民日报》，2001年6月29日。

② 《全国党员总数8026.9万》，搜狐网，http://roll.sohu.com/20110625/n311608218.shtml，2011年6月25日。

传递到你手里。[①] 凌云论坛对流动党员的探索，虽然还处于初步摸索阶段，但却提示我们：可以通过网络的跨地域性，保持与党员通讯联系，实现对流动党员的组织管理。

二是在“两新”组织的党员管理方面，党员组织管理的网络化可以通过基层党组织的网络化，实现对“两新”组织党员的统一管理。市场经济的深入发展，使得新经济组织、新社会组织（简称“两新”组织）大量涌现，成为经济社会发展的重要推动力量。以上海为例，截至2007年，上海全市有“两新”组织68万家，从业人员586万名，占全市从业人员的58%。[②] 而“两新”组织的非公有性，使得党组织在“两新”组织中无法实现强而有力的组织覆盖，党员也由于分散性而往往无法参加正常的组织生活。为此，各地通过建立“网上党支部”的形式尝试解决这一问题。

上海市社会工作委员会[③]以建立支部网站为推手，对“两新”组织的党员管理工作进行了积极的探索。通过支部网站的准确定位，实现技术、功能和价值三个层面的展开。具体来说，就是将支部网站定位为：传播核心价值观的前沿阵地；创新基层党建方式的实践平台；推进党务公开、展示党员形象的基层窗口；服务党员群众的网上家园。在技术层面上，扩大支部网站覆盖面，实现支部网站对“两新”组织党组织、党员的全覆盖，使支部网站成为联系群众、动员群众的有效网络。具体来说，主要包括四项内容：扩大建站比例、完善信息库建设、延伸服务领域和整合有效信息。在功能层面上，通过完善支部网站服务内容，对接“两新”组织党建工作重点，推进党建日常工作的信息化与网络化，使支部网站成为推进“两新”组织党建工作的有效手段和载体。具体来说，就是要做好三项工作：改善服务模式，注重把推动支部网站建设与为党员提供一门式服务结合起来；丰富活动形式，注重把推动支部网站建设与方便基层党组织活动结合起来；推进党务公开，注重把推动支部网站建设与推进党务公开、接受党员群众监督结合起来。在价值层面上，通过

---

① 高骥、虞志灏：《基层党建e时代》，上海人民出版社2012年版，第41—42页。

② 许德明：《凝聚·覆盖·活力——上海“两新”组织党建工作方式方法创新案例图文集·序》，文汇出版社2007年版，第1页。

③ 施南昌：《“两新”组织党建信息化工作的思考》，《党建通讯》，上海市党的建设研究会主办，2011年第5期。

提供卓有成效的活动与服务，增强支部网站在“两新”组织中的影响力，发挥对“两新”组织群体和广大社会成员的引领作用，使支部网站成为宣传、凝聚、服务、引领党员群众的前沿阵地。具体来说，就是要努力做到：改善沟通模式、扩大沟通范围、加强沟通力度和团结“意见领袖”。总之，上海市社会工作委员会通过支部网站系统建设，基本形成整体布局合理、功能操作简便、活动经常有效、凝聚党员群众的上海“两新”支部网站运行格局。

以外资企业中的党员管理为例。上海市对外服务公司（简称“上海外服公司”）[①] 通过网络化管理实现了对外企党员的组织管理。如何管理好外企党员，是新时期党建工作面临的一个新问题。上海外服公司党委认为，要解决好这一问题，首先必须准确掌握外企党员的真实情况。经过调研发现：外企党员年纪轻、学历高，但由于党龄短，缺乏严格的组织生活锻炼，进入外企后，基本与党的生活“绝缘”，就像进入“另一个世界”，党员意识淡薄，普遍存在对党组织“欲近又远”的心态。针对外企党员存在的上述实际情况，公司党委经过多年探索，认为可以通过网络等现代化通讯手段实现对外企党员的组织管理。在2003年，公司党委正式开通了网上的信息服务平台——“外资企业党员之家”。通过这一平台，公司党委可以将组织活动的相关信息群发到党员信箱；党员只要登录这一平台，便能获知组织最新讯息。当党员出差在外无法赶回时，党支部还能通过网上平台开展组织生活。为了加强“外资企业党员之家”管理平台的使用效率，公司党委要求各党支部，对每一位新加入外资企业的党员做到“六个一”，即见一次面、谈一次话、留一个联系方式、给一份党员联系手册、告知一个“外资企业党员之家”网址、送上一套党员日常管理办法。通过网上网下的共同努力，在如何管理外企党员方面进行了有益探索。[②]

二、确立服务意识，使网络党组织成为利益表达的畅通渠道

网络党组织要树立服务党员、服务群众、服务社会的意识。特别是在

---

① 上海市对外服务公司成立于1984年，是一家主要为外资企业、外商驻沪代表机构提供人力资源服务，以及商务代理、人力资源咨询等延伸服务的国有企业。

② 高骥、虞志灏：《基层党建e时代》，上海人民出版社2012年版，第40页。

网络虚拟空间，更需要网络党组织通过树立服务意识，成为群众进行利益表达的畅通渠道。这是因为，“因特网对代表制政治过程结构的影响比对个人行为的影响要大。最重要的影响可能是，‘信息流动对政治结构和政治行为非常关键，信息不仅被政治参与者在策略上和心理上用作一种工具和资源，而且它的特点和质量有助于区分政治参与者本身’。或者说，通过改变因特网使用中信息流动的方向和内容，政治参与者的范围扩大了，新形式的集体运动可能会出现，而且不同形式的辩论可能会发生，改变着已经被大众媒体时代的单向通信系统定制的政治意识。”[①]

所谓利益表达，是指社会成员向政府提出利益要求，并要求得到满足的政治行为。利益表达往往意味着冲突。因此，必须要在利益表达和社会稳定之间取得平衡，底线是社会的稳定，上限是利益的表达，两者之间就是形成制度化的利益表达机制的空间。一般来说，群体利益表达方式的制度设置健全规范与否，直接决定了群体利益表达的行为选择模式的优与劣。如果一个社会能够充分考虑到社会各阶层的意志与利益，并通过制度设计加以规范引导，赋予各阶层表达的正当性与合法性，那么，社会内部各阶层之间的冲突就会以体制内的方式加以消解，避免社会自身力量的过度内耗，从而保持社会的相对和谐与稳定。与之相反，如果一个社会提供不了民意表达的正常渠道，或者表达渠道阻塞，那么，阶层的利益表达就会寻求体制外方式来解决。体制外方式的选择，既揭露了现有制度设计存在缺陷，表明现行的利益表达机制已经丧失规范、调节、引导功能，同时又会使社会对选择体制外方式解决问题产生路径依赖，引发“劣币驱逐良币”的不良效应，造成社会的隔阂甚至破裂。就目前我国的利益表达机制来讲，可供社会各阶层选择的常规渠道通常有三种：

第一种是组织渠道的内部表达。即通过个体所在单位对个体利益进行调节和问题解决。应该说，这种方式是与计划经济时代的个人与社会关系相适应的。在计划经济时代，个人从属于集体，是“单位人”。个人的各种需求基本都能够在单位内部得到解决。在这一特定的历史环境中，通过单位内部组织渠道，个人的利益需求基本上能够得到有效的解决。正如陈方勐指出的那样，“在这种传统社会中，单位不只是意味着一种工作场所，更多的含义是人们所选择的一种生活方式，一种身份依附和精神寄托。个

---

① ［美］曼纽尔·卡斯特著，周凯译：《网络社会——跨文化的视角》，社会科学文献出版社2009年版，第401页。

人完全依附于单位和组织，劳动和生活条件有赖于单位分配和提供，人们遇到问题不是找单位组织就是找政府，几乎没有其他渠道”。[①] 但是随着计划经济向市场经济的过渡，“单位人”开始向“社会人”转变。这一转变带来的最深刻的变化就是个人与单位之间关系的变化，即从计划经济时代的组织从属型一变而为市场经济时代的法律契约型。在法律契约型关系中，单位或者企业更多地表现出它的经济活动本质。对于个体来讲，单位或者企业在相当程度上只是一个工作的场所。个体与单位或企业的关系是通过一种法律关系来确定的，权利与义务具有相当的明确性，即个体的利益具有明确的规定规范。可以说，除了国有单位和事业单位外，其他经济组织不具有为个体解决法律合同规定以外的利益需求的义务。在这种情况下，通过组织渠道方式来进行个体利益的内部表达的机制就逐步萎缩，无法覆盖和满足社会成员的各种需求。

第二种是信访制度。[②] 自 1951 年 5 月毛泽东要求重视人民通信工作后，信访工作成为党和政府的一项重要工作内容，也成为民众解决各种社会问题和冲突的重要途径与方式。应该说，信访制度的设立为民意的表达提供了另外一种表达渠道。但是，信访制度也暴露出越来越多的问题。其中最为严重的问题就是各级部门的“截访”。即地方官员采取某些手段把上访民众拦截在中央或上级有关部门信访登记之外并强制带回原籍的行为。据 2007 年 3 月中国社科院发布了一项评估报告中对 560 名进京上访者的问卷显示，有 71. 05% 的上访者认为，新《信访条例》实施以来，地方各级政府对上访人的打击迫害更为严重，有 63. 9% 的人表示曾因上访被关押或拘留，有 18. 8% 的人表示曾因上访被劳教或判刑。“截访”不仅带来了高额的经济成本，还造成了严重的政治后果。信访制度设立的初衷是要成为党和政府联系群众的桥梁、倾听群众呼声的窗口、体现群众疾苦的重要途径。但是，各级政府的“截访”异化了信访制度，不仅直接侵犯了上访民众的基本人身权利，还由于信访制度自身存在体制不顺、机构庞杂、缺乏整体系统性的问题，导致将各种社会问题和矛盾焦点直接指向中央，而用“截访”等方式来解决民众进京上访，问题并不能得到真正解决，最终反

---

① 陈方勐：《转型社会中的中国共产党》，中央编译出版社 2010 年版，第 116 页。

② 《中国基层信访问题研究》课题组：《中国基层信访问题研究报告》，《云南大学学报（法学版）》，2008 年第 3 期。

而会导致民众对中央政治权威产生怀疑，从而在一定程度上造成国家信誉形象的损失。

第三种是法律渠道的选择。应该说，在一个成熟理性、现代文明的社会中，正常范围内的利益矛盾和冲突是可以通过法律渠道进行申诉和解决的。但为什么当前我国群体利益冲突事件往往对这一合法途径弃之不用呢？为什么那么多无直接利益相关者会热衷于“无直接利益冲突”呢？不得不承认，这与当前我国的司法格局具有很大关系。在我国，司法是在党委的统一领导之下开展工作的，而在群体利益冲突事件中，冲突双方往往是利益相关的群众与当地政府及其各部门。这样的身份定位及实际的权力运作机制，使司法的公正性受到质疑。由此造成相关群众的不理解，甚至在一定程度上表现出怀疑，从而对政府的行为总是持有“是不是真的”的疑问。

不过，由于组织内部渠道的弱化、信访制度存在的种种弊端和法律渠道的不畅，当群体利益无处、无法可以表达的时候，寻求体制外方式解决利益问题就成为一种迫不得已的选择。据1999年2月17日国务院新闻办公室发布的《中国人权发展50年白皮书》，1998年初选出的九届全国人大代表共2979名，其中，工人农民占18.9%，知识分子占21.08%，干部占33.17%，民主党派和无党派爱国人士占15.44%，解放军占9%，香港特别行政区代表占1.17%，归国华侨占1.24%。显然，弱势群体拥有的众多人口与在国家最高权力机关中代表的比重是很不相称的。更重要的还在于，在我国，弱势群体缺少通畅的表达自己利益的制度化方式。“公开性和改革使大量的利益群体压抑已久的失落感——民族主义者的、经济的、环境的、文化的、宗教的——得以宣泄，这些宣泄在旧制度中找不到具有政治效验的抒发途径。”[①] 因此，当体制外选择成为一种必需并与当前中国政治生态环境结合，便会产生强烈的化学反应，这种选择也就常常表现出明显的“暴力维权”的色彩。“暴力维权”意识在中国可谓根深蒂固，时间久远。就古代传统中国而言，调整社会各阶级利益的杠杆不外乎两种：一种是以和缓的改革方式来进行；一种是以暴力的手段来进行。改革主要是通过社会各阶级的沟通与让步来达到重新整合社会资源，实现社会的长治久安。暴力手段则通过彻底打碎旧有统治阶级的手段达到社会的大乱大

---

① ［美］杰弗里·庞顿、彼得·吉尔著，张定淮等译：《政治学导论》，社会科学文献出版社2003年版，第66页。

治。可以说，以暴力方式来革除旧的社会，达成新的资源整合，开始国家社会的新发展，不仅在中国传统社会结构上具有存在的合理性，而且也形成了诸如“打抱不平”“拔刀相助”“以血还血、以牙还牙”等以暴力手段维护自身权益的集体无意识。那么，是什么原因促成了群体利益表达从常规行为选择转化到过激行为选择的呢？很重要的一个激发因素就是群体利益表达机制的不顺畅。没有顺畅的利益表达渠道，无序的利益诉求行为往往会冲击正常的社会秩序。特别是在利益主体多元化、利益差异增大、社会分层加速的当今，公众的利益诉求愿望不断增强。政府和社会应该建立健全顺畅、便捷的利益表达机制，一方面有助于多元化利益诉求的表达，使其通过正当、规范的渠道上通下达，避免误解和冲突；另一方面有助于政府广泛听取、吸收社会各阶层的利益要求，从而及时地对人们的利益关系进行有效整合。

信息网络技术的发展，使得民众通过网络等手段反映利益诉求的需求开始上升。据统计，在现代信息渠道中，“政府或社会热线、信箱”的选择比例为27%；“报刊、杂志、电台、电视台”的选择比例为24.6%；“网络”的选择比例为20.1%；“手机短讯”的选择比例为14.7%。“网络”渠道的选择对象中，学生比例最高，达50%，其他各阶层一般都在20%上下。而且18岁至65岁约十年一个档次，选择率依次衰减。从年龄段情况看，随着新一代人群逐渐步入社会，而且这个群体逐步延后积淀，通过网络等现代信息渠道诉求自身需求的队伍会越来越大。[①] 正如曼纽尔·卡斯特所言：“由于传统政治体制危机所造成的集中影响，由于新型媒体渗透性的急剧提高，政治通讯与信息本质上已经被媒体空间所捕获。在媒体空间之外，就只有政治的边缘化了。尽管在媒体支配的政治空间里所发生的事情，并不是由媒体决定的，而是一个开放的社会和政治过程，但是政治仍然是由电子媒体的逻辑和组织所塑造和建构的。……由媒体空间所捕获的这种政治塑造过程（一种信息时代所特有的趋势），不仅影响到了选举，而且影响到了政治组织、决策和治理过程，并最终改变了国家与社会之间的关系特征。并且，由于当前的各种政治体制依然立足于工业时代的组织形式和政治策略，因此，它们在政治上已经陈旧过时。它们的独立性正在遭到信息流动的否定，而这种信息流动又是它们不可或缺的。这就是信息

① 上海市卢湾区党建研究会课题组：《畅通党组织反映需求的渠道研究》，《党建通讯》，上海市党的建设研究会主办，第20页。

时代民主危机的根本原因。”[①] 因此，网络党组织作为中国共产党在网络虚拟空间的组织延伸，由于其迅捷性和互动性的特殊意义，应该能够成为群众通过网络空间进行利益表达的畅通渠道。

三、增强开放意识，使网络党组织成为社群合作的联系纽带

信息网络技术的发展，使得传统的政党组织与其他社会组织的关系发生了深刻变化。“信息技术影响政治的最重要的表现在于，其使边缘组织克服了资源的限制和其他更严重的障碍从而取得政治权力。”[②] 这种变化主要体现在党与其他社会组织的领导关系向合作关系转变。

在现实的物理环境中，党作为执政党，掌握着社会的主要资源。无论是工会、共青团还是妇联等社会组织都是在党的统一领导下工作的。在本质意义上来讲，工青妇等组织是党在这些领域的组织延伸和功能拓展。应该说，以党为核心，在党的统一领导下，工青妇等社会组织构成了党在社会生活领域的全面覆盖。同时，改革开放的深入进行，进一步催生涌现了其他社会组织，比如非政府组织（NGO）、志愿者组织等。在现有的社团管理体制[③]下，上述组织的活动必须挂靠在政府的相关业务部门，并经注册方可活动。因此，在现实的社会政治生活中，党作为唯一执政党，在与其他社会组织的关系中具有无可置疑的领导作用。不过，当党的组织在网络虚拟空间中延伸发展的时候，党与网络社群的关系就发生了巨大变化。建构于现实物理环境的组织领导关系和业务指导关系并不能在网络虚拟空

---

① ［美］曼纽尔·卡斯特著，曹荣湘译：《认同的力量》，社会科学文献出版社2006年版，第361页。

② ［美］宾柏著，刘钢等译：《信息与美国民主：技术在政治权力演化中的作用》，科学出版社2011年版，第225页。

③ 1950年颁布的《社会团体登记暂行办法》规定，社团的登记管理机关是政务院下属的内务部和各级政府。1989年10月25日，国务院发布《社会团体登记管理条例》，建立了社团的“双重管理体制”，把正式社团直接置于党政机关的严格控制之下。1998年2月16日，中共中央组织部、民政部发出《关于在社会团体中建立党组织有关问题的通知》，要求社会团体常设办事机构专职人员中凡是有正式党员三名以上的，应建立党的基层组织。《通知》规定社会团体党组织应全面贯彻执行党章规定的党的基层组织的任务。2000年7月，中共中央组织部又印发《关于加强社会团体党的建设工作的意见》，提出要建立健全社会团体党的组织，理顺党组织的隶属关系，明确社会团体党组织（包括临时党组织）原则上隶属于其业务主管单位党组织。

间中得到自然继承。导致这一变化的关键因素在于两个方面：在环境因素方面，网络虚拟空间具有开放性。网络虚拟空间作为一个开放性的公共空间领域，由于其技术的去中心化和多元性特征，使得在网络虚拟空间领域中没有绝对的权威。在相当意义上为网民提供了自由进出、自由选择的权利，从而极大地凸显了网民个体的自主性。网络虚拟空间正是由于其内在的开放、自由诉求，成为网络迅速被接受的根本原因。而在现实的物理空间领域，由于个体身份的明确性，其行为受到法律、习惯等社会强制力量的约束，个体的言行举止都必须在社会规范的许可范围之内活动。同时，社会组织由于其所具有的占有部分社会资源的组织需求，其活动必然要受到政府的强力管控，必须服从政府的统一管理。因此，现实物理世界与网络虚拟空间在环境构成方面的根本差别，失去了社会制度和结构的强力支持，网络党组织要想在网络领域对网络社群的活动发挥领导作用，其难度可想而知！

导致网络虚拟空间领域政党与社会组织领导关系变化的第二个因素就是组织原因。在网络虚拟空间领域中，网络社群①具有高度的自治性。网络社群作为网民的自发聚合组织，主要具备以下特点：

一是形成的自发性。网络社群往往是在不经意间通过网民的自发行为形成发展起来的。通过设定目标来吸引和成立网络社群是网络空间领域组织存在的另一种方式。但是，即使是这一组织形成方式，也必须遵守网络空间领域的生存法则：自由选择。只有当一个网络社群能够满足一定网民的需求时，网络社群才有可能形成。因此，从这一意义上讲，网络虚拟空间领域的社群组织的形成过程往往具有自发性。同时也决定了网络社群内部结构中成员进出的自由性。“随着时间的推移，相对于一个组织围绕着

---

① 有学者称之为“虚拟社群”。丹尼斯·麦奎尔认为，“虚拟社群”是由任何数量的个人，以自己的选择或是对某些刺激的反应为基础，并且通过网络而组成。虚拟社群可能保有真实社群的某些特征，包括互动、共同的目标、认同感与归属感、各种规范、不成文的规则（网络礼节）等，而且具有排斥或拒绝的可能性；虚拟社群也具有惯例、仪式与表达模式。见［荷兰］丹尼斯·麦奎尔著，崔保国、李琨译：《麦奎尔大众传播理论》，清华大学出版社2010年版，第121—122页。曼纽尔·卡斯特也指出，虚拟社群确实是社群，但不是实质的社群，不会遵循实质社群的那种沟通和互动模式。但虚拟社群并非“不真实”，而是在不一样的现实层面上动作。虚拟社群是人际的社会网络，大部分以弱纽带为基础，极度多样化且特殊化，但也能够由于持续互动的动态而产生互惠与支持。见［美］曼纽尔·卡斯特著，夏铸九等译：《网络社会的崛起》，社会科学文献出版社2001年版，第444—445页。

具体事件或自上而下基于共同经验建设起来的在线社区、利用电子网络制造意见风潮的组织能力，组织的成员资格已经没有那么重要了。公民们不再一味地根据相对固定和稳定的利益观念，授权一个组织的领导层来代表他们，而是在某些重要时刻对某些事件上，日渐通过越来越多的个人方式来表达自己的关心。”[①]

二是结构的自治性。由于网络社群多是自发形成起来的，所以其内部的组织结构往往不具备严密的等级组织体系。无论是社群中的活跃成员还是普通成员，其对社群的归属感主要体现在成员之间的内部融洽程度。如果说一个成员感觉在这一社群中能够得到其他成员的尊重和重视，那么他对社群的忠诚度就会提高。反之，则会降低，甚至选择退出。

三是活动的娱乐性。一般来说，网络社群都是在满足一定网民的娱乐性要求的基础上成立起来的。比如车友会、驴友会等组织，主要是通过网络聚集起有共同爱好的网民来参加共同活动。不过，也有另一种主要以情感诉求为表达目的的社群组织，吸引了许多网民参与其中。这一类组织在本质意义上讲其活动仍然具有娱乐性和休闲性。例如，“东方网玫瑰俱乐部”就有娱乐歌舞、交友沙龙、吃白饭喝茶、艺术创作、专业社区、体育运动、游戏电玩、旅游休闲八大类7000多个俱乐部，凡是能想象出来的需求，都可以提供服务。[②]

因此，网络虚拟环境的开放性和网络社群的自治性，使得网络党组织要想在网络空间有所作为，使党的工作覆盖到网络空间的各个方面，就必须进行适应网络环境的组织改变。“这种网上交流，促成强有力的新型社会组织和新型知识交换方式的出现。”[③] 以德国社会民主党为例。自1999年起，德国社会民主党多次就修改党纲展开了党内的大讨论，最终于2007年公布了新的纲领——《汉堡纲领》。《汉堡纲领》明确指出：“德国社会民主党是寻求组织对话的，我们不是从上到下，而是从社会中心出发，讨论社会民主党的未来。还从未有一个德国政党的纲领是如此广泛的民众参

---

① ［英］安德鲁·查德威克著，任孟山译：《互联网政治学：国家、公民与新传播技术》，华夏出版社2010年版，第161页。

② 上海市团委闫加伟等：《上海市新兴青年社会型组织的现状与分析》，上海市党的建设研究会2005年立项课题。

③ ［美］里克·莱文、克里斯托弗·洛克、道克·希尔斯、戴维·温伯格著，江唐、丁康吉译：《线车宣言：互联网的95条军规》，中国青年出版社2010年版，第12页。

与中产生的。”[①] 德国社民党认为，在现代的媒体社会中，民主制的成功是与对信息技术和通讯技术的专业性利用密切联系的，二者之间不存在矛盾。为此，德国社民党通过增加党内直接民主的成分，以更能体现民主效能感的直接民主来取代党内的委托民主，以期形成民主高效的运作机制，促使党的组织结构由“控制型”权力结构向“参与型”权力结构转变。与此同时，通过建立目标指向型的政策团队，吸引社会其他组织和公众参与党内任务的完成，努力使德国社民党成为德国社会各组织的团结纽带。美国学者宾柏描述了信息技术发展给政党组织建设带来的这一系列变化。他说：“随着广播及其相关技术的发展，出现了候选人竞选组织这个新的组织化形式，比旧的形式更加适合新的通信和信息环境。候选人竞选组织成为一个越来越重要的新阶级：量身定做以事件为中心的组织，专门为某个政治事件或者斗争而设立，跟制度化的政党或者利益集团截然不同。它是临时的政治团队，并不是说它就像社区篮球赛里临时组成的队伍，而是由各种专家组成的在某个特定的时间发挥某个特定的作用：民调专家、媒体专家、政策专家、选举顾问等。当然，20 世纪 90 年代所发生的党派的小苏醒也是在新通信信息管理模式下的一个组织变化。新的党派并没有回到中央集权化的老路上去，也没有回到制度化的以党派为基础的通信中；它重组成为一种组织化的政治顾问，为竞选组织网络提供政治服务和辅助。这个‘服务性组织’党派模式体现了它们对于新的通信组织化环境和竞选功能的适应及调整。”[②]

四、树立危机意识，使网络党组织成为舆情治理的主要力量

当前我国社会群体利益冲突事件的发生及其扩大，从决策层面来看，部分原因在于基层政府对局势判断能力不足，危机决策能力较弱，以致不能及时解决问题，导致小事变成大事。就当前我国地方各级政府的危机决策现状而言，主要存在这样五个方面的不足[③]：一是危机决策意识不强。

① 张文红译：《德国社会民主党基本纲领（汉堡纲领）》，《当代世界社会主义问题》，2007 年第 4 期。

② ［美］宾柏著，刘钢等译：《信息与美国民主：技术在政治权力演化中的作用》，科学出版社 2011 年版，第 72—73 页。

③ 薛澜、张强、钟开斌：《危机管理——转型期中国面临的挑战》，清华大学出版社 2003 年版，第 197—198 页。

不仅表现为在有限的时间内很难迅速做出重大决策，以控制危机事态的蔓延，而且各类决策者往往不能从发生的危机中吸取教训。当前我国群体利益冲突事件频发，但其类型却基本一致，即可为证。特别是在信息网络广泛普及的新环境下，一旦反应迟缓，就会通过网络而造成冲破一隅限制的更大负面影响。二是危机决策机制存在缺陷，缺乏专门的专业化、规范化、制度化、高效的危机决策核心机构，具体体现在上下级危机协调机制方面就是，下级政府隐瞒事态真相，“报喜不报忧”“捂盖子”“浮夸虚报”“欺上瞒下”的现象比较突出。三是危机决策的公开性和可预测性较差。危机决策的公开性差的突出表现是危机决策时缺乏统一及时和权威的信息流通媒介支持系统，导致危机发生后各种报道和传说众说纷纭，各家媒体的报道和官方公布的事件伤亡数字可能大相径庭。危机决策可预测性差主要表现为决策的执行结果，“上有政策，下有对策”，上级政府出台的很多政策往往下级很难真正贯彻、执行，导致危机频频发生。四是危机决策人员素质有待提高。在危机状态下，政府危机决策的水平就是决策者素质的表现。如果决策者的危机决策素质较高，那么做出的决策对控制事态发展就有良好的助益，相反，则会出现“群体盲思”[①] 的现象。因此，高水平决策者的缺乏是制约当前我国地方各级政府处置群体利益冲突事件的主要因素。五是危机决策工具缺乏创新，往往表现为“拍脑袋”式的经验性决策，仅凭个人或少数人的阅历、知识和智慧进行决策，缺乏善用“外脑系统”的艺术，决策带有强烈的个人感情色彩。

信息网络社会的迅速发展，进一步增加了各级政府和相关部门处置因群体性事件而引发的网络舆情的难度。因此，如何培养和提升各级党委和政府部门的危机管理能力就成为信息网络时代各级党委和政府执政能力的重要内容。具体来说，可以从危机管理的决策能力和危机管理的处置原则两个方面着手。

一是在着力提升各级党委和政府部门的危机决策能力方面，应该着重从以下三个方面努力：第一，转变危机决策观念，强化事前决策观念、效率至上观念、沟通交流观念和技术创新观念。特别是要注重信息网络技术在决策中的作用。要充分利用信息网络技术信息传播的瞬时性，建立起危机管理的预警机制，为危机决策提供及时的信息支撑。第二，优化危机决

---

① Janis. Groupthink: Psychological Studies of Policy Decision and Fiascoec. Boston, Massachusetts: Houghton Mifflin, 1982, p. 9.

策机构，建设危机决策制定、协调的核心机制，以提高决策系统的整合能力；强化危机决策智囊机构，以提供多种决策方案供决策者决策。第三，优化决策环境，注重决策和谐的法制化建设，明确危机决策各方的责、权、利；建立和完善听证制度、新闻监督制度等社会参与机制，增强决策透明度和公众参与度。尤其要注重发挥网络舆情监测机构和网络论坛等意见集散地的风向标作用，进一步优化党委和政府部门的决策环境。应该说，中国社会的深刻转型，使得原先潜伏的社会矛盾开始暴露出来。而借助于信息网络技术的发展，一些社会矛盾被迅速扩散、放大，造成网上网下的彼此呼应，形成强大的舆论压力。在这种情况下，中国共产党已经开始认识到，只有切实增强和提升基层党委书记的危机管理能力，才能有效预防和控制社会矛盾的扩大化，保证社会秩序的稳定和发展。为此，在2008年10月颁布的《中国共产党党校工作条例》中，明确将县委书记的轮训任务上移至中央党校，表明中央已经高度重视基层政权在处置群体利益冲突事件中的决策能力培训。在2008年11月的县委书记培训课程中，其中一门课程就叫“维持社会稳定及突发事件处理”，主要是教授基层干部如何维护干群关系，以及增强处理突发事件的能力。而信息网络时代虚拟社会与现实社会的密切联动，更是要求各级党委和政府相关部门要尽快适应信息社会的执政能力要求，统揽网上网下两个舆情场阈。

二是在着力提升各级党委和政府部门的危机原则把握方面，必须注意以下四个原则：第一，现场原则。危机管理专家格林认为，一旦发生危机，时间因素非常关键。“危机发生的第一个小时尤为重要。”处理群体利益冲突事件的时间尤为紧迫，对时间的把握很大程度上决定了危机处理的有效性。处理若不及时，公众在长久等待毫无结果的情况下，必须会失去对政府的信任，转而寻找别的途径宣泄不满。因此，地方负责人要在第一时间到达事发现场，跟群众面对面，以表现出政府的重视态度。面对群众，态度一定要坦诚，平行协商，不推诿，但也不轻意承诺；面对强人所难的要求，申明自己能力的局限所在。特别是在信息网络技术发达的条件下，相关部门必须及时通过新闻发言人向网民表达政府的处置意见，积极主动地引导网上舆论导向。第二，区隔原则。2007年颁布的《最高人民检察院关于在检察工作中贯彻宽严相济刑事司法政策的若干意见》中，针对当前我国社会存在的几类特殊类型案件贯彻宽严相济刑事司法政策的具体意见中指出，“对群体性事件中的犯罪案件应当坚持惩治少数，争取、团结、教育大多数的原则”。[1] 因此，处置群体冲突事件，要把握争取多数、孤立少数的原则，区分不同情况，严格把握政策界限，将参与者和围观者分隔开来，分辨出温和派和激进派的差异，以免人员混杂，出现更大范围的秩序混乱。针对网络空间领域舆情表达的情绪化和极端化的倾向，各级党委和政府相关部门必须保持足够的耐心、信心和诚心，不能因为一些情绪化的发言甚至是谩骂而置网络舆论于不顾。应该秉持公正公开的处理原则，用法律和事实来说服网民，引导网民树立理性的意见表达。第三，公开原则。我国《政府信息公开条例》指出：“为了保障公民、法人和其他组织依法获取政府信息，提高政府工作的透明度，促进依法行政，充分发挥政府信息对人民群众生产、生活和经济社会活动的服务作用。”在群体性事件，特别是“网络群体性事件”中，必须坚持公开原则，以消除误解，澄清事实，还原真相，斩断滋生谣言的温床。第四，快速原则。一方面，要正确估计形势，果断做出决策，实事求是地估计群体利益冲突事件可能导致损失的规模、形式、强度和发展趋向，找出根源和问题的关键。切忌盲目采取过激措施。另一方面，要采取果断措施，恢复正常的社会秩序。一旦出现打砸抢烧暴力行为就必须采取措施，果断处置肇事者，迅速制止、平息事态，防止蔓延扩大。当然，采取措施时，必须把握好对象和尺度，过激或过大都会造成反弹，并留下后遗症。

信息网络技术的发展，使信息的传播能力大大增强，已非报纸电台等通讯技术所能控制。在这一现实变化的条件下，各级党委和政府相关部门在处置群体利益冲突时，必须坚持信息公开的原则，使真实的信息成为政府相关部门与网络舆论共同协商的基础。否则，信息的屏蔽只能滋生流言和谣言，在疏远了网民的同时，更加大了处置的难度。正如列宁所言：“光，多一些光！我们需要一个大音乐会；我们需要取得经验，好恰当地分配角色，让一个人去奏抒情的小提琴，让另一个人去拉狂暴的大提琴，让第三个人去挥动指挥棒。让作者发出的热情欢迎大家在党的机关报上和党的一切刊物上发表意见的美好呼吁真正实现吧，让大家来评判我们由于各种不同的‘音调’而引起的‘争论和口角’吧，对这些音调，一些人认为太刺耳，另一些人认为不和谐，第三种人认为不合拍。只有通过许多这样的公开讨论，才能使我们的领导者形成一个真正合唱得很好的集体；只

---

① 《最高人民检察院关于在检察工作中贯彻宽严相济刑事司法政策的若干意见》(2007)。

有这样，工人才不会不再理解我们，只有那时，我们的‘司令部’才能真正以既跟着司令部前进、同时又引导自己的司令部前进的这支军队的善良的、自觉的愿望作为自己的依靠!”①

总之，“通信技术是形成政党体系的历史背景的主要特征之一。”② 从工业社会向信息社会的发展转变，信息网络技术引起了一系列经济、政治和社会组织的结构变化，“以满足新的要求或新的网络运动的潜在要求”。③相比于经济组织（如公司企业等）和社会组织（如志愿者组织、环保组织等）对于技术变革而带来的组织变化的敏锐反应，政党作为社会政治生活的特殊政治组织，往往由于政治问题的敏感与沉重而无法迅速应对技术发展推动下的社会变化，以及由此带来的政党组织结构的变化。事实上，在信息网络技术发展的今天，中外主流政党的变化已经表明，只有迅速适应变动不居的社会，才能确保政党的长久发展之道。中国共产党作为执政党，在当代中国社会剧烈转型的深刻变革下，更应该着眼变化，通过组织的调整与优化，朝着更加灵活、更加及时、更加直接的发展方向，积极提升自身的社会适应能力。

第四节　案例解析

一、德国社会民主党开展“网络党”建设

“网络党”的提出，从根本上来说是由于信息网络技术所蕴含的深刻变革性特征，对政党结构、政治信息、组织成员这三者之间关系的巨大冲击而引起的。自从20世纪70年代以来，第三次科技革命再掀高潮，信息技术的发展不仅对人类的工作、生活方式产生了巨大的影响，而且对政党政治也带来了巨大的冲击。信息化所具有的扁平化延伸和信息资源共享的特点，既有利于党内民主渠道和党群沟通渠道的拓宽和畅通，有利于扩大党员和群众的知情权并直接监督党的活动，又对传统的纵向管理体制构成

---

① 列宁:《给〈火星报〉编辑部的信》(1902年),《列宁全集》第8卷，人民出版社1961年版，第89—90页。

② ［美］宾柏著，刘钢等译:《信息与美国民主：技术在政治权力演化中的作用》，科学出版社2011年版，第16页。

③ ［英］安德鲁·查德威克著，任孟山译:《互联网政治学：国家、公民与新传播技术》，华夏出版社2010年版，第181页。

了挑战。为适应现代通讯技术尤其是网络技术的发展所带来的这一深刻社会变革，德国社民党首次提出了建立“网络党”的主张。“网络党”是对党的传统组织结构的重要补充，其主要的含义是通过组建各种功能型网络，吸引选民特别是年轻选民的兴趣，扩大党的联系范围，为党员参与党内决策、党外人士参加党内讨论铺设更多的、更快捷的“通道”。[①] 具体来说，德国社会民主党推进“网络党”建设主要采取了以下三个方面的措施。

一是搭建网络交流平台，传播党的组织信息。德国社会民主党充分利用因特网，为党的领导层和普通党员搭建一个交流和对话的平台，加强中央与地方、党员与公众的沟通，同时及时把党的信息向公众传播。1995年，德国社民党率先在因特网上建立网页，使普通党员可以不受时间和地理条件的限制，随时从网上了解党的政策主张、领导人的言行和党内政治生活的重大安排，甚至还包括详细的会议记录。人们还可以通过网页办理入党手续，参加自己感兴趣问题的讨论。同时，为争取党内信息交流的速度快于大众媒体，针对现代社会人们移动性增强的特点，德国社民党在世纪之交就启动了两个重大计划：一是“红色电脑”计划，将本党的所有基层组织全部接入内部信息网，目前德国社民党总部处理的地方来信中80%以上是电子邮件；二是“红色手机”计划，即针对现代社会中人们移动性增强的特点，通过移动终端技术（如手机）向党的各级领导和大部分党员发布消息。[②] 目前社民党总部处理的地方来信基本上是电子邮件，基层组织基本都与内部信息网相连接。继实施“红色电脑”和“红色手机”计划后，德国社会民主党又开始实施新的“新闻平台计划”，以期通过互联网技术而不是过去传单海报形式来传播社民党的政策主张。

二是成立网络虚拟组织，加强党的组织联系。德国社民党通过构筑网络信息平台，拓宽组织沟通渠道，加强政党内部的沟通和交流。他们在网上成立“虚拟组织”，即由相互不认识、但以因特网为联系手段的人组织起来的支部。以网络技术为平台开展组织生活，打破了参加党内讨论的时空限制，借助区域网络进行党内信息交流与传递，运用互联网联络各地党

① 柴尚金：《变革中政党：国内外政党建设的经验与教训》，经济科学出版社2013年版，第131—132页。

② 张文红：《德国社会民主党处理党群关系的经验教训》，《当代世界与社会主义》，2006年第5期。

的基层组织，进行组织宣传工作，形成“网上社民党”。目前德国社民党总部与党的各州级机构之间已经实现了内部联网，党的领导成员在网上可以直接同党员见面，党员也可以通过电子邮件向担任领导职务的人传递信息。同时德国社民党规定每个中层以上党员干部必须建有网页，及时答复普通党员和社会公众的“网上提问”。德国社民党还利用网络技术成立“青年网络管理之家”，建立“网络资格认证学校”，帮助党员掌握信息技术的新方法，以期提升党的组织能力和行动能力。

1998年德国大选前，社民党通过互联网在竞选方案何时出台、首席候选人如何产生、“影子内阁”如何公布等重大问题上精心策划，仔细安排，使本党在整个竞选过程中始终处于媒体关注的中心，许多选民为此开始关注社民党、了解社民党。在新闻发布过程中，注重巧妙传递政治消息，其时间、领导人活动和启动具有象征意义的政治工程，间接地传递政治消息。其中特别重视通过领导人（如联邦总理施罗德等）的形象来传递政治信息。这些都有力地促成施罗德顺利夺得1998年德国大选的胜利，是社民党利用因特网，扩大党的社会政治影响的一次成功尝试。

除了德国社会民主党适应信息网络技术发展而开展“网络党”建设外，其他欧洲主流政党也加强了这一方面的工作。英国工党设立了工党网站，利用网络开展丰富多彩的组织活动，密切党员与组织的关系。英国工党是最早建立自己网站的政党之一，其网站的信息量、时效和质量在世界各国政党中都是首屈一指的。工党利用现代信息手段和媒介作用，改变过去较封闭的政党政治运作方式，以现代网络技术增强党的现代性、多样性和开放性。利用因特网加强党内宣传，在第一时间向党员阐明党的主张。同时，工党还利用网络开展问卷调查，吸引党内外人士参与工党的政策讨论；利用网络入学方式招募新党员，将党的章程、党员要求及入党登记表挂在网上，方便那些认同党的理念的民众随时办理入党手续。各级党组织的领导人可以通过博客方式，就党的内部建设、党的政策主张和未来发展等问题征求普通党员的意见建议，寻求广大党员的理解与支持。[①]

可见，以信息网络技术为代表的现代媒体已经部分地承担起了本来由政党承担的国家和公众之间的桥梁和中介作用。正如德国学者迈尔所说的那样，政党逻辑与媒体逻辑斗争的结果，是“媒体逻辑打败了政党逻辑”，

---

① 柴尚金：《变革中政党：国内外政党建设的经验与教训》，经济科学出版社2013年版，第152页。

政党的利益表达功能和政治社会化功能在媒体的冲击下受到了削弱。“在受传媒决定的民主制里，政治交往关系本身也成为一个决定性的权力因素。……当代传媒社会中的政治交往关系首先并不是由大的大众传媒的所有制结构决定的，而不如说更多的是由全部大众传媒在它们表述政治世界时所遵循的那些铁的规律决定的。”[1] 另一方面，政党对媒体的冲击采取了积极的应对策略，争做“媒体的操纵者”，使媒体成为政党竞选的有力工具。在此过程中，政党的纲领、选举策略乃至组织结构都发生了变化，这种现象被称为“政党运作的媒体化”。

二、伊春：构建开放式网络党建，提升基层党建组织力[2]

为更好地发挥党组织的政治优势，伊春市立足实际，全面构建“五型”党建工作格局。在开放型党建的建设中，打造了由“伊春先锋网”“伊春党建 APP”“伊春基层党组织工作平台”“伊春二维码党课”“伊春党建微信公众平台”构成的“五大平台”网络党建体系，切实强化了党建工作开放互联程度，使之成为伊春党建的特色品牌和保障全市改革转型发展的巨大优势。

（一）背景与起因

随着网络技术的发展和新媒体应用的普及，互联网已经成为推动经济社会发展、改变人们生活方式的主要平台，“互联网 +”更是成为创新工作方式、提升工作效率的重要手段，使人们的信息传播方式、思维方式、交往方式发生着巨变，这也给传统的党建工作模式带来重大机遇和挑战。对此，伊春市积极探索、不断创新，充分发挥互联网、PC 端和移动终端等媒体的综合优势，运用网站、软件、手机 APP、微信、二维码等现代信息传播渠道和手段，建设、应用了开放式网络党建“五大平台”，实现了基层党建工作方式的创新、基层党建工作水平的整体提升。

（二）做法与经过

1. “伊春先锋网”——做强党建宣传“主阵地”

对已有的党建门户网站进行了改版升级，增设了宣传引导、联动互动、工作指导、任务部署、资源中心、在线教育等功能版块，及时发布全

---

① ［德］托玛斯·迈尔著，殷叙彝译：《社会民主主义的转型：走向 21 世纪的社会民主党》，北京大学出版社 2001 年版，第 116 页。

② http：//dangjian. people. com. cn/n1/2016/0902/c406978 –28686476. html.

市党建工作信息和公告，展示成果，交流经验，指导基层党组织更好地开展党建工作。同时，在下辖各县（市）区（局）建立了党建网站联盟，统一网站导航标识，形成了横向覆盖全市、纵向到乡镇（街道、林场所）和村（社区）的网络格局。

2. “伊春党建 APP”——做优党建信息“服务站”

研究开发了应用于智能移动终端的党建工作软件，设置了推荐、动态、专题、先优、组工、视频及党课七个版块。为便于基层党员掌握和操作，软件开发设计界面清晰，操作简单，进入相应的界面的操作不超过三步，通过图文展示和视频播放，让伊春市的党员干部们仅需点几下手指，就可以随时随地通过手机及时了解全市最新的党建动态，随时收听收看精品党建视频课程，有效拓展了移动互联时代党建工作的覆盖面和影响力。

3. “伊春基层党组织工作平台”——当好工作互促的“督导员”

利用互联网信息交互传播优势，自主开发了基层党组织工作平台软件。平台将基层党组织常态化建设工作任务量化、具化，并通过软件的“权威发布、工作提示、点评指导、实时监测”功能进行提醒和规范。上级党组织登录平台后，可随时调取下级党组织工作记录，及时了解掌握任务完成情况；基层党组织利用本平台通过文字记录、活动图片等方式发送党建工作任务完成情况。全市共建立伊春基层党组织工作平台账号 2215 个，发布常态化工作任务 841 多条，各县（市）区（局）对所属基层党组织发布常态化工作任务 28900 多条，较好地解决了基层党组织的日常工作中存在的虚化、泛化问题。

4. “伊春二维码党课”——丰富党建学习“云课堂”

充分利用二维码这一载体信息储存量大、使用便捷、抗损性强的特点，将优质的党课视频教材分类编辑并制成二维码链接，分别放置在各个平台的相应专栏中，改变了传统党课“填鸭式”的教学方式。党员干部只需拿出手机扫描二维码，可以随时学习党课，实现党员教育在内容上化繁为简、在形式上化整为零，提高了学用实效性，真正实现了党课随用随扫、随扫随学。

5. “伊春党建微信平台”——打开党建舆情“微窗口”

充分发挥微信公众平台覆盖面广、灵活开放的优势，通过每天发布工作动态，传达中央和省委的最新政策信息，以“短精活”“快新准”的特点，面向社会宣传党建工作，不断释放“指尖上的正能量”。同时，还设置了公示、投票等功能，拓展了群众参与和监督党建工作的渠道。目前，伊春党建微信公众平台已发表微信内容 296 版次，信息 982 条，共有近 8800 人订阅，受到了社会各界的好评。

（三）几点启示

1. 取得的成效

（1）网管党建，实现一网把握、全局在握。开放型党建“五大平台”囊括了“网站、软件、APP、微信公众号、二维码应用”等现代信息传播渠道和手段，基本覆盖了新兴媒体的“全领域”，基层党组织和党员干部在平台上可以突破时间和地点的限制，按主题、按需求、按时效进行学用，有效地提高基层党组织工作效率和党员素质。

（2）网导基层，实现一网开通、上下贯通。按照全市党组织的隶属关系，建立了“金字塔式”互动联通系统，形成了覆盖面广、纵向到底、横向到边，上下联动、运转高效的工作交流体系。目前，全市共建立微信交流群 886 个，基本覆盖了全市各级党组织；2215 个各类基层党组织创建了“伊春基层党组织工作平台”用户账号，在线基层党组织书记 2500 余人。

（3）网育党员，实现一网激活、党内生活。党员教育是“五大平台”的一项重要功能，利用二维码党课、“伊春党建”APP 和“伊春党建”微信公众号，把国家级学者专家、省市级领导，县（区）委书记和市县级各类专家的党课资源进行了精选，为党员教育提供了便利。目前，“伊春二维码党课”共收录各类专家党课视频 48 部，总时长 3000 余分钟；2 万多名党员安装订阅“伊春党建”APP 和“伊春党建”微信公众号参与学习。

（4）网带社团，实现一网触动、党群互动。开放型党建“五大平台”突出了共用、共享理念，不仅仅是党组织在使用，全市群团组织、社团组织都可以通过这一平台，发布信息、学习党课，提高了党建带团建的作用效果，形成了党群互动，上下联动的效应，推动了基层党组织和群团组织的融合发展，扩大了群众参与、监督党建工作范围和深度，形成了“大党建、全民建”工作新格局。全市 2. 3 万多名党员群众关注使用了“伊春党建”APP、和“伊春党建”微信公众号，扩大了党建工作的辐射面。

（5）网联群众，实现一网连线、服务在线。开放型党建“五大平台”进一步转变了党组织的服务成效和服务方式，更加贴近基层实际、更方便广大党员干部学用。通过“伊春先锋网”在线答疑、QQ 群和微信群跟踪帮扶指导、专家远程授课等方式服务群众。仅一年，全市就开展了各层次、各类别党课 55 场次，服务林区职工、农民、普通居民 8937 人次，解决了群众在生产生活遇到的实际难题 1096 件，让广大党员干部群众更加信任党组织，有困难第一时间想到向党组织求助。

2. 主要启示

（1）开放型党建“五大平台”，是适应当前党建工作新形势需要的重要举措。在互联网时代的背景下，通过打造党建“五大平台”这一“互联网+党建”的有效载体，使网络成为传统党建的重要补充和拓展，更好地打破地域限制和党组织间的壁垒，整合党的组织资源，充分实现了党建服务的延伸、党员教育管理的活化，丰富了党员的组织生活方式，真正构建起“全覆盖、扁平化、交互式”体系，从而为党建工作打造一个技术平台，为主流意识形态拓展一块新阵地，为提高基层党建水平提供一个全新举措，推动了党建工作向深度和广度发展。

（2）开放型党建“五大平台”，是基层党组织常态化建设的载体平台。在传统党建工作模式中，受地域空间、党员素质、基础条件和工作方式所限，部分基层党组织存在着“软、散、差”等“顽疾”。开放型党建“五大平台”的建设，正是利用互联网新媒体互联、快捷、覆盖面广的特点，活化基层党组织工作方式，提高党员参与党组织活动的灵活度，切实提高基层党组织科学化、规范化水平。

（3）开放型党建“五大平台”，是林区转型发展凝聚强大合力的有效途径。党建“五大平台”将党建工作从实体交流拓展到虚拟网络，不受时间、空间限制，大大拉近了党组织、党员、群众的距离，切实打通了党建工作的“最后一公里”。在伊春加快转型发展的关键时期，通过开放型党建“五大平台”，加强党组织、党员和群众之间的互联互通，充分调动各方积极性、创造性，凝聚社会各界力量参与伊春改革发展、经济转型，有效激发了基层党组织的内生动力，为伊春改革转型发展提供坚强组织保障。

第七章

群众工作能力

以互联网为核心的信息技术革命已经催生了一个新的时代：互联网时代。这个新的时代不仅在物质经济发展上表现出以“互联网+”为主要特征的经济发展新趋向，更是在社会精神生活上日益表现出以开放、平等、自由为主要内涵的互联网式的思维取向、行动准则和社会认同。这一系列深刻变化对传统的党群关系以及党的群众工作能力提出了新挑战、新要求。即：如何认识互联网社会赋予群众角色的新内涵？如何看待互联网社会党与群众的主客体关系？如何洞察互联网社会与党的群众工作价值观的高度耦合？如何实现党的群众工作方式的革命性变革与能力水平的提升？从工业时代到互联网时代的迭代演变，实质上表明了信息权力的重构与革命变革。因此，适应互联网时代群众需求并能够引领群众的工作能力成为中国共产党网络社会治理能力体系的重要能力之一。

第一节　把握群众工作能力的内涵

在相当程度上讲，正是信息的存在方式影响决定着社会的关系和结构。对信息的产生、获取、分析、调配的权力成为社会控制的核心权力之一。这一信息控制权力决定了人们的社会关系以及由此而采取的与权力模式相适应的思维和行动的准则。可以说，每一次信息权力的重构都会带来深刻的社会变革，并促使新的社会在对现存社会的反动中生成确立。传统工业社会自上而下的高度集中的中央控制模式，主要是由工业时代信息权力的生成方式决定的。而互联网时代的兴起和迅猛发展，其实就是工业社会发展到信息阶段以后信息权力生成和控制模式发生革命性变革的必然结果。简要地说，就是信息权力的生成和控制由于三个方面因素的变化而发生变化。

一、社会大众的精神状态

社会政治生活抑或组织集团所采取的中央控制模式，一般是与当时社会的大众精神状态息息相关的。从社会发展史的纵深来看，社会大众的普遍性精神生活往往表现出均质化生存状态。也就是说，从社会的整体精神生活来看，工业社会的生产方式从根本上塑造了社会大众的统一性、均质化的总体性精神特征，以及由此而带来的社会行动的服从性和一致性。这一因素决定了信息权力的生成其实就是传统工业社会生产方式在社会权力体系中的集中体现。但是，随着工业化、城市化的发展，统一一律的社会精神状态开始不断出现分化。特别是互联网技术的迅猛发展及其对社会的整体性冲击，社会的精神状态日益显现出碎片化、离散式的总体特征。一方面，改革开放以来党和国家社会治理模式从革命运动型向执政治理型不断调整转变，在党—国家—社会的三者关系中，社会在物质经济发展和生活丰裕的基础上逐渐摆脱了传统的意识形态规训与服从，并开始塑造和培育多元独立的社会精神。另一方面，借助于互联网技术带来的信息的及时扩散传播，多元独立的社会精神获得了前所未有的表达渠道和意见场阈。社会生活在互联网的介入下被分割成为“体制内”与“体制外”、“党内”与“党外”、“虚拟空间”与“现实生活”。改革开放以来中国社会精神领域的这种革命性的变化，无论是在思想认知上还是在行动实践上都对既有的信息权力控制模式提出了挑战和要求。即，符合工业时代生产组织形态的信息权力，在制度化的组织控制渠道对体制内成员的强制性要求外，是否能够在互联网时代面对已经具有强烈独立思考能力的社会大众的质疑；信息权力的掌控者能不能在如汪洋大海般的社会大众面前保持定力与信心？可以说，社会大众精神状态的深刻变化，必然要求对现有的信息权力进行重新的分配调整。

二、社会精英的主导地位

在信息的专业化生产过程中，不同的人表现出来的能力素质以及由此所带来的信息权力的等级划分，使得获取和拥有更多信息资源并能够将其按照一定方式进行信息再分配的人掌握了主要的信息权力。这也是精英政治不断得以传承和延续的重要因素。可以说，传统工业社会的中央控制模式其实就是社会精英在组织工业生产活动中不断强化的结果。不过，互联网时代对社会参与信息处理的模式却能够产生深刻影响。或者说，在互联网时代，社会大众在参与信息处理时与“精英”的能力差异可以通过新的“合纵连横”而不断得到缩小和弥平。互联网时代信息渠道的开放性、信息处理的合作式和信息提供的服务式等一系列信息生成模式的内在变革，使得信息生成权力的过程越来越公开透明，信息权力边界也在市场化服务的要求下不断明确。一种适应于互联网时代的信息权力开始诞生，并对权力的掌控者与受控者的关系产生巨大的冲击。可以说，互联网时代的信息权力与其说表现的是制度化的强制权力，不如说其实更多地是一种争取信息消费者的市场化组织行为。这种组织行为对传统的信息权力关系产生了两个方面的影响。一方面，在这种组织行为实践中，传统社会中构成信息权力关系的权力实施者与受施者的关系，开始从单向的组织化控制向建立组织内外的协作关系转变，并最终形成一种以信息共享为前提的权力协作关系。另一方面，这种组织行为又是围绕消费者——市场客户——的个性化需求而展开的。在这里，发挥着主导性作用的往往是消费者不断变化的需求以及对信息提供者更高的服务要求。信息权力要发挥功效，就必须通过不断地更新服务质量来满足信息消费者的各种需求。于是，一种基于信息自由开放而形成的以市场服务来获取和扩展自身影响的信息权力新关系开始形成确立。传统的社会精英统治不得不通过更多的协商协作以及权力让渡来在新的社会权力体系中努力维持自身的地位。但是，无论如何，互联网时代的信息大众开始在社会权力结构中占据一席之地和进行可能的对话。

三、技术发展的社会限度

一定的社会技术总是适应并服务于一定的社会结构。这种适应与服务就是技术发展的社会限度。应该看到，革命性技术往往会对社会产生深刻的变革要求。这种技术的社会变革要求常常是对过去社会技术发展限度的突破。以报纸—电话—电视为代表的工业时代的社会技术就是对旧有的以纸质阅读和传播为代表的封建社会的社会技术的突破和颠覆。从社会技术发展与政党活动的角度来看，以古登堡为代表的现代印刷术的发明，第一次使政治真正成为社会大众的公共生活。政治活动中的政党行为开始摆脱中世纪封建时期的密谋色彩浓厚的朋党特征，逐步走向大众政治；报纸、电台和广播在社会生活的实际运用，进一步加速了政党与大众生活的融合，通过报纸、电台和广播的广泛动员，政党能够实现政治动员从一隅走向全域的深刻转变，从而获取了强大的政治能量。电视的出现，则使政党的领袖（或政治候选人）与民众直接产生联系成为可能，从而对依靠政党中间组织和基层组织进行大规模群众动员的职能提出了严峻挑战，迫使传统集中统一的政党结构开始发生转变。而以互联网为核心的信息网络技术的发展，不仅加剧了政党的结构转变，而且更为重要的意义在于：在社会主体多样化、利益需求多元化的信息时代，信息的自由流转与表达的畅通便捷，对基于工业时代组织理念而建构起来的一切社会组织（包括政党）都发起了前所未有的冲击。可以说，互联网时代就是一个信息自由流转的时代。无论是经济发展、社会活动、集团组织以及人与人之间的关系，正是由于信息流动方式的革命性变革消蚀瓦解了固有的行为方式和思维模式，不断推动个人、组织和社会以互联网信息为基点探索构建新的关系体系。这种新的关系体系的建立实质上既是对信息单一传播模式的技术颠覆，更是对既有工业社会关系体系的变革与创新。个体与组织之间、组织与组织之间、组织内部成员之间的关系必然会在信息权力重构的过程中不断分化重组。一种基于公开、公正、民主、平等、开放为价值核心表征的社会关系体系将形成和确立。

上述分析表明，互联网时代不仅是一种对互联网技术蔓延扩展而带来的社会生活波动的名词性表述，更为深刻的意义还在于互联网时代对社会生活带来的总体性、根本性变革。尤其是其对于当下中国而言更是意义非凡。正如曼纽尔·卡斯特所说：“检验中国因特网的关键是‘技术自由’与等级的‘中央集权经济’之间的典型矛盾，随着矛盾双方在范围和速度上的发展，这个矛盾也越发明显。因特网使中国自由化了吗？或者中国政府成功地按自己的意愿创造了因特网吗？经验事实远远比任何二元对立框架都要复杂，因为中国的网络形式处于一个法律、制度、社会群体以及文化认同的独特‘通信行为环境’中。”① 可以说，互联网时代在相当的广度和程度上都在不断地更新中国社会的思想、意识与行为。更是为改革开放以来社会经济发展中培育出来的日益具有独立意识的社会新一代，提供了言论与行为的超脱于制度化控制的新场阈。一种新的党群关系开始出现并对现有党群关系的组织化要求提出了强烈而坚定的变革冲动。

第二节　增强群众工作能力的意义

如何看待互联网时代对党群关系提出的这种变革性要求呢？笔者以为，互联网时代的党群关系，其实是中国共产党充分利用互联网技术实现政治宗旨、政治关系、政治能力与政治实践高度耦合的新场阈，展示的是

① ［美］曼纽尔·卡斯特著，周凯译：《网络社会——跨文化的视角》，社会科学文献出版社2009年版，第130页。

互联网时代的党群关系在技术、政治与价值三个方面的高度耦合。

一、互联网时代是一个能够充分体现和衡量政治宗旨的新场阈

中国共产党作为无产阶级的先锋队和中华民族的先锋队，全心全意为人民服务是党的宗旨，也是党之所以能够团结凝聚全社会力量的信念之源。中国革命、建设和改革的历程表明，正是因为中国共产党始终坚持全心全意为人民服务的宗旨，才能不断汲取社会的支援而不断发展壮大，才能在面对各种风险挑战而无所畏惧，才能成为中国社会团结的组织纽带和政治核心。但是，随着世情、国情、党情的深刻变化，精神懈怠危险、能力不足危险、脱离群众危险、消极腐败危险更加尖锐地摆在全党面前，党内脱离群众的现象大量存在，集中表现在形式主义、官僚主义、享乐主义和奢靡之风这“四风”上。而就党群关系而言，实际工作中存在的官僚主义更是贻害甚深，流毒不浅。那么，什么是官僚主义呢？列宁指出：“官僚主义一词可以在俄语中译成地位观念。官僚主义就是使事业的利益服从于向上爬的需要，就是一味追求地位而忽视工作，为增补进行争吵而不进行思想斗争。这种官僚主义确实根本不是党所希望的，并且是对党有害的。”① 官僚主义的表现主要是：“脱离实际、脱离群众，高高在上、漠视现实，唯我独尊、自我膨胀”，“官气十足、独断专行，老子天下第一，一切都要自己说了算，拒绝批评帮助，容不下他人，听不得不同意见”。② 从组织建设的角度而言，党群关系中出现的上述官僚主义有其产生的制度必然性。不可否认，层级式的科层管理体制符合工业时代社会政治组织发展的一般规律，也体现了中央控制式的组织原则要求。但是，在实际的组织运行中，层级式的管理体制必然会形成组织运行的内在潜规则：上级组织驱使下级组织并根据其行为活动而实施相应的奖励措施。这一规则存在的背后表明了组织内部评价标准的单一化与组织外部关系利益相关度的弱化。即在组织内部，对上级的驯服成为生存发展的唯一标准；在组织外部，由于社会监督的缺失以及利益相关度的几近消失，官僚主义作为组织

---

① 列宁：《进一步，退两步——我们党内的危机》（1904 年），《列宁全集》第 8 卷，人民出版社 1961 年版，第 363 页。

② 习近平：《在党的群众路线教育实践活动工作会议上的讲话》，《十八大以来重要文献选编》上册，中央文献出版社 2014 年版，第 311—312 页。

行为上的外在表现就不可避免地出现了，并在缺乏自我克制的情况下对党群关系不断造成损害。互联网时代意义就在于它能够通过对技术的运用实现对党务、政务的公开，增强信息权力运行的透明度，从而在调适和规范组织内外的关系和行为的同时，达到在相当程度上对官僚主义泛滥的克服。

二、互联网时代是一个能够充分体现和衡量政治关系的新场阈

通过党务政务的公开透明以克服党群关系中的官僚主义的惰性，这只是互联网时代在技术意义上的体现。作为一种新的时空场阈，互联网时代开放、自由、平等的生态环境更能够为建立真正坚实的党群关系提供客观的衡量标准。也就是说，在传统的包括行政权力在内的组织化控制渠道下的党群关系，在长期发展过程中已经越来越明显地表现出形式化、空心化、乏力化的组织弊病。所谓形式化，即是指借助于传统的工会、共青团、妇联等群团组织实现对社会群众的分类管理。但是，随着社会成员的碎片化和原子化，特别是新经济组织和新社会组织的不断出现，如何把“两新”组织成员纳入传统的管理体制之内一直是各级党组织积极探索的主要课题。应该承认，一系列新的组织形式的建立在一定程度上缓解了上述问题。但是，新的组织形式在实际运行中却遭遇到组织成员角色身份的独立性而带来的组织管理上的矛盾和冲突。组织管理方坚持用传统主导性管理方式来实施管理，但却因为无法为组织成员提供切实的社会利益帮助而与组织成员的利益性需求产生冲突，从而使组织发展陷入形式化的管理困境。这就是组织发展的第二个弊病：空心化。无产阶级政党组织的力量主要在于通过信仰的意识形态教化和组织纪律的约束惩戒来实现对组织内部的团结一致。在这里，信仰的意识形态教化发挥着组织凝聚的核心功能。因为无产阶级的胜利，首先是思想上的胜利。失去了对信仰的共同追求，仅靠纪律的惩戒带来形式团结的同时，却往往会使功利主义、投机主义成为组织内成员发展的动力。看似繁花似锦的组织发展形式，实际上却由于信仰的缺失而使组织发展出现空心化的趋势。要有勇气承认，在一定程度上讲，组织体制内政治生态由于这些弊病的存在而直接影响到组织内外的政治关系，尤其是党群关系。部分党员干部理想信念的丧失影响到群众对党的总体评价。由此带来党在开展群众工作时出现的乏力化倾向。所谓乏力化，主要是指党组织在面对群众提出的问题时要么束手无策、着急

上火，要么敷衍塞责、坐视不管，更有甚者则是视而不见、避而不问。要根治上述形式化、空心化、乏力化的组织弊病，固然有赖于从严治党，强化纪律要求；纯净政治生态，夯实理想信念。但是，必须正视互联网时代给组织内外政治关系带来的深刻变化。这就是在党群关系中，必须不仅要把群众作为教育团结的对象，更要真正在政治立场上树立历史唯物主义的群众史观。互联网时代的开放性不仅表现在言论的自由上，更为主要的体现在言论自由后面对个体和社会发展的独立思考。党只有与群众发生真正的思想对话，才能真正使党的政治信仰、政治主张、政治路线成为群众的心声。

三、互联网时代是一个能够充分体现和衡量政治能力的新场域

如果仅从党群关系或党群工作的实际效度而言，互联网时代给党群关系带来的最为明显的冲击就表现为部分基层党组织或党务工作者在面对群众时政治能力的低下。这种政治能力的低下，部分原因是由于党员干部自身在认知态度、能力素质方面的弱化造成的。但是，如果从互联网时代党群关系的社会环境变化而言，那么，基层党组织或党务工作者政治能力的低下其实只是一个相对比较的结果。也就是说，在互联网时代，党的工作者在提高政治能力的同时，它所要工作的对象——群众——的能力素质提高得更快。两相比较下，就愈发显示出党务工作者在理论认知上的狭隘化、在方法途径上的单一化、在目标追求上的形式化。那么，到底应该怎么看待互联网时代的群众呢？或者说，互联网时代的群众是不是还是乌合之众的群氓？还是拥有政治智慧的社会公众？从党的群众工作现状来看，应该承认，互联网时代的“群众”（为了方便叙事这里仍然继续沿用传统的党群关系语言来表述）相比较于工业时代的“群众”已经有了质的变化。在传统的党群关系的描述中，群众的概念其实是一种充满了政治道德色彩的象征语言。其象征意味在于：（1）作为一种总体性的描述语言，群众是混沌而未分化的；（2）作为一种道德性的描述语言，群众又是盲目而未开化的。由此带来的党群关系构建的政治语境就是：通过先进人物或政党的积极活动，来引导和激发这一自身蕴含着革命性力量的群体的政治认知，并以此达到群众的政治救赎。工业时代党群关系的政治语境决定了党群工作的方式往往把群众作为单纯的教育客体来看待。但是，互联网时代的到来却使这种关系发生了新变化，即“群众”的新内涵。互联网时代的

“群众”由于具备了更为独立的社会精神，其实更应该用“公民”来表述。从“群众”到“公民”的描述转变，也是一种“群众”在社会心理上的自我认定与精神蜕变。对互联网时代的新一代人来说，传统的“群众”意涵所包含的个体的无助与组织的关心照顾已经无法感同身受。对他们来说，在社会公平和法律公正所构建起来的社会规则内，通过自身的努力实现自我价值才是生活的亲身体验。这种生活体验带来的党群关系的新变化就是：作为“群众”，个体是独立而非依附，是平等而非屈从，是价值认同而非政治投机。从“群众”到“公民”的社会心理变化，其实就是这样一个历史进程的精神具象：工业化、信息化发展到成熟阶段所带来的信息共享，由此而导致的权力结构的变化——权力共享，并因此而引发的政治理念的新变化——协商民主。可以说，互联网时代的党群关系，既要有党对社会公众的道德关怀和政治关怀，更要通过社会政策法律的完善以为党的群众工作能力夯实政治基础。

第三节　提升群众工作能力的途径

基于互联网时代信息权力体系的重建以及党群关系的结构性变化，提高党的群众工作能力，必须以群众需求为目标牵引，树立积极服务的政治意识，充分运用开放、平等、直接、泛在的互联网思维开展群众工作。

一、运用开放思维，推进党的群众工作能力的多元化提升

开放思维是由互联网时代的社会结构的开放性要求决定的。在互联网时代，社会结构力量日益呈现出多元化的发展趋向。这种结构性趋向主要表现在两个方面：一方面，党的传统群众类属管理体系已经无法覆盖整个社会。事实上，党直接领导的工会、共青团、妇联等群众组织在团结群众方面发挥着主力军的作用。但是，就实际情况而言，仍然距离中央关于“群众在哪里，党组织就在哪里”的要求有差距。即便是在一些新兴组织里面建立了党的组织，但是距离发挥党组织的政治功能的目标仍有差距。另一方面，在党的传统群团组织之外，又活跃着其他一些群众性的社会组织。在争取群众方面事实上与党直接领导的群团组织构成了竞争关系。尤其是一些志愿者组织或者带有类属性质的自发自治性群团组织，其独立性、排他性和非政治性的特点非常强烈，但是其在团结引领群众方面往往具有很大的影响力。对这种类型的群团组织又不能忽视。因此，要运用开

放式的互联网思维，以我为主，主动作为，加强联系，在法律的范围内开展协作，在发挥其团结群众的功能同时，潜移默化地加强群团组织的政治性。

二、运用平等思维，调适党的群众工作能力的主客体关系

互联网时代党群关系的新变化，主要体现在党组织与群众的角色关系变化上。这种变化在相当程度上呈现出以群众能力增强为中心的偏向性增长。其原因主要表现在两个方面：一方面，改革开放以来党—国家—社会三者关系发生了深刻变化，党组织所直接拥有社会资源较之计划经济时代已经大大减弱。传统的过度依赖行政权力的活动方式也在法律不断健全的情况下回归到党的正常的组织活动。但是，党的政治活动方式的这种变化，对于已经习惯于从党组织那里寻求帮助关怀的人来说，却是视而不见的。导致的结果就是由于无法满足群众的需要而使党组织的威信受到影响。这一点在涉及到群众根本利益（如征地、拆迁等）时所产生的冲突与误解体现得尤其明显。在这个时候，党的政治宗旨、政府行为、法律规范和群众利益的协调就成为党的群众工作必须面对和破解的难题。另一方面，改革开放以来社会独立性培育在互联网时代骤然得到增强和放大。信息的流动和民间舆论场的出现，使得群众的“草根式表达”有了非体制的制度化表达渠道。在一定程度上讲，群众的社会关怀能力在不断涌现的社会舆论风波和焦点事件的冲突中得到了锻炼和强化，这也使得党的群众工作在实践中其实面对着一个全新的对象——社会网络化的群众。即党组织在开展群众工作时，面对的不再是孤立无援的原子化的个体群众，而是拥有了广泛而丰富的社会资本的网络公民。这一新的变化，要求在开展党群工作时，必须树立平等的互联网思维。只有以平等待之，对话才有可能。

三、运用直接思维，改进党的群众工作能力的制度化设计

党的各级组织对互联网时代到来的最初反应就是加强党组织的信息化建设。其中，最为典型和突出的就是各级党委的门户网站的建立。党建网站的建立，使得各级党委部门的活动信息得以公开透明化，从而增进了群众对党的活动的了解。与此同时，也使各级党委通过群众的监督反馈而获取了改进自身工作的有效信息。应该说，党建网站的建立是直接式互联网思维在党的群众工作实践方面的具体体现。但是，也应该看到，在党建网站轰轰烈烈的建设之后，随着最初新鲜感的消失，一部分网站开始进入

"僵尸"状态。信息更新的停滞、网站栏目的千人一面、群众意见的自动式反馈等等，都显示着直接式互联网思维在党的群众工作实践方面遇到的困难。事实上，这种困难更多地表现在党的群众工作能力的制度设计上的矛盾。一方面，各级党组织需要群众通过信息渠道及时反映群众关心的问题，以此在信息综合的基础上形成政策性意见。但是，个体群众反映的问题往往是其最为关心的迫切问题，在群众的短时性需求与党组织的长时性综合中，由个体性问题所引发的矛盾就逐渐蔓延成为整体性矛盾，即对各级党组织解决群众现实问题能力的质疑。另一方面，在面对紧迫性问题的时候，比如大的社会舆论风潮之时，谁来定调、谁来拍板，都要通过组织原则来决定。在外界看来，就会表现为党组织的反应迟钝。所以，在党建网站、党委微博等互联网时代的组织新形式建成之后，之所以会出现建而不用的休眠状态，其核心问题就在于直接式的互联网思维要求党群之间的关系可以跳过中间的层级组织而实现信息交流的及时高效。但是，现实社会的党的组织原则强调的则是属地管理和层级管理。于是，党群之间对话交流的组织渠道在互联网时代就面临着需要变革的挑战。

四、运用泛在思维，适应党的群众工作能力的缺阈化特点

互联网时代的一个广泛而普遍的特征就是缺阈化生存。即在互联网时代，传统的时空环境带来的信息及时性、有效性的限制已经得到大大缓解。身体在场作为信息有效性的主要表征已经可以通过信息技术的全息展示，或者信息缓存的方式来实现。于是，缺阈化的生存状态就成为互联网时代的鲜明特征。作为其生存状态的精神反映，泛在的思维方式就成为互联网思维的重要内涵和具体表现。因此，运用泛在式的互联网思维，就是要通过切实提高党的群众工作能力以适应工作对象的缺阈化。具体来说，就是要做到：一方面，必须适应在工作对象缺阈情况下开展群众工作。这一点在面对非体制的组织工作对象时尤其需要加以注意。在这种情况下，要善于运用信息网络技术的信息存储功能及时加强与工作对象的交流沟通。不能因为工作对象无法参加组织活动而有所忽视。简要的信息交流往往能够在细节之处体现党组织的存在。另一方面，必须认识到工作对象身体参与的不可替代性。用泛在式的互联网思维开展群众工作，虽然是互联网时代的一种活动方式，但是党的群众工作内在的政治性要求又必须强调工作对象的身体在场。事实上，作为政治性组织，党的群众工作更多地是在与群众的亲身交流中实现对群众的团结和引领。因此，必须正确处理好

上述两个方面的关系。

第四节 案例解析

云南运用“云岭先锋”强化党的群众工作能力

云南省委及各级党委历来对边疆民族地区地广人稀、山水阻隔的现实有着清醒认识，多年来高度重视利用信息网络技术突破时空局限。早在20世纪80年代就启动党员电化教育，2008年以来推动农村党员干部现代远程教育，党的十八大以来在全国率先开展“网络党建”理论研究和实践探索，“十三五”以来又率先全面铺开“互联网+党建”，走出了一条符合云南实际、具有云南特色的道路。云南“互联网+党建”的探索实践，始终聚焦夯实党在边疆民族地区的执政基础，围绕提升组织力，通过充分运用互联网思维和技术手段，将党建传统优势与信息技术高度融合，强化提升党的群众工作能力，为云南跨越发展、长治久安提供坚强有力的保证，具体做法有三。

一是打造开展群众工作的综合平台，强塑党的力量。依托互联网技术，在远程教育终端站点基础上研发建成县、乡、村、组四级“云岭先锋”综合服务平台16159个，实现全省城乡全覆盖，使党员群众不出村就能连接到党建网络。依托移动互联网技术，研发“云岭先锋”手机APP，让党员随时随地随身接入党建网络。同时，以中央组织部开展全国党员管理信息化工程为契机，以基层党组织和党员信息库实名认证为基础，通过网站与手机应用互联互通，采取实体网络相结合、线下线上相结合、流出流入相结合的方式建立“网上党支部”，实现实体党支部信息化、虚拟党支部网络化。党员可在电脑端通过“云岭先锋”综合服务平台登录或在手机端通过“云岭先锋”手机APP登录进入本人所在党支部，随时随地参加组织生活，开展或参与相关活动，从而把全省党员党组织织成一张“网”，拧成一股“绳”。

二是打造联系服务群众的工作平台，厚植群众基础。平时对群众有求必应，关键时刻群众才会对我们一呼百应。具体来说，就是做到了：首先，开通服务群众“直通车”。边疆民族地区群众反映最强烈的问题，是由于地广人稀、山水阻隔带来的办事难、办事繁问题。省委组织部与省人社厅、司法厅、民政厅、卫计委和金融保险等相关单位合作，推动就业信息查询、网上代理办证、金融保险服务、法律援助等65类、4760项便民服务事项进驻“云岭先锋”综合服务平台。群众只需在村级综合服务平台提交办理事项，即可通过“网络跑腿”实现“事在村办、钱在村领、证在村拿，政策咨询在村知晓、困难在村反映、问题在村解决”。其次，建立党群沟通“连心桥”。以群众上门办事或干部进村入户为契机，利用综合服务平台“民情速递”功能，通过手机拍照上传，随时记录群众诉求和服务群众的情况，打通群众的利益表达与诉求渠道。与此同时，各级党组织通过PC端实时发布党务、政务、财务等公开信息，让党员群众通过电视、电脑、手机第一时间了解党内外事务，增进了党群互信、密切了党群关系。

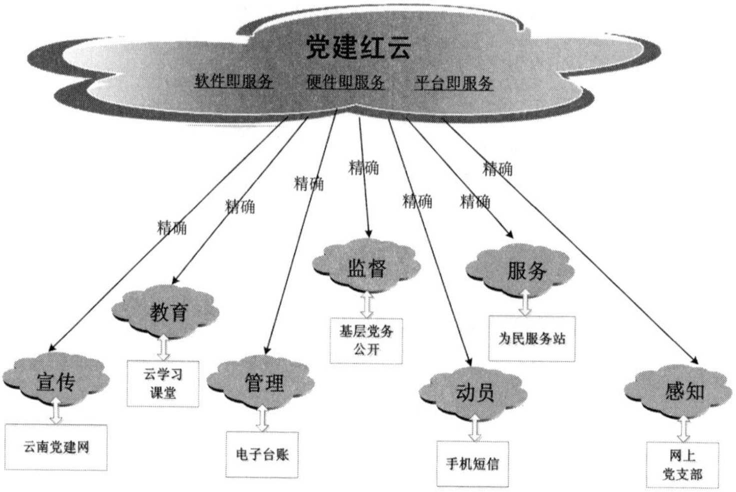

党建红云架构图

三是打造教育群众的宣传平台，强化引领能力。云南在推进“互联网+党建”中，始终注重利用互联网天然的强大宣传动员和组织功能，打造党建融媒体，牢牢把握思想政治工作主动权、主导权。

第一，打造“云岭先锋”党建网站联合体。依托互联网技术、对全省的党建网站资源进行“横向到边、纵向到底”的联接和整合，实现省、州市、县（市区）、乡镇（街道）四级党建网站贯通，并通过数字乡村网连通到村，建立了对外面向全国、对内覆盖全省、向上通达中央、向下联接州县乡村的党建网站联合体，实现网络载体、宣传品牌、网站管理、信息资源四个“统一”，发挥了党建信息发布、党建网站自助建站、网上党建

云岭先锋微信矩阵图

舆情检索、党组织党员实名登录论证、网站统计分析决策、网站手机互动等六项功能。第二，打造“云岭先锋”新媒体宣传矩阵。依托移动互联网技术，开通“云岭先锋”微信公众号，每天编发一组7—8篇图文并茂的文章推送给用户。在内容生产上坚持“量体裁衣”，密切跟踪时事新闻，聚焦热点，及时传播党的声音、答疑解惑、引导舆论。第三，打造“云岭先锋”手机报。以“宣传党建工作的权威平台，服务党员干部的快捷通道”为办报宗旨，按照百万级发送量标准，实现2个小时推送100万条短信、4小时推送100万条彩信的能力。坚持每个工作日发送一期，覆盖全省处以上党员干部，乡镇（街道）领导班子成员、村（社区）书记、主任、大学生村官，以及部分非公企业、社会组织负责人近30万党员干部，成为云南省内用户最多、影响力最广的第一大品牌手机报、云南省开展党员教育的主阵地之一。

第八章

干部管理能力

党的十九大报告明确提出，全面增强执政本领，要善于运用互联网技术和信息化手段开展工作。其中，运用网络信息技术加强干部队伍建设，尤其是增强干部管理能力，既是“互联网＋党建”的主要内容，也是党建工作改革创新的必然要求，更是全面从严治党形势下培养、选拔、任用和管理干部的重要方式。

第一节　把握干部管理能力的内涵

必须承认，网络信息技术的迅猛发展和广泛运用已经对中国社会生活各领域产生深刻影响，干部队伍建设也不例外。尽管干部队伍建设具有强烈的政治导向性、内在的系统封闭性以及工作运行的机制神秘性，但是随着中国社会的日益开放，以及党建科学化和信息化水平的不断提高，干部队伍建设受到外部因素的影响也越来越大。其中，网络信息技术带来的影响不可忽视。与其他改变人类生活的社会技术一样，网络信息技术蕴含着广泛而深刻的社会变革性。从组织发展角度而言，网络信息技术对干部队伍建设的变革性，主要取决于技术自身及其与社会环境高度适应结合而成的三大特性：工具性、社会性和政治性。所谓工具性，首先是就网络信息技术本身的技术属性而言，即作为一种新技术，其创造设计的可能性与实践运用的可行性。所谓社会性，即是指网络信息技术在最初满足社会某一方面或领域技术需求的基础之上，迅速蔓延至其他社会领域并不断放大其技术外溢效应，成为社会结构、组织机制、社交网络等多领域的重组重建的技术诱因与主要架构。所谓政治性，是在网络信息技术的工具性和社会性两大特征基础之上衍生而出的社会属性。任何能够促进人类社会改变的社会技术都具有天然的政治属性。网络信息技术以“技术赋权”的政治秉性展现了社会权力在集权与分权之间的多方博弈，并进而对现实政治生活产生影响。可以说，正是上述三种特性使网络信息技术围绕“组织—技术—个体”这一具体关系对干部队伍建设产生了影响。即网络信息技术力图在组织与个体之间重建新的“政治场阈”，并在此基础上开始形成具有自身特点的内在影响机制。具体来说，网络信息技术对干部队伍建设尤其是干部管理带来的影响既有机遇又有挑战。因此，理解和把握干部管理能力的内涵应该注意三个方面的问题。

一、拓展干部队伍日常活动空间的同时又面临组织场阈分割的挑战

网络信息技术越来越深入到社会生活的方方面面，以至于公与私的界限更容易被打破，个人隐私与信息公开往往只是一线距离。甚至从一定程度上讲，只要经常性接触或使用移动智能终端通讯工具的人，都会留下使用过的痕迹。这些使用痕迹在一定时限内都会被电信运营商等后台管理机构保留备案，形成个人信息管理的数据库资源。这是网络信息技术集权化趋势的重要表现之一。正是网络信息技术的这种技术隐藏属性，为全面从严治党形势下加强干部队伍管理提供了强大的信息技术支撑。通过国家法律强制规定的手机使用实名登记和互联网信息发布渠道（博客、微博、微信、公众号）等的身份认证，网络信息技术一方面在弱化党员干部工作圈与社交圈之间的公私界限的同时，在另一方面又突破了以往对干部队伍思想和行为八小时外的监督管理弱项，构建起干部队伍行为与思想管理的显性指标体系，从而有效提升了对干部队伍行为管理与思想管理的硬性管理力度。但是也必须承认，以互联网为主要代表的网络信息技术迎合了改革开放以来中国社会日益多元化的发展态势，并在相当程度上为中国社会结构的分化与重组提供了极其强大的技术变革力量与组织选择可能。从国家治理的全局角度来看，在市场经济和网络信息技术的双重催化下，当下中国社会已经呈现出两大类型四种社会的结构分布：体制内社会与体制外社会、现实物质社会与网络虚拟社会。以是否占有行政资源和行使行政权力作为划分的主要标准，中国社会结构分化可以分为体制内社会与体制外社会。这种结构分化的决定性力量是市场经济，在相当程度上来说它是市场经济充分发展后在社会政治生活领域的自然演化结果。这一结构分化带来的组织场阈分割对干部队伍建设的影响是深刻而全方位的。最主要的影响集中体现为在“政治人”“经济人”“社会人”和“网络人”四种社会角色之间的内在张力。“政治人”首先是体制内社会与体制外社会中不同人群的显要区别，也是干部队伍社会角色的最主要标志。体制内社会作为行政主导性社会，对干部队伍有着特殊的政治要求、政治规范和政治伦理。但是随着党员干部作为“经济人”和“社会人”的角色在市场经济深入发

展中的日益凸显，不同角色在内涵性要求之间的不协调乃至冲突就表现得越来越明显，而网络信息技术构筑而起的网络虚拟社会在进一步分割了现实物质社会的同时，更加激化了这种内在性的角色冲突。于是，党员干部在网络社会之中又拥有了不同于现实生活中的另一种社会角色——“网络人”。与仍然附着于现实物质社会的“政治人”“经济人”“社会人”的角色不同，“网络人”在真正意义上造成了包括党员干部在内的社会人群的“身心分离”。现有基于物理结构的组织场阈所关注的“身体控制”，在“网络人”出现后越来越面临组织管理的新困境。如何确保干部队伍在新的社会结构上的“身心合一”，就成为网络信息技术对干部队伍建设提出的一个严峻挑战。

二、强化干部队伍综合评价能力的同时又面临组织权威弱化的挑战

网络信息技术最令人注目的技术特性就是它的可视化功能。即在对纸质信息的数字化处理的基础之上，根据信息管理的条目分类要求，通过运用相应的数据分析工具，可以使繁重复杂的纸质档案信息以各种可视化、形象化的表现形式（如图片、图表、视频、动态趋势图等等），借助于网络信息技术终端（如手持移动平板电脑、智能手机等）展现出来。这一功能不仅有助于解决信息管理的存储和安全防护问题（体积小、容量大、易存储、移动方便等等），还能够促进信息管理条目内容的标准化体系的建立，更能借助于大数据资源的充分利用而提高信息管理工作的效率（如查询、基本情况分析、动态数据录入等等），从而大大提高了组织部门对干部队伍的信息管理运用能力和综合评价能力。但是，干部队伍建设的成效主要取决于组织权威的有效与否。一般而言，组织权威的有效性取决于组织的伦理价值、组织的运行机制和组织的惩戒管理。组织的伦理价值决定了组织的存在和发展的意义，是对组织成员思想行为的一致性规范和信仰培塑。组织的运行机制是对组织内部与组织外部资源优化配置的机制保障，决定了组织执行力的强弱和效率。组织的惩戒管理则是对组织成员违背组织规范性要求的约束和惩戒，是维护组织整体利益的强制保障。近些年来，导致组织权威下降和弱化的原因很多，除了社会大环境变化和组织内部约束机制不健全这些显性因素以外，网络信息技术对组织权威带来的潜性影响却没有引起人们应有的重视。如前所述，网络信息技术在加速形成网络虚拟社会与现实物质社会分化的同时，又在相当程度上从技术平台

和组织变革两个方面缓解和平衡了体制外社会与体制内社会之间的权力张力。从技术平台的角度而言，在组织场阈已经发生分化的情况下，干部队伍建设逐步从原有的封闭状态到被置身于公众的注视之中，多元化的社会舆论格局的形成为社会力量监督干部队伍提供了强大舆论工具和信访举报渠道。而网络信息技术发展带来的组织变革更是对干部队伍的组织管理提出挑战。尽管网络信息技术具有集权化的趋向，但是伴随而生的分权化趋势在中国社会深刻转型的当下更显耀眼。多中心、扁平化的中国社会结构性重组，对党的组织建设提供了有益的借鉴，但也在事实上对党的组织管理形成了倒逼挑战之势，进而对干部队伍建设产生了无法忽视的影响。因此，如何应对转型期和矛盾期中国社会群体结构和社会组织架构的深刻变化，引导、培植和建立一支能够灵活适应复杂变化时代的干部队伍，就成为党中央全面推进从严治党，重塑和强化党的组织权威必须面对的战略问题。这是网络信息技术对干部队伍建设提出的又一挑战。

三、提升干部队伍管理教育能力的同时又面临组织话语消解的挑战

网络信息技术克服了过往对干部队伍管理教育过度依赖于时间与空间的物理条件限制，以及教育资源使用方式的单一性、教育对象群体狭窄化的缺陷，大大拓展了组织管理教育的广度、深度与效度。一方面，通过开发和运用相关教育类网络信息技术平台（如远程教育系统），可以拓宽组织管理教育的受众面，将本地区干部队伍纳入统一的教育管理平台，实行错时教育管理，能够有效克服以往各部门进行本系统干部教育时资源重叠、标准不一、人员不等、时间冲突等问题，有助于加强和建立标准化的干部队伍管理教育体系。同时，通过设立互动参与的平台建设机制，可以改变过去管理教育时的单向灌输的刻板印象，增加受众对象的热情和参与程度，从而提高组织管理教育的深度。另一方面，通过主流网站和微信公众号等多种传播平台的利用，可以进一步提高组织管理教育的效度。以往依赖于现实物理空间的组织管理教育效度，常常采用人员参会率、检查笔记心得、考试测评等方式来衡量教育活动效度。尽管这种管理教育方式能够在短时间内激起党员干部的学习热情，但仍然避免不了其短时性、运动式、难评估的问题。因此，建立一套以网络信息技术为支撑的立体化、长时效的管理教育体系，发挥多种网络传播渠道的作用，在一定程度上可以缓解和避免上述管理痼疾。与此同时也要看到，任何一种话语体系都是特

定集团或组织对其意志、利益与行为以及与外部关系的一系列规范性要求的具体体现，它是衡量和区别组织内外的一个显著标志。中国共产党作为领导全国的执政党，其组织话语就是对干部队伍进行组织内化和政治规训的重要内容，甚至在相当程度上讲，就是对干部队伍的立场进行政治判断的首要行为标准。尽管组织话语无论在内涵还是形式上都具有高度的一致性和延续性，但也并非一成不变。当下党的组织话语内涵及其表现形式的变化，既是改革开放以来中国社会深层嬗变在意识形态领域的集中反映，又是以网络信息技术为代表的新媒体技术构建的网络话语空间的衍生之物。在组织生态场阈被分割和组织权威在多元社会格局中弱化的形势下，包括网络话语在内的新社会话语体系开始对现有组织话语体系形成了冲击销蚀之势。原本用以塑造社会成员和规范组织内部成员思想行为的政治话语及其表达，在娱乐至上的社会网络语境中被重新解构消费。于是，在崇高与平凡之间，在严肃与调侃之间，在集体与个体之间，在理想与欲望之间，原本具有社会引导功能的政治话语开始失去其对社会的敏感认知，曾经恢宏庄严的政治话语，其存在的社会空间被不断挤压。在娱乐至死的社会焦虑并发症面前，身处其间的党员干部也不能独善其身。“双面人”乃至“多面人”现象的产生，恰恰反映了现存社会话语体系内部各种亚话语之间的激烈博弈。当组织话语的社会正向引导功能被弱化乃至边缘化，其他负向的话语借助于新媒体技术而大行其道时，干部队伍建设中组织成员基于政治利益的现实趋利性往往会遮蔽其实际的思想复杂性，对组织管理教育提出了诸多问题。这是网络信息技术对干部队伍建设提出的又一严峻挑战。

第二节　增强干部管理能力的意义

注重运用网络信息技术加强干部队伍建设尤其是干部管理能力，这是信息网络时代党组织建设发展的必然趋势，也是组织工作创新的必然之路。结合全国各地组织部门的实际经验，增强干部管理能力的意义主要体现在四个方面。

一、认清运用网络信息技术加强干部管理的组织目的

就目前的实际情况而言，在制约这一工作创新深入发展的诸多因素中，观念认知狭隘、功能定位不清是突出问题。如前所述，信息网络技术

对加强干部队伍建设尤其是干部管理既提供了发展机遇又提出了挑战。如何看待机遇与挑战，实际上取决于如何认识网络信息技术——是作为纯粹工作运用的技术性工具还是具有强大外溢效应的社会性工具？网络信息技术在加强干部队伍建设时的基础性作用，主要体现为信息存储的便捷便利、信息传递的快捷高效、信息指向的全域覆盖等方面。由此带来的功能设定上就是为加强干部队伍提供可能的技术支撑。当然，这是加强干部队伍建设必要的基础性工作，也是网络信息技术运用于干部队伍建设必须经历的初始阶段。但是，由于网络信息技术具有极强的可逆性功能，仅仅将其限定于纯粹的技术工具并不能阻碍其外延性功能的内在要求。事实上，在运用网络信息技术加强干部队伍建设时遇到的作用不显的困境，在相当程度上就是对这种社会性要求抗拒的结果。目前所遇到的工作困境，实际上就是忽视甚至是有意无视网络信息技术后一种工具属性的必然结果。正是因为仅仅把网络信息技术局限于技术应用工具的主观认识上，才导致在加强干部队伍建设各个环节的系统平台的建设设计中，出现重技术轻组织、重形式轻内容、重建设轻管理等问题。因此，要想深入推进运用网络信息技术加强干部队伍建设的功效，就必须首先承认网络信息技术具有深刻的社会价值性。然后在此思想认识的基础之上，重新设定网络信息技术在干部队伍建设中的功能目标，促进干部队伍建设的长远发展。

二、统筹规划网络信息技术加强干部队伍管理的标准

当前各种系统平台的功能定位往往只是着眼为干部队伍提供网络学习资源和办公自动化等方面的工作便利，强调的是网络信息技术的运用的工具性手段。因而在实际的工作机制运行上，仍然是以固有的组织层级机制来推进。但在缺乏统一筹划和数据共享的前提下，往往会陷入部门间的扯皮和各不负责的境况。因此，要改变这种机制的制约性困境，必须在顶层设计的时候，注重对现有工作机制进行结构性重组，理清各个功能单位之间的职责权限，对接机制和人力物力保障，才能从根子上解决管建分离“两张皮”的问题。以上海为例，要从市委层面，对全市运用网络信息技术加强干部队伍建设进行顶层设计，制定工作指导意见，破除部门间的工作壁垒，整合各类党建资源，实现党员党组织的全覆盖，提高干部队伍建设的管理效能。中共上海市委《关于全面加强城市基层党建工作的意见》中明确指出，要完善全市党组织和党员信息管理服务系统，建立基于党建大数据的决策分析体系，为基层党组织建设和党员教育管理提供基础信息

支撑。具体来说，可以从干部队伍建设的各个工作环节着手努力，即要建立运用网络信息技术加强干部队伍建设各个环节的项目清单，明确项目任务和工作要求，从全市层面对运用网络信息技术加强干部队伍建设进行科学规划，整体布局。运用网络信息技术加强干部队伍建设主要涉及到思想建设、选拔任用、教育培训和管理监督等多个工作环节。每个环节中网络信息技术应用的具体情况由于工作任务需求的不同而有不同变化。比如，在干部队伍的思想建设方面，网络信息技术的运用主要聚焦于党建网站的建设管理。在选拔任用方面，网络信息技术的运用主要聚焦于干部信息管理系统的建设管理。在教育培训方面，网络信息技术的运用主要聚焦于远程教育平台的建设管理。在管理监督方面，网络信息技术的运用主要聚焦于党内监督、社会监督和网络监督的系统建设。通过对干部队伍建设中各个工作环节情况的详细摸底，结合各区各部门的实际工作需求，制订涉及各个环节的工作指导意见，建立规范化的系统平台建设统一标准。

三、深入推进各层级干部队伍信息管理系统互联互通

运用网络信息技术加强干部队伍建设尤其是干部管理，是在党建信息化条件下进行组织工作创新的必然之路。要牢牢树立以提高干部队伍管理效能为根本出发点，不断完善贯穿于干部队伍建设各个环节的网络信息技术平台和系统。要认真分析当前网络信息技术在加强干部队伍建设中存在不足的原因，根据新的形势任务的要求以及网络信息技术应用的新进展，不断调整完善各类系统平台的设置，强化功能导向，注重效果评估。具体来说，就当前各类党建信息系统和平台建设而言，需要从全市层面解决的问题，除了前述建设标准的规范化以外，最迫切需要解决的就是破除部门之间纵向横向的信息限制，实现各类信息资源库的有效利用，尤其是在信息库对接上要实现互联互通。比如，作为干部选拔任用的重要参考功能的干部综合评价系统的建设和运用，就尤其需要与上海市信息办、编制办和公务员局等单位拥有的干部信息库进行有效的核对和对接。由于干部工作头绪复杂，各类人员调动频繁，干部信息统计录入往往容易出现疏漏，而信息的准确性和全面性恰恰是干部信息管理系统有无参考价值的决定性指标。同时，由于干部选拔任用的内部性、保密性和范围的狭窄性，在进行信息库的联接时存在着内容定密的问题，这就与市保密局有了工作联系。因此，为了能够覆盖市、区两级干部的全部有效信息并进行安全保护，尤其需要在市级层面上由市委组织部门牵头进行统筹协调工作。与此同时，

在系统平台功能不断完善的基础之上，必须注重建立健全比较有效的党建工作效果评估体系，把工作实践向形式多样化、内容立体化、效果可视化的方向推进发展。

四、综合提升网络信息技术加强干部队伍管理的效果

运用网络信息技术加强干部队伍建设尤其是干部管理是一项复杂而具体的系统工程，牵涉面广，涉及部门众多，需要投入的人力、物力和财力都比较大，因此不可能采取一线平推、齐头并进的工作方式来推进。比较切实可行的方案是，根据当前工作任务需要，抓住干部队伍建设的中心环节，在已有工作成绩的基础之上，既可以采取先易后难的方式，也可以采取先难后易的方式，整合资源，聚合人力，积极开展工作。比如，干部信息系统目前已经在上海普陀、嘉定、浦东等区级政府开始投入使用，在审慎推进和全面掌握的过程中，可以考虑与市委组织部干部监督室主导的“干部监督综合信息平台”建立平台共享、机制对接、内容流动，集教育培养、选拔任用、监督管理为一体，覆盖全市各个层级的干部信息综合应用系统，加强市委和组织部门对全市干部情况的系统掌握和统筹调配。再比如，党建网站作为党员干部教育学习的重要网络平台，从杨浦区建成上海第一家网站开始，至今已有 17 年的历史。在现今上海各区各部门乃至具体单位都已建立相关党建网站的前提下，可以认真总结党建网站这些年来积累的工作经验，科学分析工作运用中遇到的实际问题，综合评估党建网站在干部队伍建设中的实际效果。在此基础上，对全市各种类型的党建网站进行系统论证和功能优化，既要凸显类型网站的鲜明特点，又要遵循共同的规范要求；既要展现本区本部门本单位的党建风貌，又要与全市其他各区和部门的党建网站实现互促互通互融；既要大力建设以上海基层党建网为龙头的党建网站，又要积极推进如“两新”组织网站一样的多类型党建网站；既要注重发挥党建网站的旗帜阵地效应，又要发挥党建 APP 等传播微平台的灵巧快捷的传播功能，共同努力打造覆盖面广、影响力大、特色鲜明的党建网站主流阵地。

第三节　提升干部管理能力的途径

在探索运用网络信息技术加强干部队伍建设的过程中，全国各地党委组织部门不仅产生了丰富的工作实践，也形成了鲜明的经验特点。具体来

说，运用信息网络技术提升干部管理能力逐渐形成了四个方面的工作抓手和基本路径。

一、以推进党员干部身份信息管理的“数字化”“可视化”为导向，建立干部队伍信息管理联络机制

网络信息技术拥有的高存储、可视化功能，为干部队伍身份信息的有效管理提供了技术支撑，有力推动了干部队伍身份信息从“纸质化”“平面化”的传统管理模式向“数字化”“可视化”的信息管理模式转变。这一转变以及由此带来的管理模式变化，最为显著地体现为干部队伍信息“活”起来。通过图片、视频和即时动态更新的“数字化”手段，使干部队伍的基本信息立体化显示出来，从而具有了“可视化”的功能。比如，普陀区委组织部依托上海市干部人事管理信息平台，以现有的数据为基础，将干部选任、管理、监督等全过程中产生的年度考核、换届考察、提任考察、教育培训、个人有关事项查核、党组织书记离任选拔任用检查、体检、生病住院、外派选拔表态等信息资料集中接入数据库，建立干部“全档案”，为书记、部长和干部工作部门全方位、立体式的了解干部奠定基础。

二、以推进党员干部思想业务建设的“标准化”“精准化”为导向，建立干部队伍教育培训信息系统

网络信息技术拥有的全时全域、在线点击功能，为干部队伍的教育培训提供了进行标准化管理和精准化评估的技术手段。通过操作电脑教育培训系统或手机 APP 等即时通讯功能，既能够在相当程度上避免现时物理空间中可能存在的“身体缺席”，也能够通过后台的在线点击功能实现对干部队伍教育培训的全程精准管理。上海市充分利用网络信息技术，着力打造党员干部远程教育平台。

三、以推进党员干部监督管理方式的“社会化”“开放化”为导向，建立干部队伍管理监督网络平台

网络信息技术拥有的多元开放性和即时参与性功能，为干部队伍的管理监督搭建了有力的网络监督平台，突破了原来单一和封闭的管理监督渠道，把群众的知情权和监督权落到了实处。2009 年 9 月，中共十七届四中

全会通过的《中共中央关于加强和改进新形势下党的建设若干重大问题的决定》，明确提出要“畅通党内信息上下互通渠道”，“办好党报党刊和党建网站”，要“推进基层党组织工作信息化”。2009 年 11 月，根据这一指示精神，中共上海市委九届九次全会通过《中共上海市委关于贯彻〈中共中央关于加强和改进新形势下党的建设若干重大问题的决定〉的实施意见》，专门针对党建信息化建设单列出第十八条，提出了“充分运用信息网络，拓展党建工作内涵和空间”的五个方面的要求。“意见”的主要目的就是通过运用信息网络推进党内民主建设，加强网络监督，提高党务管理水平和能力。比如，嘉定区委提出了“智慧管理”的新理念，创建了以“工作记实”为核心，构建“1 +6 + X”体系的干部日常管理信息化平台。“1”，就是突出一个核心，做实管理功能。平台建设伊始，即明确了以“工作记实”为核心的设计思路。“工作记实”以制定的《关于进一步加强区管干部日常管理的实施办法（试行)》和《嘉定区干部日常管理工作记实制度》为标准，强化对干部日常工作的全员全程记实。“6”，就是整合六大模块，拓展服务功能。在做实工作记实模块的基础上，平台陆续拓展会务管理、外出审批、请休假、教育培训、专项活动展示互动、制度汇编等六大功能模块，丰富服务功能，优化机关事务流程，进一步将区委各项具体工作制度落到实处。“X”，就是强化系统延伸，实现上下联动。在不断推进区级平台建设的基础上，鼓励各单位以平台为依托，结合自身业务开发应用子系统，使之成为干部日常管理智能化的有效补充。

四、以推进党员干部选拔任用政策的“透明化”“科学化”为导向，建立干部队伍综合评价系统平台

通过运用网络信息技术实现对干部队伍建设基本信息的数字管理和动态管理，既能够为党委选拔任用干部决策提供有效的数据支撑，又能够积极推进党内民主发展。比如，浦东新区积极建立区管干部信息综合系统，将干部基本信息按照年龄、性别、党派、经历、学历、专长等条目录入干部信息管理系统。在具体的实施过程中，以领导干部选拔任用条例为准绳，以工作岗位实际需求为判断，对拟选拔任用对象的各项指标进行数据筛选统计，分析结果就会在移动平板电脑上以各种直观的形式表现出来，从而为党委组织部门进行科学决策提供重要参考。

但是也必须看到，网络信息技术分权与集权的双重属性，既为加强干部队伍建设带来了工作的便利性和功能的有效性，这是有利的一面，但是

在另一方面，其与中国社会多元化发展的高度吻合，又使干部队伍建设处于一个新的组织场阈之中，为外部力量的介入（主要指社会舆论风评、公示监督等）提供了便捷的技术条件。正是由于此点的存在，实际上突破了各级党组部门只是想从技术层面来运用网络信息技术加强干部队伍建设的设想和企图。正是因为这一顾忌，基础性和工作性两大类别的信息系统建设往往是建而不用，用而不实。比如，干部信息管理系统的运用就存在上述问题。干部的选拔任用是各级党委和组织部门的主要工作。在大数据盛行的今天，网络信息技术理应为决策部门提供有价值的参考意见。但这项工作的滞后性表明，情况并非想象中的那样简单。事实上，其原因就在于在实际工作运用方面存在保密性强、标准软质化、参考价值无法科学衡量的突出问题。就目前而言，干部工作仍具有相当程度的保密性，因而造成干部信息管理系统的孤立不兼容和内部高权限，导致在实际工作中客观标准与主观判断、党委决策与社会评价的接合尚有差距，其作用并没有达到预期效果。这也正是市委和组织部门在出台类似工作性管理规定和标准时慎之又慎的原因所在。

第四节　案例解析

上海加强干部队伍管理信息化的做法

上海各级党组织在探索运用网络信息技术加强干部队伍建设的道路上，应该说是取得了一定的成效，不少经验做法在全国具有可复制、可推广的价值。2007 年下半年，时任中共上海市委书记的习近平同志在视察上海基层党建工作时，对上海基层党建信息化工程给予了充分肯定，指出要“走出具有上海特点的基层党建新路子”。根据这一指示精神，上海市委把基层党建信息化工程作为市委年度工作要点中的主要工作来加以推动。自此，以党建信息化工程为主要抓手，大力推进网络信息技术在加强干部队伍建设中的应用就成为上海基层党建的重要内容。2017 年 7 月，上海市委《关于全面加强城市基层党建工作的意见》中更是明确提出，要大力推动“互联网 + 党建”“智慧党建”与城市治理中的大数据运用、人工智能发展深度融合、有机结合，把党的建设渗透到“智慧城市”建设的各方面、各领域。尤其是在当前上海正处于建设全球卓越城市的重要时期，更需要建设一支符合超大城市治理特点和规律的高素质干部队伍。因此，进一步推进网络信息技术在加强干部队伍建设中的应用，就成为上海全面推进城市基层党建工作的一条新路。经过多年实践，上海运用网络信息技术加强干部队伍在思想建设、选拔任用、管理监督和教育培训等方面的探索取得了比较积极的成果，形成了富有上海特色的经验做法。

第一，积极运用党建网站等系统平台开展干部队伍教育培训。以2000年7月18日杨浦党建网开通为标志，这是上海运用网络信息技术加强干部队伍建设的教育培训的起点。2001年6月28日，中共上海市委党史研究室主办的党史党建网开通运行。2002年11月8日，宝山区开通建立“宝山党建”。2003年1月11日，中共上海市委组织部主办的“上海市党员教育和服务信息网”（2004年4月改版为“上海基层党建网”）正式开通。2003年，上海市对外服务公司（主要为外资企业、外商驻沪代表机构提供人力资源服务，以及商务代理、人力资源咨询等延伸服务的国有企业）为解决外企党员的组织管理问题，建设和开通了“外资企业党员之家”网上信息服务平台。2005年，上海市徐汇区凌云社区（街道）综合党委创立了“凌云‘两新’党建网站”。2006年，中共浦东新区委员会推出党务公开网，全面公开综合、纪检、组织、宣传、统战、政法、机关党委等方面工作情况。2007年1月，中共闵行区委开通“闵行党务公开网”，创设了“党员中心”互动交流平台。截至目前，全市10个大口党委、16个区、218个街镇全部建立党建网站，其中有98家党建网站纳入市党建服务中心的“党网联盟”。2008年1月，中共上海市委办公厅发出《关于本市开展党员干部现代远程教育工作的实施意见》，要求从2007年下半年开始到2009年底前，建立健全党员干部现代远程教育网络体系。2008年3月下旬，上海市远教办召开上海市党员干部现代远程教育工作会议暨上海市党员干部现代远程教育平台正式开通仪式，标志着以“一个平台，三个通道”为核心的上海党员干部现代远程教育体系开始全面运行。可以说，这是上海把网络信息技术运用于干部队伍教育管理环节的初步尝试。

第二，初步建立干部队伍身份信息系统以强化组织管控能力。在各基层党组织生动活泼的实践基础上，特别是信息网络技术在社会动员方面表现出的强大能力，更是引起了中共上海市委的高度重视。2005年4月发生在上海的涉日游行以及在处理这一事件时共青团上海市委对手机短信和电子邮件的成功运用，促进了上海基层党建信息化发展开始进入第二个阶段，即注重运用网络信息技术加强干部队伍的综合信息管理。2007年11月，中共上海市委组织部发出《关于推进上海市基层党建信息化工程的意见》，要求全市各级党组织适应新形势和新要求，重点建设了三个系统平台：党员电子身份认证系统、党组织信息联系系统和党员网上学习和互动系统。通过运用信息化手段，借助党员社保卡，通过专用的POS机，对党员进行电子身份认证，积极推进上海基层党组织和全体党员的全覆盖管理。2010年3月，上海党管信息系统（CCPM）在16个区上线运行，全市党组织和党员信息做到实时查询、动态更新。干部综合信息管理系统的建立，为加强和提升对干部队伍的组织管控能力打下坚实的信息基础。

第三，开发运用党建微平台以提升干部队伍的基层治理能力。2014年中共上海市委“1+6”文件出台以后，如何更大范围地整合资源，如何把资源与群众需求进行精准有效的对接，成为这个阶段运用网络信息技术加强干部队伍能力迫切需要解决的重大课题。2014年以来，以“上海基层党建微信”为代表的各类党建微信公众号应运而生。广大基层党组织利用手机微信平台，开通了党员到社区报到功能、社区公益发布和认领功能、党建活动场所预约功能等，建立了各类党建群、资源库、朋友圈、党建服务地图等，有效推动了基层党组织的互联互补互动。上海“互联网+党建”正式步入了“微时代”。截至目前，全市10个大口党委、16个区、218个街镇都建有党建微信公众号，其中56个党建微信公众号纳入“上海党建微信联盟公约”，接受市党建服务中心的管理和指导。可以说，网络信息技术在城市治理中的广泛运用，为干部队伍能力素质的全面提升提供了有利的技术契机。

第四，依托干部人事信息管理平台推进干部作用决策科学化。网络信息技术在给干部队伍建设的组织教育管理提供了有力的技术支撑的基础上，为了进一步满足干部队伍建设的总体要求，开始尝试以系统平台为主要特点的技术发展层面，向以组织活动为主要内容的工作运用层面转变。尤其是干部信息管理系统的建立，更是为干部队伍建设中关键的选拔任用环节提供了大数据支撑。比如，上海市委组织干部监督室负责建立的“干部监督综合信息平台”，就是利用大数据网络建设，对包括“个人有关事项核查”“用人检查”“巡视检查”“专项整治”“经济责任审计”“违纪违法”“干部选拔有关事项报告”“12380举报受理”等干部监督各项业务数据进行整合，创建一个可以对领导干部“负面清单”进行快速扫描的平台，为领导班子综合研判和干部选拔提供帮助。普陀区委组织部聚焦干部工作“大数据”应用短板，把信息化建设作为提升工作科学化水平的关键环节和重中之重，从加强顶层设计、推动数据共享、挖掘潜在价值、提升数据思维能力等方面入手，创设区干部综合信息系统，通过建立“信息网”、绘制“分析图”、点亮“预警灯”，提升干部工作科学化水平。区委组织部进一步发挥干部信息在选拔配备中的参谋助手作用，从“数据旁观者”向“数据使用者”转变，尤其是通过大数据，使原本的“盲数据”活起来，让看起来不相关的数据关联起来，在系统中设置“亮灯提醒”功能，延伸管理触角，前移监督关口，使信息系统在科学选人用人以及防止“带病提拔”“带病上岗”中发挥更大的作用。积极建立和运用干部考察系统，是上海目前运用网络信息技术加强干部队伍建设的关键一步，在相当程度上能够在党委组织部门选拔干部时发挥决策参考功能。

参考文献

1. 薛小荣:《网络党建论:互联网时代政党的组织变革与社会适应》,时事出版社 2013 年版。
2. 薛小荣:《网络党建能力论:信息时代执政党的网络社会治理能力》,时事出版社 2014 年版。
3. 薛小荣:《互联网企业党建:技术、资本与政治逻辑张力下的政党治理》,时事出版社 2018 年版。
4. 喻国明主编:《中国社会舆情年度报告(2013)》,人民日报出版社 2013 年版。
5. 喻国明主编:《中国社会舆情年度报告(2012)》,人民日报出版社 2012 年版。
6. 喻国明主编:《中国社会舆情年度报告(2011)》,人民日报出版社 2011 年版。
7. 赵成斐:《西方政党发展路径及现代性变革》,中央文献出版社 2013 年版。
8. 樊浩等:《中国大众意识形态报告》,中国社会科学出版社 2012 年版。
9. 崔蕴芳:《网络舆论形成机制研究》,中国传媒大学出版社 2012 年版。
10. 高骥、虞志灏等:《基层党建 e 时代》,上海人民出版社 2012 年版。
11. 唐魁玉:《网络化的后果——日常生活与生产实践的变迁》,社会科学文献出版社 2011 年版。
12. 石海明、刘杨钺、张茜:《适应者死亡:媒体狂欢时代的全球战略博弈》,武汉出版社 2011 年版。
13. 喻国明等:《微博:一种新传播形态的考察——影响力模型和社会性适应》,人民日报出版社 2011 年版。
14. 谢耕耘主编:《中国社会舆情与危机管理报告(2011)》,社会科学文献出版社 2011 年版。
15. 辛桂梓主编:《网络党建》,云南出版集团公司、云南人民出版社 2011

年版。

16. 连玉明、武建忠：《中国舆情报告（2011）》，中国时代经济出版社2011年版。
17. 夏德元：《电子媒介人的崛起——社会的媒介化及人与媒介关系的嬗变》，复旦大学出版社2011年版。
18. 邱林川、陈韬文主编：《新媒体事件研究》，中国人民大学出版社2011年版。
19. 蒋淑媛：《网络媒介社会功能论》，新华出版社2011年版。
20. 周淑真：《政党政治学》，人民出版社2011年版。
21. 祁刚利：《政党民主论》，中央编译出版社2011年版。
22. 彭兰：《网络传播学》，中国人民大学出版社2010年版。
23. 匡文波：《手机媒体：新媒体中的新革命》，华夏出版社2010年版。
24. 郭玉锦、王欢编著：《网络社会学》，中国人民大学出版社2010年版。
25. 胡功民、吴有信：《网络党建原理与实践：荆门市网络党建模式阐述》，湖北人民出版社2010年版。
26. 余红：《网络时政论坛舆论领袖研究——以强国社区"中日论坛"为例》，华中科技大学出版社2010年版。
27. 丁俊杰、张树庭主编：《网络舆情及突发公共事件危机管理经典案例》，中共中央党校出版社2010年版。
28. 贺文发、李烨辉：《突发事件与信息公开——危机传播中的政府、媒体与公众》，中国传媒大学出版社2010年版。
29. 上官木子：《网络交往与社会变迁》，社会科学文献出版社2010年版。
30. 王长江：《政党论》，人民出版社2009年版。
31. 田青毅、张小琴：《手机：个人移动多媒体》，清华大学出版社2009年版。
32. 李永刚：《我们的防火墙：网络时代的表达与监督》，广西师范大学出版社2009年版。
33. 中共中央宣传部舆情信息局：《网络舆情信息工作理论与实务》，学习出版社2009年版。
34. 陈丽凤：《中国共产党领导体制的历史考察（1921—2006）》，世纪出版社集团、上海人民出版社2008年版。
35. 雷启立：《传媒的幻象：当代生活与媒体文化分析》，上海书店出版社2008年版。

36. 袁进、丁云亮、王有富：《身份建构与物质生活：20世纪50年代上海工人的社会文化生活》，上海书店出版社2008年版。
37. 胡泳：《众声喧哗：网络时代的个人表达与公共讨论》，广西师范大学出版社2008年版。
38. 苗秀娟、王敏主编：《军队网络党组织建设》，国防大学出版社2007年版。
39. 杨立英、曾盛聪：《全球化、网络化境遇与社会主义意识形态建设研究》，人民出版社2007年版。
40. 周宪：《文化表征与文化研究》，北京大学出版社2007年版。
41. 李永全：《俄国政党史——权力金字塔的形成》，中央编译出版社2006年版。
42. 戴永明、蒋恩铭主编：《网络伦理与法规》，福建人民出版社2005年版。
43. 刘建军：《单位中国：社会调控体系重构中的个人、组织与国家》，天津人民出版社2000年版。
44. 刘文海：《技术的政治价值》，人民出版社1996年版。
45. ［美］约瑟夫·奈著，王吉美译：《权力大未来》，中信出版社2012年版。
46. ［美］沈大伟著，吕增奎、王新颖译：《中国共产党：收缩与调适》，中央编译出版社2012年版
47. ［德］施尔玛赫著，邱袁炜译：《网络至死：如何在喧嚣的互联网时代重获我们的创造力和思维力》，龙门书局2011年版。
48. ［美］乔纳森·齐特林著，康国平等译：《互联网的未来》，东方出版社2011年版。
49. ［加拿大］马歇尔·麦克卢汉著，何道宽译：《理解媒介：论人的延伸》，译林出版社2011年版。
50. ［美］埃里克·霍弗著，梁永安译：《狂热分子：群众运动圣经》，广西师范大学出版社2011年第2版。
51. ［美］莱文森著，何道宽译：《软利器：信息革命的自然历史与未来》，复旦大学出版社2011年版。
52. ［美］爱德华·S. 赫尔曼、诺姆·乔姆斯基著，邵红松译：《制造共识：大众传媒的政治经济学》，北京大学出版社2011年版。
53. ［美］宾柏著，刘钢等译：《信息与美国民主：技术在政治权力演化中

的作用》，科学出版社 2011 年版。

54. ［美］乔治·萨拜因著，邓正来译：《政治学说史》，上海人民出版社 2010 年版。

55. ［美］大卫·斯隆著，刘琛等译：《美国传媒史》，世纪出版集团、上海人民出版社 2010 年版。

56. ［英］安德鲁·查德威克著，任孟山译：《互联网政治学：国家、公民与新传播技术》，华夏出版社 2010 年版。

57. ［美］尼古拉斯·卡尔著，刘纯毅译：《浅薄——互联网如何毒化了我们的大脑》，中信出版社 2010 年版。

58. ［美］查尔斯·蒂利著，胡位钧译：《信任与统治》，世纪出版集团、上海人民出版社 2010 年版。

59. ［荷兰］丹尼斯·麦奎尔著，崔保国、李琨译：《麦奎尔大众传播理论》，清华大学出版社 2010 年版。

60. ［美］威尔伯·施拉姆、威廉·波特著，何道宽译：《传播学概论》，中国人民大学出版社 2010 年版。

61. ［美］杰弗里·斯蒂伯著，李昕译：《我们改变了互联网，还是互联网改变了我们?》，中信出版社 2010 年版。

62. ［英］亚当·乔伊斯著，任衍具、魏玲译：《网络行为心理学——虚拟世界与真实生活》，商务印书馆 2010 年版。

63. ［美］查伦·李、乔希·贝诺夫著，陈宋卓涵译：《公众风潮：互联网海啸》，机械工业出版社 2010 年版。

64. ［美］奎尔曼著，刘吉熙译：《颠覆：社会化媒体改变世界》，人民邮电出版社 2010 年版。

65. ［美］里克·莱文、克里斯托弗·洛克、道克·希尔斯、戴维·温伯格著，江唐、丁康吉译：《线车宣言：互联网的 95 条军规》，中国青年出版社 2010 年版。

66. ［美］尼尔·波兹曼著，章艳、吴燕莛译：《娱乐至死》，广西师范大学出版社 2009 年版。

67. ［德］尤尔根·哈贝马斯著，刘北成、曹卫东译：《合法化危机》，世纪出版集团、上海人民出版社 2009 年版。

68. ［美］托马斯·德·曾戈提塔著，王珊珊译：《中介化》，上海译文出版社 2009 年版。

69. ［美］罗伯特·W. 麦克切斯尼著，高金萍译：《传播革命》，上海译文出版社 2009 年版。
70. ［美］曼纽尔·卡斯特著，周凯译：《网络社会——跨文化的视角》，社会科学文献出版社 2009 年版。
71. ［法］弗雷德里克·巴尔比耶、卡特琳娜·贝尔托·拉维尼尔著，施婉丽、徐艳、俞佳乐译：《狄德罗到因特网：法国传媒史》，世纪出版集团、上海人民出版社 2009 年版。
72. ［美］欧文·戈夫曼著，冯钢译：《日常生活中的自我呈现》，北京大学出版社 2008 年版。
73. ［英］丹尼斯·麦奎尔、［瑞典］斯文·温德尔著，祝建华译：《大众传播模式论》，上海译文出版社 2008 年版。
74. ［英］提摩太·贝维斯著，胡继华译：《犬儒主义与后现代性》，上海世纪出版集团 2008 年版。
75. ［美］查尔斯·埃德温·贝克著，冯建兰、陈卫星译：《媒体、市场与民主》，世纪出版集团、上海人民出版社 2008 年版。
76. ［德］阿诺德·盖伦著，何兆武、何冰译：《技术时代的人类心灵——工业社会的社会心理问题》，世纪出版集团、上海科技教育出版社 2008 年版。
77. ［美］多丽斯·A. 格拉伯等著，张熹珂译：《沟通的力量——公共组织信息管理》，复旦大学出版社 2007 年版。
78. ［法］古斯塔夫·勒庞著，冯克利译：《乌合之众——大众心理研究》，广西师范大学出版社 2007 年版。
79. ［美］尼尔·波斯曼著，何道宽译：《技术垄断：文化向技术投降》，北京大学出版社 2007 年版。
80. ［美］曼纽尔·卡斯特著，夏铸九、黄慧琦译：《千年终结》，社会科学文献出版社 2006 年版。
81. ［美］曼纽尔·卡斯特著，曹荣湘译：《认同的力量》，社会科学文献出版社 2006 年版。
82. ［法］塞奇·莫斯科维奇著，许列民、薛丹云、李继红译：《群氓的时代》，江苏人民出版社 2006 年版。
83. ［英］齐格蒙·鲍曼著，洪涛、周顺、郭台辉译：《寻找政治》，世纪出版集团、上海人民出版社 2006 年版。
84. ［美］沃尔特·李普曼著，阎克文、江红译：《公众舆论》，世纪出版集团、上海人民出版社 2006 年版。

85. ［美］赫伯特·席勒著，刘晓红译：《大众传播与美利坚帝国》，上海译文出版社 2006 年版。
86. ［法］加布里埃尔·塔尔德著，［美］特里·N. 克拉克编，何道宽译：《传播与社会影响》，中国人民大学出版社 2005 年版。
87. ［法］让—诺埃尔·让纳内著，段慧敏译：《西方媒介史》，广西师范大学出版社 2005 年版。
88. ［美］曼瑟·奥尔森著，苏长和、嵇飞译：《权力与繁荣》，世纪出版集团、上海人民出版社 2005 年版。
89. ［美］E. M. 罗杰斯著，殷晓蓉译：《传播学史——一种传记式的方法》，上海译文出版社 2005 年版。
90. ［俄］谢·卡拉—穆尔扎著，徐昌翰等译：《论意识操纵》，社会科学文献出版社 2004 年版。
91. ［德］罗伯特·米歇尔斯著，任军锋等译：《寡头统治铁律——现代民主制度中的政党社会学》，天津人民出版社 2003 年版。
92. ［德］埃利亚斯·卡内提著，冯文光等译：《群众与权力》，中央编译出版社 2003 年版。
93. ［美］杰弗里·庞顿、彼得·吉尔著，张定淮等译：《政治学导论》，社会科学文献出版社 2003 年版。
94. ［美］哈罗德·D. 拉斯韦尔著，张洁、田青译：《世界大战中的宣传技巧》，中国人民大学出版社 2003 年版。
95. ［加］哈罗德·伊尼斯著，何道宽译：《帝国与传播》，中国人民大学出版社 2003 年版。
96. ［美］凯斯·桑斯坦著，黄维明译：《网络共和国：网络社会中的民主问题》，世纪出版集团、上海人民出版社 2003 年版。
97. ［俄］B. A. 利西奇金、JI. A. 谢列平著，徐昌翰等译：《第三次世界大战：信息心理战》，社会科学文献出版社 2003 年版。
98. ［美］约书亚·梅罗维茨著，肖志军译：《消失的地域：电子媒介对社会行为的影响》，清华大学出版社 2002 年版。
99. ［法］阿芒·马拉特著，陈卫星译：《世界传播与文化霸权——思想与战略的历史》，中央编译出版社 2001 年版。
100. ［法］古斯塔夫·勒庞著，佟德志、刘训练译：《革命心理学》，吉林人民出版社 2001 年版。
101. ［美］曼纽尔·卡斯特著，夏铸九等译：《网络社会的崛起》，社会科学文献出版社 2001 年版。
102. ［德］托玛斯·迈尔著，殷叙彝译：《社会民主主义的转型：走向 21 世纪的社会民主党》，北京大学出版社 2001 年版。
103. ［英］马克斯·H. 布瓦索著，王寅通译：《信息空间——组织、结构和文化中的学习框架》，上海译文出版社 2000 年版。
104. ［美］丹尼斯·K. 姆贝著，陈德民、陶庆、薛梅译：《组织中的传播和权力：话语、意识形态和统治》，中国社会科学出版社 2000 年版。
105. ［美］哈罗德·D. 拉斯韦尔著，杨昌裕译：《政治学——谁得到什么？何时和如何得到?》，商务印书馆 1992 年版。

图书在版编目（CIP）数据

网络党建能力论：信息时代执政党的网络社会治理能力/薛小荣著. —修订本. —北京：时事出版社，2019.2
ISBN 978-7-5195-0253-9

Ⅰ.①网… Ⅱ.①薛… Ⅲ.①互联网络—应用—中国共产党—党的建设—研究 Ⅳ.①D26-39

中国版本图书馆 CIP 数据核字（2018）第 196150 号

出版发行：时事出版社
地　　址：北京市海淀区万寿寺甲 2 号
邮　　编：100081
发行热线：（010）88547590　88547591
读者服务部：（010）88547595
传　　真：（010）88547592
电子邮箱：shishichubanshe@ sina. com
网　　址：www. shishishe. com
印　　刷：北京旺都印务有限公司

开本：787×1092　1/16　印张：17.5　字数：330 千字
2019 年 2 月第 1 版　2019 年 2 月第 1 次印刷
定价：110.00 元